»FREIHEIT IST IMMER ...«

© 2002 by :TRANSIT Buchverlag
Gneisenaustraße 2
10961 Berlin
www.transit-verlag.de

Umschlaggestaltung und Layout: Gudrun Fröba
Umschlagabbildung: Archiv für Kunst und Geschichte, Berlin
Druck und Bindung: Pustet GmbH, Regensburg
ISBN 3-88747-172-5

Manfred Scharrer

»FREIHEIT IST IMMER...«

Die Legende von Rosa & Karl

: TRANSIT

INHALT

Aufstand

Danach

Anhang

FRIEDEN

»Aha ...!«

Am 24. Mai 1898 betritt eine junge Dame das Haus in der Katzbachstraße 9 in Berlin-Schöneberg. Sie ist dabei, dem Vorstand der Sozialdemokratischen Partei Deutschlands einen Antrittsbesuch abzustatten und trifft auf Ignaz Auer, einer der beiden Sekretäre im Parteivorstand der SPD: »Guten Tag, mein Name ist Rosa Luxemburg« – so könnte nach ihrer Schilderung die Begrüßung gelautet haben. Auer reagierte mit einem »Ah!« und einem freundschaftlichen Lächeln.[1] Für maßgebliche Leute in der SPD war Rosa Luxemburg keine Unbekannte. Einigen von ihnen, die als Delegierte an den Internationalen Sozialistenkongressen teilgenommen hatten, war Rosa Luxemburg als Vertreterin einer polnisch-sozialistischen Splitterpartei aufgefallen. Auch hatte sie bereits in der *Neuen Zeit*, der theoretischen Zeitschrift der SPD, zu polnischen Streitfragen publiziert. Als sie Auer ihre Mitarbeit anbot mit den Worten: »Ich möchte Ihnen bei der Arbeit helfen«, ließ dieser ein zweites »Ah!« vernehmen. Doch Auer hatte sich schnell gefangen. Rosa Luxemburg kam ihm, d.h. der Parteiführung, wie gerufen und er bot ihr sogleich an, für die deutsche Sozialdemokratie im zu Preußen gehörenden Teil Polens Wahlkampf zu machen. Eine undankbarere Aufgabe hatte die SPD zu dieser Zeit kaum zu vergeben. Rosa Luxemburg ließ sich nicht abschrecken und sagte zu. Am 3. Juni – neun Tage später – ist sie bereits nach Schlesien unterwegs. Die kleingewachsene Person, auf den ersten Blick eher unscheinbar wirkend, ist eine »vortreffliche Rednerin«, voller Leidenschaft und Begeisterung für die sozialistische Sache, polemisch, mutig. Die polnischen Arbeiter, die sie in ihrer Muttersprache anreden kann, sind begeistert. Die zuständigen Sozialdemokraten Julius Bruhns, der Chefredakteur der *Breslauer Volksstimme*, und August Winter, der Parteisekretär, sind gleichermaßen von ihr angetan. Auch weil sie sich für die Kleinarbeit des Wahlkampfes, also das Verteilen von Flugblättern und Wahlkarten, nicht zu schade ist. Da Bruhns ein enger Freund Bruno Schoenlanks, des Chefredakteurs der *Leipziger Volkszeitung* (und Reichstagsabgeordneter) ist, kann eine wichtige

---

[1] R.L. an Leo Jogiches vom 25.5.1898, Gesammelte Briefe, Bd. 1, Berlin (DDR) 1984, S. 125f. Alle in der Folge zitierten Briefe nach dieser Briefausgabe (6 Bände) als »Briefe«.

Verbindung geknüpft werden. Rosa Luxemburg erwarb auf denkbar schnellstem Weg Ansehen bei wichtigen Sozialdemokraten.

Rosa Luxemburg, geboren am 5. März 1871, war eines von vier Kindern einer relativ wohlhabenden, assimilierten jüdischen Familie. Sie besuchte in Warschau das Gymnasium, schloß sich dort sozialistischen Zirkeln an. 1889 verließ sie Polen in Richtung Schweiz. Ob die Gründe dafür politischer Natur waren, also eine Vorsichtsmaßnahme gegen eine eventuelle Verfolgung durch zaristische Polizei, ist unklar. Auch mögen private, familiäre und kulturelle Gründe entscheidend gewesen sein. Rosa Luxemburg war eine Fremde im eigenen Land: Sie mußte als zwölfjähriges Mädchen einen Pogrom erleben, und sie konnte sich mit der Religion und dem sozialen Milieu ihrer Eltern nicht anfreunden. Gründe, Kongreßpolen zu verlassen, gab es für ein aufgewecktes Mädchen zuhauf. Sie wollte studieren (was sie in Polen als Frau nicht durfte), immatrikulierte sich an der Universität Zürich und belegte zunächst naturwissenschaftliche Disziplinen. Die Schweiz muß sie als Befreiung empfunden haben. Sie war der Familie, der antisemitischen, nationalistischen Enge und der widerwärtigen russischen Obrigkeit entkommen. Die Schweiz war tolerant, Zürich gemütlich, die Atmosphäre trotzdem international und Paris ganz nahe. Die Schweiz war außerdem ein Tummelplatz der russischen und polnischen sozialistischen Emigration. In diesem sehr speziellen Milieu, das von erbitterten Streitereien, gegenseitigen Verdächtigungen und Feindschaften geprägt war, wurde sie politisch sozialisiert. Hier erlernte sie das Handwerkszeug der politischen Auseinandersetzung, bevorzugt in der polnisch-sozialistischen Bewegung, und hier lernte sie mit Leo Jogiches, einem litauischen Sozialisten, die Liebe ihres Lebens kennen. Unauflöslich ist in diesen Anfangsjahren ihr privates Verhältnis mit ihrer politischen Tätigkeit verknüpft.

Die Ansichten über Leo Jogiches gehen weit auseinander. Georg Strobel – der das Standardwerk über die Tätigkeit Rosa Luxemburg in der polnisch-russischen Sozialdemokratie verfaßte – hält ihn für einen ausgesprochen unsympathischen, intriganten Charakter, allerdings mit hochgradigen Fähigkeiten zu konspirativer Tätigkeit, einen üblen Taktiker in organisatorischen Spielen, ein politisches Talent für die illegale Arbeit. Er sei scheu gewesen, das Licht der Öffentlichkeit meidend, der öffentlichen Auseinandersetzung aus dem Wege gehend. Seine Welt waren die Hinterzimmer. Jogiches war finanziell unabhängig, mußte kein Geld verdienen, um leben zu können, brauchte keinen Beruf erlernen, konnte sogar finanzielle Mittel für die politische Arbeit einsetzen. Er war ein Produkt russi-

scher Verhältnisse zu einer Zeit, als die Nar-
odniki (Volksfreunde) noch glaubten, durch
individuellen Terror, durch Ermordung maßgeblicher Repräsentanten der zaristischen
Herrschaft das Volk beglücken zu können. Er
war ein Verschwörer wie aus dem Bilderbuch.
Er zwang Rosa Luxemburg, ihre Beziehung
geheimzuhalten. Dies mag nicht nur seiner Ge-
heimniskrämerei geschuldet gewesen sein, sondern auch, daß er »nur ungern seine Liaison mit
einer verkrüppelten Frau«[2] öffentlich eingestehen wollte. Wie auch immer, er nötigte damit

Rosa Luxemburg, die ein eher traditionelles
Verständnis vom Zusammenleben zwischen
Mann und Frau hatte, die einem Traum von einer bürgerlichen Familie mit Kind und Kegel nachhing, zu entwürdigenden Lügen gegenüber ihrer Familie, der sie schließlich vorschwindelte, Jogiches
geheiratet zu haben. Das Drama dieser persönlichen Beziehung spie-
gelt sich in vielen Briefen Rosa Luxemburgs. Erst 1906 schaffte sie
es, mit Jogiches »Schluß zu machen«. Hätte es zwischen beiden nicht
gleichzeitig ein großes politisches Einverständnis gegeben, dann
bliebe die Tatsache, daß Rosa Luxemburg die Demütigungen so lange ertrug, unverständlich.

Die polnischen Sozialisten zeichnete aus, daß sie sich von Anfang
an heillos zerstritten über »ihre« spezielle nationale Frage: Ob der
Weg zum Sozialismus über die vorangehende Wiederherstellung
der staatlichen Einheit Polens führe oder ob die staatliche Einheit
Polens ein uninteressantes, ja für Sozialisten sogar ein nicht erstre-
benswertes Ziel sei, darüber konnten sie trefflich debattieren. Im
November 1892 einigte sich ein »Auslandsverband der Polnischen
Sozialisten« auf ein Programm, das als Hauptziel die »Unabhängigkeit für eine demokratisch-sozialistische polnische Republik«
forderte.[3] Im Februar/März 1893 schlossen sich in Polen Reste alter sozialistischer Splittergruppen zur Polnischen Sozialistischen
Partei (PPS) zusammen, die diese Hauptforderung als Programm
anerkannten. Rosa Luxemburg, Leo Jogiches und eine kleine Gruppe Gleichgesinnter liefen sogleich Sturm gegen diese »sozialpatrio-

2 Elżbieta Ettinger, Rosa Luxemburg. Ein Leben, Bonn 1990, S. 75.

3 Georg W. Strobel: Die Partei Rosa Luxemburgs, Lenin und die SPD – Der polnische »europäische« Internationalismus in der russischen Sozialdemokratie, Wiesbaden 1974, S. 72.

tische Spielart« des polnischen Sozialismus und gründeten im Juli 1893 die Zeitschrift *Sprawa robotnicza* (Arbeitersache). Als einen Monat später in Zürich der Internationale Sozialistenkongreß zusammentrat, wurde er mit der polnischen Frage konfrontiert. Rosa Luxemburg beanspruchte ein Mandat als Vertreterin ihrer Zeitschrift. Die Delegierten mußten also entscheiden, welche Richtung sie als legitime Vertretung des polnischen Sozialismus anerkennen wollten. Der Kongreß votierte für die PPS und gegen Rosa Luxemburg, die den Kongreß verlassen mußte. Diese Niederlage hatte für sie und ihre Sache aber auch eine gute Seite: Sie erregte als Person durch ihr engagiertes Auftreten die Aufmerksamkeit des Kongresses und konnte den Streit der polnischen Sozialisten zum Thema der Internationale machen. Als sich im August 1893 in Warschau eine Gruppe den Namen Sozialdemokratie des Königreich Polen (SDKP) gab – aus der später die Sozialdemokratie des Königreichs Polen und Litauens (SDKPiL) wurde – und die Zeitschrift der Gruppe Jogiches/Luxemburg zu ihrem Organ erklärte, bekam dieser Zirkel Gewicht und Einfluß und war auf den folgenden Internationalen Kongressen nicht mehr abzuweisen.

Als Rosa Luxemburg im Alter von 27 Jahren 1898 in Berlin ankam, war sie mit allen Wassern der politischen Auseinandersetzung gewaschen. Sie hatte darüberhinaus zielstrebig studiert und sich mit einer Arbeit über die industrielle Entwicklung Polens (gemeint ist damit vor allem Kongreßpolen, also jener große Teil Polens, den das zaristische Rußland annektiert hatte) akademische Lorbeeren verdient. Im Mai 1897 wurde sie zum Doktor der Staatswissenschaften promoviert. Ihr Lebensgefährte Jogiches hingegen, der sich das gleiche Ziel gesteckt hatte, quälte sich noch Jahre weiter – und sollte daran scheitern. Rosa Luxemburg versuchte in ihrer schriftlichen Arbeit den wissenschaftlichen Nachweis für ihre politische Überzeugung zu führen, daß der Traum einer Wiederherstellung der staatlichen Selbständigkeit Polens ausgeträumt sei. Ihr Hauptargument lautete, daß die wirtschaftliche Entwicklung Kongreßpolens unauflöslich in das Wirtschaftsleben des russischen Reiches integriert und deshalb eine staatliche Selbständigkeit Polens ein »Hirngespinst« sei. Ins Revolutions-Programm ihrer Partei schrieb sie 1906 den Satz: »Deshalb kann auch die Wiederherstellung des polnischen Staates nicht die Aufgabe des polnischen Proletariats sein. Die Arbeiterklasse soll nicht danach streben, neue bürgerliche Staaten und Regierungen aufzubauen, sondern danach, diese abzuschaffen, vor allem aber danach, die politischen Freiheiten in den Staaten, in denen sie lebt, möglichst auszubauen. Deshalb erfordert das Arbeiterinteresse nicht, Polen von Rußland abzutrennen ...«[4] Umgekehrt argumentierten ihre politischen Gegner. Die wirtschaftliche Zurückgebliebenheit Polens wäre der politischen Teilung des Landes geschuldet und deshalb sei die Wiederherstellung der staatlichen Selbständigkeit Polens sehr wohl im Interesse der Arbeiterklasse.

Rosa Luxemburg reiste nach Deutschland und Berlin – nach einer Scheinheirat, als Frau Lübeck –, nicht aus Liebe zu Land und Leuten, oder aus Liebe zu den deutschen Sozialdemokraten, sondern in der Absicht, Einfluß in der deutschen Partei zu gewinnen und das Gewicht dieser Partei mit in die Waagschale der Auseinandersetzung über die polnische Politik und in der Internationale werfen zu können. Berlin machte auf sie »den widrigsten Eindruck: kalt, geschmacklos, massiv – die richtige Kaserne«[5,] und die Deutschen waren ihr zeitlebens »Schwaben« – dies war für sie eine Metapher, die alles beschrieb, was sie an den Deutschen nicht mochte. Sie fühlte sich vom ersten Tag ihres Aufenthaltes nicht wohl in Deutschland und unter den Deutschen – auch nicht unter den führenden Sozialdemokraten. In den Briefen, in denen sie sich gegenüber Jogiches ungeniert über ihre neuen Bekanntschaften ausließ, gab es keinen, dem sie Sympathie entgegenbringen mochte.

»Hammerschlag der Revolution«

Rosa Luxemburg schloß sich der deutschen Sozialdemokratie nicht deshalb an, um als Expertin für polnische Fragen den deutschen Sozialdemokraten eine ungeliebte und eher marginale Aufgabe abzunehmen. Sie war ehrgeizig und selbstbewußt genug, um in der Auseinandersetzung über die allgemeinen theoretischen und praktischen Fragen des Sozialismus mitreden zu wollen. Dazu bot sich 1898 in Deutschland eine einmalige Gelegenheit: Eduard Bernstein, ein hochgeachteter Sozialdemokrat, der immer noch in London im Exil leben mußte, weil er jahrelang während des Sozialistengesetzes die illegale Zeitung *Der Sozialdemokrat* herausgegeben hatte – der mit Marx und besonders Engels gut bekannt war, und den Engels zu seinem Nachlaßverwalter (zusammen mit August Bebel, dem Parteivorsitzenden) einsetzte, begann arglos in der *Neuen Zeit* Überlegungen anzustellen, ob denn die ökonomischen Pro-

4 R.L., Was wollen wir?, GW, Bd. 2, S. 51.
5 R.L. an Mathilde und Robert Seidel vom 30.5.1898, Briefe, Bd. 1, S. 135.

gnosen von Marx im Lichte der tatsächlichen Entwicklung seit Erscheinen des *Kommunistischen Manifestes* und des *Kapitals* sich bestätigt hätten. Für einen denkenden Zeitgenossen war dies keine ganz abwegige Frage. Schon gar nicht für einen Sozialdemokraten, dessen Partei ihr Programm auf Thesen von Karl Marx gegründet hatte. Er ging methodisch zu Werke, studierte die erreichbaren Gewerbe- und Einkommensdaten und fand in dieser Wirklichkeit die Marxsche Theorie nicht bestätigt: Von einer Zwei-Klassengesellschaft, in der sich nur noch Bourgeoisie und Proletariat unversöhnlich gegenüber stünden, war weit und breit nichts zu sehen, vom Verschwinden der Mittelklassen, die dem Untergang geweiht seien, keine Spur. Selbst innerhalb der Klasse der Lohnarbeiter sei es nicht zu der prognostizierten Einheitlichkeit des modernen Proletariats, der Masse der ungelernten Arbeiter gekommen. Weder habe der Konzentrationsprozeß des Kapitals im beschriebenen Sinne stattgefunden, noch bestätige sich die Krisentheorie und letztlich sei sogar die Werttheorie fraglich. Seine Kritik gipfelte in dem Zweifel, daß die Zentralthese von Marx, der Kapitalismus würde unvermeidlich an seinen eigenen Gesetzlichkeiten zusammenbrechen, richtig sein könne, und in dem Vorschlag, daß deshalb die Sozialdemokratie sowohl ihre Theorie als auch ihre Praxis ändern müsse. Bernstein riet ab, weiter auf den Zusammenbruch zu warten und plädierte für eine aktive Reformpolitik im Hier und Jetzt, d.h. für eine Politik der spürbaren Verbesserung der Arbeits- und Lebensverhältnisse. Diese »Bewegung« war ihm »alles«, das »Ziel« – der Glaube an den Zusammenbruch des Systems – »nichts«.

Bernstein versuchte nicht nur, die ökonomische Analyse von Marx zu widerlegen und damit dessen Geschichtsdeterminismus anzuzweifeln, er nahm in diesem Zusammenhang auch eine bis dato unbekannte Aufwertung der Demokratie für die Sozialdemokratie vor. Er setzte seine Hoffnung auf eine fortschreitende Demokratisierung der politischen Einrichtungen und knüpfte daran die Einschätzung, »daß je mehr sich die Nationen demokratisieren, um so mehr verringern sich die Notwendigkeiten und Gelegenheiten großer politischer Katastrophen.«[6] Bernstein fand keinen Gefallen an einer gewaltsamen Revolution oder an einer Katastrophe, in der der Kapitalismus untergehen würde, sondern baute vielmehr auf eine evolutionäre Entwicklung, in der das Proletariat die Fähigkeiten und Kenntnisse erwerben könnte, die für eine sozialistische Gesellschaft unerläßlich wären. Die Diktatur des Proletariats war ihm ein gefährlicher

[6] Eduard Bernstein, Die Voraussetzungen des Sozialismus, Stuttgart 1921, S. 7.

Romantizismus, der sich am Modell der Französischen Revolution, speziell am Terrorismus der Jakobiner berauscht. Bernstein berief sich dabei auf das Testament von Friedrich Engels, der dort vom Modell des Barrikadenkampfes Abschied genommen und der Sozialdemokratie den parlamentarisch-demokratischen Weg gewiesen hätte.

Bernstein ging noch einen Schritt weiter und gab eine andere Begründung für den Sozialismus als Marx und Engels: Nicht eine quasi naturgesetzliche Entwicklung führe zum Sozialismus, sondern das sozialistische Ziel sei eine normative Setzung, die einer höheren Moral- und Rechtsauffassung und einer höheren Stufe der Wirtschaft folge. Im Gegensatz zu Marx war er der Auffassung, daß der Sozialismus durchaus ein Ideal zu verwirklichen habe. Bernstein empfahl den Sozialdemokraten nicht Hegel als philosophischen Ziehvater, sondern Kant. Die dadurch ausgelöste Diskussion wurde unter dem Namen »Revisionismus-Debatte« zum Dauerstreit der folgenden Jahre.

Von heute aus gesehen ist es kaum noch verständlich, welche Aufregung Bernstein damals auslösen konnte. Für viele sozialdemokratische Zeitgenossen geschah damit aber etwas Unerhörtes, etwas Ungeheuerliches, ein Tabubruch sondergleichen. Vor allem die deutschen Sozialdemokraten, die im Kaiserreich durch das Sozialistengesetz verboten, verfolgt und schikaniert wurden, die durch diese Ausgrenzung in ein feindseliges Verhältnis zur bestehenden Gesellschaft getrieben wurden, waren dankbar, auf eine radikale Theorie der Revolution zurückgreifen zu können, die viel adäquater schien als der »Schrei der Versöhnung«, den Lassalle noch mit seinem Ein-Punkte-Programm: »Erkämpfung des allgemeinen, gleichen Wahlrechtes« ausgestoßen hatte. Der radikale Spruch von August Bebel, er werde der »Todfeind dieser bürgerlichen Gesellschaft und dieser Staatsordnung bleiben«, erfreute sich allergrößter Beliebtheit, obwohl damit praktisch nur eine moderate parlamentarische Politik des Neinsagens gemeint war. Der Sozialdemokratie, die bewußt darauf verzichtete, ihre zunehmende parlamentarische Macht in eine parlamentarische Realpolitik umzusetzen, die einem unerschütterlichen Zusammenbruchsglauben anhing, die wähnte, ihr gegenüber befände sich nur »eine einzige reaktionäre Masse«, die glaubte, die Welt ließe sich über die simple Formel Bourgeoisie versus Proletariat auf den Begriff bringen, dieser Partei verdichtete sich alles zum kategorischen Imperativ: »Keine Kompromisse!« Zwar ließ sich im wirklichen politischen Leben dieses Prinzip in seiner Reinheit nicht ganz bewahren, doch tat dies der Generallinie keinen Abbruch. Nur wenn man annimmt, daß der Marxismus zu dieser Zeit bereits eine Art Glauben geworden war, die Marxsche Theorie eine Art Evangelium und die Sozialdemokratie eine Art Kirche, dann erklärt sich die eifernde Reaktion auf Bernstein, die hysterische Polemik und der Versuch, ihn aus den Reihen der Sozialdemokratie auszuschließen. Rosa Luxemburg fühlte sich aufgerufen, die Reihen der Bernsteingegner zu stärken. Doch die Sache schien nicht so einfach. Am 2. Juli schickte sie einen Hilferuf an Jogiches. Vor allem an zwei Stellen komme sie nicht weiter: »1. über die Krisen, 2. der positive Beweis, daß der Kapitalismus sich den Schädel zerschmettern muß, was meines Erachtens unvermeidlich ist ... Hilf, um Gottes willen, bei diesen beiden Punkten!«[7] Denkbar wäre für Rosa Luxemburg auch gewesen, die empirischen Aussagen Bernsteins zu überprüfen und sich selbst auf das Feld der empirischen Forschung zu begeben. Doch dieser Mühe unterzog sie sich nicht. Statt dessen referierte sie allseits bekannte Marxsche Formulierungen als unumstößliche Wahrheiten. Ihr Text *Sozialreform oder Revolution?* ist keine Widerlegung Bernsteins, sondern ein unfreiwilliges Zeugnis, wie aus einem Menschen ein Heiliger, wie aus Marx ein Marxismus, wie aus einer Theorie ein Dogma werden konnte.

Besonders die Marxschen Gedankenfragmente zum Staat hatten es ihr angetan. Der Staat in der bürgerlichen Gesellschaft würde immer mehr zum »reinen Klassenstaate«, der »seine Tätigkeit und Machtmittel« nur zum Nutzen »für das Klasseninteresse der Bourgeoisie« gebrauche. Sie unterschied zwischen einer »formellen« und »reellen« Seite der Demokratie und warf Bernstein vor, er sehe nur die formelle Seite. Ihr hingegen war Demokratie im ganzen »ein spezifisch kapitalistisches Mittel, die kapitalistischen Gegensätze zur Reife und zur Ausbildung zu bringen«. Während die ökonomische Entwicklung sich immer stärker den sozialistischen Produktionsverhältnissen nähere, würden die politischen und rechtlichen Verhältnisse eine immer höhere Wand zwischen der kapitalistischen und sozialistischen Gesellschaft errichten. Diese Wand werde durch Sozialreformen und Demokratie immer fester und höher gemacht. »Wodurch sie niedergerissen werden kann, ist einzig der Hammer-

---

7   R.L. an Leo Jogiches vom 2.7.1898, Briefe, Bd. 1, S. 166.
8   R.L., Sozialreform oder Revolution? Gesammelte Werke (GW), Berlin (DDR) 1970, Bd. 1/1, S. 400.
9   R.L., ebd., S. 432.
10 Eduard Bernstein, a.a.O., S. 178.
11 Ebd., S. 181.
12 R.L., Sozialreform oder Revolution?, S. 433.

schlag der Revolution, d.h. die Eroberung der politischen Macht durch das Proletariat.«[8] Den logisch naheliegenden Schluß, die Demokratie sei dem Emanzipationskampf der Arbeiterklasse hinderlich, zog sie allerdings nicht. Wenige Zeilen später heißt es bei ihr, daß die Demokratie für die Arbeiterklasse »unentbehrlich« sei, weil »in dem Kampfe um die Demokratie, in der Ausübung ihrer Rechte das Proletariat zum Bewußtsein seiner Klasseninteressen und seiner geschichtlichen Aufgaben kommen kann.« Wie läßt sich der Widerspruch zwischen dieser positiven Würdigung der Demokratie und dem »Hammerschlag der Revolution« und der politischen Machtergreifung des Proletariats erklären? Für Rosa Luxemburg war die Demokratie deshalb unentbehrlich, weil sie die Machtergreifung »ebenso notwendig wie auch einzig möglich macht.«[9] Die von Bernstein geliebte Äußerung des alten Engels, wonach der Barrikadenkampf sinnlos geworden sei und eine friedliche, gesetzliche Entwicklung in den Sozialismus wahrscheinlicher würde, interpretierte Rosa Luxemburg als eine Zwei-Phasen-Theorie. Die Äußerung von Engels gelte nur für das Verhalten des Proletariats im Rahmen des kapitalistischen Staates, nicht jedoch für die Eroberung der politischen Macht des Proletariats. Im Kontext dieser Zeilen heißt dies, Demokratie war für Rosa Luxemburg nur nützlich bis zum Tag der Revolution, dann kam die Phase der Diktatur. Demokratie war für sie allenfalls ein Mittel zur Eroberung der Macht. Für Bernstein hingegen ist sie »Mittel und Zweck zugleich. Sie ist das Mittel zur Erkämpfung des Sozialismus, und sie die Form der Verwirklichung des Sozialismus«[10]. Bernsteins Forderung, daß die Sozialdemokratie sich »rückhaltlos, auch in der Doktrin, auf den Boden des allgemeinen Wahlrechts, der Demokratie stellt, mit allen sich daraus für ihre Taktik ergebenden Konsequenzen«[11], wird von ihr verspottet und lächerlich gemacht. Unfaßbar ist ihr, wie Bernstein »den Hühnerstall des bürgerlichen Parlamentarismus«[12] für das berufene Organ halten könne, den Übergang in den Sozialismus zu bewerkstelligen. Sie hält fest am Begriff der »Diktatur des Proletariats«, der für Bernstein längst zur »Phrase« geworden ist. Sie ist fasziniert von der Revolution und nicht von der Demokratie, sie ist fasziniert von der Gewalt und nicht vom Parlieren. Sie beschwört den Glauben an den Zusammenbruch des Kapitalismus.

Als mildernder Umstand kann für eine gläubige Marxistin angeführt werden, daß die Ungereimtheiten im Themenkomplex »Staat und Demokratie« bei Marx und Engels angelegt sind. Im *Kommunistischen Manifest* hatten beide das Ziel, die »Eroberung der politischen Herrschaft durch das Proletariat« vorgegeben und gleichzeitig als »ersten Schritt in der Arbeiterrevolution« die »Erkämpfung der Demokratie« bezeichnet. Über die Form der Demokratie sagten sie nichts, und auch das Wörtchen »erster Schritt« öffnete mißbräuchlichen Interpretationen Tür und Tor, zumal sich Marx und Engels die Umwandlung der Eigentumsverhältnisse nur mittels »despotischer Eingriffe in das Eigentumsrecht« vorstellen konnten. Der anti-demokratische Aspekt wurde verstärkt durch das späte Diktum von Marx, daß in der politischen Übergangsperiode zwischen Kapitalismus und Sozialismus der »Staat nichts anderes sein kann als die revolutionäre Diktatur des Proletariats.«[13] Engels hat diese Aussage später abgemildert, und die »Pariser Commune«, deren Körperschaften demokratisch gewählt worden waren, d.h. auf Grundlage des allgemeinen gleichen Wahlrechts, als historische Konkretion dessen bezeichnet, was Marx und er sich unter Diktatur des Proletariats vorgestellt hätten. Seine Äußerung, die demokratische Republik sei »sogar die spezifische Form für die Diktatur des Proletariats«[14], ist jedoch mehrdeutig. Eindeutig ist hingegen sein fahrlässiger Umgang mit Begriffen. Nicht nur buchstäblich, sondern als Fixierung historischer Erfahrung bedeuten Demokratie und Diktatur etwas sehr Verschiedenes.

Parlamentarische Demokratie ist oft undramatisch, demokratische Entscheidungsfindungen sind oft mühselig und enden fast immer mit Kompromissen. Wenn Rosa Luxemburg aber etwas haßte, dann waren es Kompromisse. Während Bernstein umgekehrt großen Gefallen an diesem Verfahren fand und die Demokratie als »Hochschule des Kompromisses« anpries. Ihre Zuspitzung der Auseinandersetzung auf die Alternative **entweder** Sozialreform **oder** Revolution fand in der deutschen Wirklichkeit vor der Jahrhundertwende keine Entsprechung.

Zunächst sorgte vor allem ihre »Methode des Rufmords«[15], also die Sache des Gegners dadurch widerlegen zu wollen, indem man ihn persönlich diffamiert, für Aufsehen. Je nach Parteinahme weckte er Begeisterung oder Abneigung. Es war schon merkwürdig, daß Rosa Luxemburg einen Genossen, der zudem noch wegen seiner

---

13 Karl Marx, Kritik des Gothaer Programms, MEW, Bd. 19, S. 28.
14 Friedrich Engels, Zur Kritik des sozialdemokratischen Programmentwurfs, MEW, Bd. 22, S. 235.
15 Peter Nettl, Rosa Luxemburg, Köln-Bonn 1967, S. 242.
16 Vgl. Matthias John, Höhere Bildung in Leipzig. Karl Liebknecht als Nicolaitaner und Studiosus. Leipzig 1998.
17 K.L. an Sophie Liebknecht vom 11.5.1918, in: Mitteilungen, a.a.O., S. 516.

politischen Tätigkeit im Londoner Exil verweilen mußte, nur weil sie mit seinen Auffassungen nicht übereinstimmte, als »seichten Spießbürger« bezeichnen mußte. Doch haben nicht die unsäglichen Polemiken von Marx gegenüber Andersdenkenden (den Vater von Karl Liebknecht titulierten sie als »Vieh«, Lassalle als »jüdischen Nigger«), die eher von einem noch schlimmeren Kaliber waren, diese üble Tradition der Auseinandersetzung unter sozialistischen Brüdern begründet?

»Aufklärichtsuppe«

Karl Liebknecht wurde als Sohn des in der deutschen Sozialdemokratie beliebten und hochgeachteten Parteimitbegründers Wilhelm Liebknecht am 13. August 1871 in Leipzig geboren – im gleichen Jahr wie Rosa Luxemburg. Seine Paten waren Karl Marx und Friedrich Engels. Die Familie Liebknecht gehörte zur Parteiaristokratie. Karl verbrachte eine vergleichsweise behütete Kindheit, genoß eine privilegierte, solide bildungsbürgerliche Erziehung, besuchte ein neuhumanistisch orientiertes Gymnasium[16] und studierte Jura, zunächst in Leipzig und dann in Berlin. Die Familie war nach dem Fall des Sozialistengesetzes 1890 nach Berlin gezogen, nachdem Vater Liebknecht die Chefredaktion des Zentralorgans der Partei *Vorwärts* übernommen hatte. Die Schikanen, denen sein Vater als sozialdemokratischer Politiker und Journalist ausgesetzt war, vor allem die schwierige Familiensituation, als er zusammen mit August Bebel in einem Hochverratsprozeß zu zwei Jahren Festungshaft verurteilt worden war (1872), dürfte Karl nicht bewußt wahrgenommen haben. Schon eher, daß der Vater während des Sozialistengesetzes 1881 aus Leipzig ausgewiesen worden war und getrennt von der Familie in dem nahegelegenen Ort Bonsdorf wohnen mußte. An die Ausflüge dorthin hatte Karl später angenehme Erinnerungen. Ob er wußte, daß sein Vater bei befreundeten Genossen finanzielle Unterstützung erbat, um seinem Sohn den Besuch eines Gymnasiums zu ermöglichen, ist unwahrscheinlich. Über Karls Kindheit und Jugend ist zu wenig bekannt, um Aussagen darüber zu machen, ob die allgemeine gesellschaftliche Ächtung von Sozialdemokraten als »vaterlandslose Gesellen« und »Umstürzler« auch auf die Kinder von Sozialdemokraten übertragen wurde. Er selbst deutete es einmal gegenüber seiner Frau an.[17] Als er in Preußen nach Abschluß seines Studiums nicht gleich eine Stelle als Referendar bekam, war eine solche Vermutung nicht abwegig. Es scheint jedoch eher eine bürokratische Verzögerung gewesen zu sein: Karl Liebknecht besaß nämlich nicht die preußische Staatsbürgerschaft, sondern war noch Untertan des sächsischen Königs. Nachdem er seinen einjährigen preußischen Militärdienst 1894 geleistet hatte, bekam er seine Referendarstelle. In dieser Zeit promovierte er an der Universität Würzburg zum Dr. jur. et rer. pol.. Nach Abschluß seiner Ausbildung – und nachdem ihn sein Vater vergeblich bei der Partei hatte unterbringen wollen –, trat er in die Berliner Anwaltskanzlei seines älteren Bruders Theodor ein (1899). Wie es sich in gutbürgerlichen Kreisen gehörte, konnte er sich nun auch verloben. Am 8. Mai 1900 heiratete er Julia Paradies. Ein Jahr später wurde der Sohn Wilhelm, 1903 Robert und 1906 Tochter Vera geboren. Wohlgeordneter hätte eine Biographie kaum verlaufen können. Dennoch: Die Bürde, die Karl als Sohn eines berühmten Vaters zu tragen hatte, war schwer, zumal er es übernommen hatte, in dessen politische Fußstapfen zu treten. Andererseits wurde ihm als Träger eines bekannten Namens die Karriere als Politiker natürlich erleichtert.

Einige Tage, nachdem sein Vater gestorben war, trat er der Sozialdemokratischen Partei bei (August 1900). Schon ein Jahr später wurde er – als politisch noch unbeschriebenes Blatt – in die Berliner Stadtverordnetenversammlung gewählt. Noch vor dieser Wahl, im August 1901, wurde Karl Liebknecht als Hauptredner auf einer Protestversammlung der Partei bereits vor Beginn seiner Rede mit einem Beifall empfangen, »wie es sich die gefeiertste Primadonna nicht besser wünschen kann.« Doch blieb er hier noch im Schatten seines Vaters: »Dr. Karl Liebknecht habe das Wort ergriffen, nicht so wild und überstürzend wie sein bekannter Vater, aber doch temperamentvoll und vom Gefühl für sein Thema hingerissen.«[18]

Karl Liebknecht gab sich nicht damit zufrieden, nur als Sohn anerkannt zu werden. Als promovierter Jurist war er selbstbewußt genug, mit eigenständigen Leistungen glänzen zu wollen. Sein Ehrgeiz erstreckte sich auch auf den Bereich sozialistischer Theorie. Eine erste Gelegenheit, um sein Talent hier unter Beweis zu stellen, bot sich, als Jean Jaurès seinen Vater zum Kronzeugen für die französische Variante des Revisionismus erklärte. Karl Liebknecht,

---

18 Vorwärts vom 28.8.1901, zit. n. Heinz Wohlgemuth, Karl Liebknecht, Berlin (DDR) 1973, S. 50.

19 Vgl.: Jean Jaurès, Aus Theorie und Praxis, Berlin 1902.

20 K.L., Die neue Methode, Gesammelte Reden und Schriften (GRS, 9 Bände), Berlin (DDR) 1958, Bd. I, S. 16.

21 K.L., Militarismus und Antimilitarismus, GRS, Bd. I, S. 319. (Zitiert als »Militarismus«)

Nachlaßverwalter seines Vaters, glaubte diesen davor in Schutz nehmen zu müssen. Es war eine gute Gelegenheit, im nun schon Jahre währenden Streit über den Revisionismus Position zu beziehen. Das tat Karl Liebknecht – und wie. Jaurès ging es darum, den Eintritt des französischen Sozialisten Millerand in eine bürgerliche Regierung zu rechtfertigen, indem er das als übereinstimmend mit der reinen Lehre des Sozialismus auswies.[19] In den Augen der deutschen Radikalen, wie z.B. Rosa Luxemburg, war der »Millerandismus« eine besonders gefährliche Spielart des Revisionismus.

Gegen die Revisionisten zu polemisieren war 1902 in der Sozialdemokratie durchaus en vogue und konnte sich des Beifalls der Parteiführung um Bebel und der Mehrheit in der Partei sicher sein. Doch welchen Ton schlug der 31jährige Sohn Wilhelm Liebknechts gleich bei seinem ersten Auftreten an: »Wem ist der Appetit an der immer noch modernen ›revisionistischen‹ Aufkläricht-Suppe ... nicht seit langem aufs gründlichste vergangen?«[20] – lautete seine rhetorische Eingangsfrage. Eduard Bernstein verbat sich von jemandem, der bislang nichts weiter aufzuweisen habe, als »Erbe eines großen Namens« zu sein, eine solche Anmaßung. Sich mit dem Text inhaltlich auseinandersetzen, hielt er nicht für nötig. Auch die anderen Theoretiker der Partei ignorierten seinen Beitrag.

Karl Liebknecht polemisierte aus einer ähnlichen Weltsicht wie Rosa Luxemburg gegen den Revisionismus, jedoch mit recht eigenwilligen Akzenten: »Der geschichtliche Materialismus, die Lehre von der dialektischen Entwicklung, ist die Lehre von der immanenten Notwendigkeit der Vergeltung. Jede Klassengesellschaft ist zum Selbstmord verurteilt. Jede Klassengesellschaft ist eine Kraft, die stets das Böse will und stets das Gute schafft, und selbst wenn sie das Böse nicht wollen möchte, das Böse tun muß, die an der Erbsünde ihres Klassencharakters zugrunde gehen muß, die, mag sie wollen oder nicht, den Ödipus erzeugen muß, der sie dereinst erschlägt ...«[21] Karl Liebknecht tauschte die vergleichsweise friedliche Metapher vom Proletariat als »Totengräber« des Kapitalismus (Marx) durch die moralisierende, gewalttätige des Totschlägers aus. Das um Originalität bemühte Bild scheint schief, denn wenn die Klassengesellschaft schon Selbstmord begeht, dann bedarf es keines Totschlägers mehr. Auch hatte in der ökonomischen Analyse von Marx das Ende des Kapitalismus nichts mit »Vergeltung« zu tun. In diesem ersten theoretischen Text werden bestimmte Charakteristika seiner Sprache sichtbar. Er greift zurück auf biblische Bilder und Denkformen, ergänzt sie mit deutscher Klassik und griechischer Mythologie und versetzt diese Mischung mit rustikalen Verben. Dies könnten bewußt eingesetzte Stilmittel, um »die verschlossenen Augen der unaufgeklärten Proletarier leichter zu öffnen, damit das Tageslicht der Klassenerkenntnis in das Gehirn fluten kann«,[22] es könnte auch Ausdruck seines Denkens und Fühlens gewesen sein. Mit den Kategorien von Vergeltung und Rache, die er zeitlebens pflegt, kann Karl Liebknecht sich im Rahmen des Marxschen Geschichtsdeterminismus Raum schaffen für aktives, politisches Handeln. Seine Hände in den Schoß zu legen und der Dinge zu harren, die im sozialistischen Evangelium prophezeit waren, entsprach ganz und gar nicht seinem Naturell.

Wenn Karl Liebknecht später davon sprach, daß »die proletarische Jugend« von »Klassenbewußtsein und Haß gegen den Militarismus systematisch durchglüht werden«[23] müsse, dann legt dies nahe, daß er diesen Haß selbst empfand. Woher aber dieser Haß – zu diesem Zeitpunkt – bei ihm kam, ist schwer zu sagen. Karl Liebknecht war sich sehr wohl bewußt, daß er wahrlich nicht aus ärmlichen proletarischen Verhältnissen stammte oder noch weniger in solchen lebte. In seinem Selbstverständnis hatte ihn jedoch das »Schicksal« dazu bestimmt, »dem Proletariat zu dienen.«[24]

Im Zentrum seiner Kritik an Jaurès bzw. an den Revisionisten generell standen deren Demokratievorstellungen – wie auch bei Rosa Luxemburg. Karl Liebknecht verteidigte das *Kommunistische Manifest* gegen die Kritik von Jaurès. Seiner Auffassung nach sei die im *Manifest* postulierte Herrschaft des siegreichen Proletariats sehr wohl mit der Demokratie vereinbar. »Weil aber eben wenn auch demokratische Klassenherrschaft des Proletariats stabilisiert und diese Klassenherrschaft zu einer energischen Ausnützung der Staatsmaschinerie im proletarischen Sinne verwendet werden soll, so spricht das *Manifest* von ›Diktatur‹ des Proletariats«[25]. Lassen wir die gequälte Ausdrucksweise und die Ungenauigkeit beiseite, daß der Diktaturbegriff im *Manifest* sich gar nicht findet, dann glaubte Karl Liebknecht in den dortigen Formulierungen zur Demokratie einen

---

22 Ebd., S. 434.
23 Ebd., S. 565.
24 Zit. n. Wohlgemuth, S. 44.
25 K.L., Die Neue Methode, a.a.O., S.15.
26 Alle Zitate Ebd.

»etwas weniger verschwommenen Sinn« zu erkennen als im »revisionistischen Jargon«. Ihn störte an den revisionistischen Auffassungen in der Hauptsache »das wahre Gottvertrauen auf eine mystische Wunderkraft, genannt ›Demokratie‹«, eine Unterschätzung des Gegensatzes zwischen Proletariat und Bourgeoisie, zwischen Sozialismus und Kapitalismus und das »Abschwören der ›Revolution‹, der gewaltsamen Aktion«. In immer neuen Wendungen variiert er seine Polemik gegen die demokratischen Überzeugungen der Revisionisten. Er spricht von ihrer »alleinseligmachenden friedlich-allmählichen Methode«, vom »Eiapopeia der gütigen allmächtigen Göttin Demokratie«, stellt der revisionistisch-demokratischen »völligen Verwaschlappung« sein Wort der »›kriegerischen‹ Tüchtigkeit« gegenüber. Besonders die auch von Bernstein thematisierten Merkmale einer Demokratie, der Schutz von Minderheiten und das Prinzip der Rechtsstaatlichkeit, erregen sein Mißfallen. Demokratie ist ihm – wenn es gut kommt – ein »vorzügliches Pulver, um den Kapitalismus zu sprengen«.[26] Sich »rückhaltlos auf den Boden der Demokratie« zu stellen, davon waren Karl Liebknecht und Rosa Luxemburg weit entfernt. Auffallend aber ist, daß Karl Liebknecht sich in seiner Polemik nicht ein einziges Mal auf die Texte von Rosa Luxemburg bezog.

Sicherlich hätte Karl Liebknecht nichts dagegen einzuwenden gehabt, wenn Sozialreformen die Lebensumstände des Proletariats verbessern helfen oder die Bourgeoisie der Klassenherrschaft des Proletariats widerstandslos weichen würde; allein ihm fehlte der Glaube, auch der Glaube, daß dies in einer demokratischen Republik möglich sein könnte. Es mag eine Spätwirkung der Revolution von 1848, d.h. die Erfahrung mit einem letztlich ohnmächtigen Parlament, es mögen die verfassungsmäßigen Zustände nach der Reichsgründung, die dem Parlament zwar das Budgetrecht, aber nicht das Recht gab, über die Regierung oder gar über die Frage von Krieg und Frieden zu entscheiden; es mag die staatliche Verfolgung der Sozialdemokratie, die Karl Liebknecht am Beispiel seines Vaters aus allernächster Nähe erlebte, es mag die Erfahrung gewesen sein, daß das mit allgemeinem gleichen Wahlrecht gewählte Parlament ein Unterdrückungsgesetz gegen die Sozialdemokratie beschloß, daß in Preußen sogar noch nach einem Drei-Klassen-Wahlrecht gewählt wurde, daß es diese Skepsis – vielleicht nicht der Demokratie im allgemeinen, so doch gegenüber der parlamentarischen Demokratie in Deutschland gab. Es war nicht unrealistisch, daß es mühselig und schwierig werden könnte, auf diesem Weg Mehrheiten zu gewinnen. Die Wahlergebnisse zum Reichstag sprachen für die Sozialisten trotz der schönen Erfolge eine deutliche Sprache: Von 3,1 Prozent im Jahre 1871 steigerten sie sich 1903 bis 31,7 Prozent – und bis 1912 gar auf 34,8 Prozent, doch konnte ihnen nicht verborgen geblieben sein, daß sie damit das Potential einer reinen Klassenpartei optimal ausgeschöpft hatten. Schon während des Sozialistengesetzes (1878-1890) hatte sich eine antiparlamentarische Stimmung breitgemacht. Bei manchen Sozialdemokraten steigerte sich dies zu einem prinzipiellen Antiparlamentarismus. Johann Most z.b. empfahl sich für seine Wahl in den Reichstag mit den Worten:»… daß es mithin ganz gleichgültig sei, ob sie mich oder etwa ein ausgestopftes Kamel ins Parlament schicken.«[27]

Die relative Geringschätzung der Demokratie bei einem Teil der Sozialdemokraten, die sich als links, radikal oder marxistisch verstanden, kann nicht alleine aus den Verhältnissen in Deutschland erklärt werden, denn die gleichen Verhältnisse haben auch entschiedene Anhänger der Demokratie hervorgebracht. Festzuhalten bleibt für Karl Liebknecht eine Ambivalenz gegenüber der Demokratie, schon zu Beginn seines politischen Wirkens. Hier besteht eine große Übereinstimmung mit Rosa Luxemburg. Wie sie glaubte auch er, sozialdemokratischer Aufklärung müsse es nicht um »humanitäre Gesichtspunkte, ethische Postulate von Freiheit und Gerechtigkeit« gehen, sondern um »die Interessen des Proletariats im Klassenkampf«.

»Kannegießer«

Rosa Luxemburg hatte ihr Thema gefunden. Der Revisionismusstreit war ein echter Dauerbrenner und wurde in immer neuen Varianten aufgeführt. Sie hatte dabei einen Kampfbegriff gefunden, der es ihr erlaubte, die unterschiedlichsten Vorkommnisse, Sicht- und Verhaltensweisen über ein und denselben Leisten zu schlagen: »Opportunismus« lautete er. Theoretisch äußerte sich dieser intellektuelle und charakterliche Defekt in Versuchen, Marx zu revidieren und praktisch, mit mehr oder weniger kleinen Reformschritten, die Arbeits- und Lebensbedingungen der ärmeren Klassen verbessern zu wollen. Die Ursache für diese Erscheinung schrieb Rosa Luxemburg dem Einfluß »kleinbürgerlicher Elemente« in der pro-

---

27 Zit. n. Manfred Scharrer, Arbeiterbewegung im Obrigkeitsstaat, Berlin 1976, S. 41.
28 R.L., Eine Taktische Frage, GW, Bd. 1/1, S. 486.

letarischen Partei zu. Im Unterschied zum Opportunismus begriff sie ihre Sicht der Dinge als die »Denkweise des revolutionären Proletariats«. Woher sie die Sicherheit nahm, daß ausgerechnet sie diese Denkweise repräsentierte, läßt sich aus den vorhandenen Quellen nicht erschließen. Wie sie überhaupt wissen konnte, was und wie das revolutionäre Proletariat dachte – wo es ein solches Subjekt in Deutschland nicht gab –, bleibt rätselhaft. Die wirklichen Arbeiter und die Idee Intellektueller von den Arbeitern waren und sind bis heute zwei paar Stiefel. Von der Warte eines ideellen revolutionären Proletariats blickte Rosa Luxemburg, wohin sie auch sah, in »opportunistische« Abgründe, sei es in der bayerischen Sozialdemokratie, sei es in der badischen, sei es bei den Gewerkschaften, sei es im fernen Frankreich, wo die Sozialisten mit Alexandre-Ètienne Millerand sich an einer bürgerlichen Regierung beteiligten (22. Juni 1899). Daß dies in einer schweren Krise der französischen Demokratie und Republik geschah, vor dem Hintergrund der Dreyfuß-Affäre, spielte für sie keine Rolle. Ihr Geschäft war die Prinzipien-Politik, und deshalb gab es für einen »prinzipiellen Gegner des Bestehenden« auch in Frankreich nur die Alternative: »Entweder ... oder«. Ihr Fazit lautete: »In der bürgerlichen Gesellschaft ist der Sozialdemokratie dem Wesen nach die Rolle einer oppositionellen Partei vorgezeichnet, als regierende darf sie nur auf den Trümmern des bürgerlichen Staates auftreten.«[28] Hinfort gab es als Steigerung des deutschen Opportunismus bei ihr den Begriff des »Millerandismus«. Ein weites Feld für Polemik wurde erschlossen, an Beschäftigung war kein Mangel.

Die Personaldecke der Sozialdemokratischen Partei in Deutschland im intellektuellen Bereich war zu jener Zeit knapp. Sie bot jemandem, der gescheit war, blendend schreiben und reden konnte, vielfältige Möglichkeiten. Und war solch ein Talent auch noch eine Frau, dann galt das fast als exotische Attraktion – jedenfalls solange es den führenden Sozialdemokraten um August Bebel und Karl Kautsky genehm war. Für Rosa Luxemburg eröffnete sich eine steile Karriere. Vom 21. bis 28. September 1898 erschien ihre Auseinandersetzung mit Eduard Bernstein in der *Leipziger Volkszeitung*. Zum gleichen Zeitpunkt wurde der Posten des Chefredakteurs der *Sächsischen Arbeiter-Zeitung* vakant. Parvus (i.e. Alexander Helphand), ein polnischer Sozialist, der diesen Posten innehatte, wurde wegen unerlaubter politischer Tätigkeit aus dem Königreich Sachsen ausgewiesen. Er war ein politischer Freund Rosa Luxemburgs und trug ihr die Nachfolge an. Die Preßkommission der SPD stimmte dem Vorschlag zu. Ende September 1898 übernahm sie die Chefredaktion. Dies war nicht nur eine Karriere sondergleichen, sondern verschaffte Rosa Luxemburg auch zum ersten Male ein nennenswertes Einkommen, das sie aus ihrer erniedrigenden finanziellen Abhängigkeit von ihrem Freund Leo Jogiches befreite. Dieser hatte für seine regelmäßigen Zuwendungen kleinlichste Rechenschaft verlangt. Die bescheidenen Honorare, die sie für ihre Artikel erhalten hatte, reichten für ihren Lebensunterhalt nicht. Ihre Ansprüche, zunächst ein möbliertes Zimmer der gehobenen Kategorie, dann später eine kleine Wohnung mit Dienstmädchen, waren sicherlich kein übertriebener Luxus.

Noch vor dem überraschenden Angebot aus Dresden hatte ihr August Winter, den sie wenige Wochen vorher in seinem Wahlkampf in Oberschlesien unterstützt hatte, ein Delegiertenmandat für den Stuttgarter Parteitag angeboten, und zwar in der Absicht, sie als Spezialistin für polnische Fragen zu entsenden. Auf dem Stuttgarter Parteitag vom 3. bis 8. Oktober 1898 nutzte sie aber die Gelegenheit, ihre Philippika gegen Bernstein fortzusetzen. Sie hielt eine schwärmerische Rede für das Endziel und für die Eroberung der politischen Macht und ließ sich in ihrer Selbstbegeisterung zur der Aussage hinreißen: »Die Eroberung der politischen Macht bleibt das Endziel, und das Endziel bleibt die Seele des Kampfes.« Das Unsinnige dieser Rhetorik tat der Begeisterung der meisten Delegierten keinen Abbruch. Ihnen gefiel der mitreißende, radikale Ton. Es gab jedoch auch Anhänger Bernsteins, die weder den Ton noch die Musik lustig fanden. Dazu gehört u.a. Gustav Gradnauer, Redakteur des Zentralorgans *Vorwärts* der Partei. Als dieser kompromißbereit und versöhnlich anmahnte, daß im Grunde beide, die Anhänger der »Verelendung und Zusammenbruchs« und die Anhänger des »Aufstiegs und Entwicklung« durchaus auf »proletarischen Boden stünden«, lieferte er Rosa Luxemburg dankbaren Stoff, ihr polemisches Talent weiter zu entfalten. Gradnauer wurde von ihr in die Kategorie der »Kannegießer« eingeordnet, d.h. in die Kategorie der politischen Schwätzer. Dieser wiederum wollte sich als frischgewählter Reichstagsabgeordneter der SPD für den Wahlkreis Dresden eine solche Verunglimpfung nicht gefallen lassen. Er verfaßte eine Entgegnung, die Rosa Luxemburg in ihrer Zeitung erscheinen ließ – allerdings nicht ohne eine weitere Polemik nachzuschieben. Darin kanzelte sie Gradnauer als jemanden ab, der »allen geben und niemandem nehmen, alle befriedigen und niemanden

29 R.L., Erörterungen über die Taktik, ebd., S. 261.
30 Vorwärts, Nr. 254 vom 29.10.1898.

kränken, alle Differenzen verwischen, alle Widersprüche aussöhnen, alle Gegensätze in einem Meer sauer-süßlicher Beschwichtigungslimonade ertränken« wolle.[29] Gradnauer verlangte postwendend Platz für eine erneute Entgegnung. Dieses nicht unsittliche Verlangen verweigerte Rosa Luxemburg qua ihres Amtes als Chefredakteurin – ohne die Angelegenheit mit ihrer Redaktion zu besprechen. Gradnauer publizierte seine Antwort im *Vorwärts*, und die *Vorwärts*-Redaktion begründete diese Veröffentlichung damit, daß es nicht anginge, »einen in persönlich beleidigender Weise angegriffenen Parteigenossen das Wort vor seinen eignen Wählern zu versperren«.[30] Daraufhin erklärten ihre Mitredakteure – ebenfalls öffentlich im *Vorwärts* –, sie billigten das Verhalten ihrer Chefin nicht. Rosa Luxemburg legte deshalb ihre Funktion als Chefredakteurin am 3. November nieder – gut einen Monat nach ihrem Amtsantritt.

Es fällt schwer, diesen Streit alleine auf der Folie politischer Differenzen zu betrachten, denn das Redaktionsmitglied Emil Eichhorn – der später in der Novemberrevolution als Berliner Polizeipräsident Berühmtheit erlangte – ließ sich nicht gerade unter die Revisionisten subsumieren. Doch selbst wenn: Unterschiedliche Meinungen innerhalb der Redaktion einer sozialdemokratischen Zeitung waren nicht verboten und damals auch nicht die Ausnahme. Rosa Luxemburg sah offensichtlich für ihre Entscheidung keinen Diskussionsbedarf. Sie hatte ein eigenwilliges Verständnis von der Funktion eines Chefredakteurs – und scheiterte. Doch hatte dieses Scheitern auch etwas Gutes. Sie konnte der Parteiöffentlichkeit demonstrieren: Ich bin nicht käuflich, durch niemanden und durch nichts, schon gar nicht durch einen gut bezahlten Posten. Diese Demonstration war zwar geeignet, ihr bei Freund und Feind Respekt zu verschaffen, sie hatte aber damit ihren Förderer August Bebel, den Parteiführer, zum ersten Male ziemlich verstimmt.

Rosa Luxemburg war nun wieder freie Schriftstellerin und konnte ihre ganze Kraft in die laufende Debatte stecken. An Aufträgen zum Schreiben und Reden auf Versammlungen mangelte es nicht. Eher störte sie, daß sie ihr Privatleben nicht ihren Träumen und Wünschen entsprechend ordnen konnte. Leo Jogiches weigerte sich beharrlich, ihr nach Berlin zu folgen. Trotz zunehmender Integration in das Milieu der Parteiführung fühlte sie sich oft grenzenlos allein. Die »blauen Flecken auf der Seele«, von denen sie schon in den ersten Tagen in Berlin sprach, begannen sich zu vermehren und auszuwachsen. Ihre physische Gesundheit begann zu leiden. Migräneanfälle und Erschöpfungszustände hielten sie zunehmend – oft tagelang – vom Arbeiten ab. Nach außen war dies nicht sichtbar, denn das private Leben Rosa Luxemburgs ging – außer Leo Jogiches – niemanden etwas an.

»Feindin sans phrase«

Karl Liebknecht konnte einen anderen Karriereweg einschlagen als Rosa Luxemburg. Er wurde sozialdemokratischer Politiker. Nach seiner Wahl in die Berliner Stadtverordnetenversammlung bekam er auch gleich noch einen Reichstagswahlkreis angeboten, allerdings einen, der als schwieriges Terrain galt, nämlich den »Kaiserwahlkreis« Spandau-Potsdam-Osthavelland. Bei den Reichstagswahlen 1903 und 1907 schaffte er es jeweils im ersten Wahlgang, die meisten Stimmen zu erhalten. Bei den »Hottentottenwahlen« von 1907 mit der schönen Parole »Wer das deutsche Vaterland liebt, wählt sozialdemokratisch«. Die Stichwahl gewann dann jeweils der konservative Kandidat. 1904 war er auch zum ersten Male Delegierter eines SPD-Parteitages.

Parallel zur politischen Karriere machte er sich vor allem als politischer Anwalt schnell einen Namen. Landesweites Aufsehen erregte er als Verteidiger im *Königsberger Prozeß* (Juli 1904), in dem Sozialdemokraten wegen illegalen Transports sozialdemokratischer Agitationsschriften ins Zarenreich u.a. wegen Hochverrats angeklagt worden waren. Die vergleichsweise glimpflichen Strafen wurden als Verdienst des geschickten Rechtsanwaltes Karl Liebknecht gewürdigt.

Sein Thema in der Partei fand er in der Bekämpfung des Militarismus. Karl Liebknecht sah in ihm eine Erscheinung, die sich im Zeitalter des Kapitalismus verselbständigte, die speziell im preußischen Militarismus nahezu zum Selbstzweck geworden war. Für ihn war der Militarismus weit über das Heerwesen hinaus eine Geisteshaltung, die fast alle Bereiche der Gesellschaft durchdrang. Preußen-Deutschland war ein Land, in dem der Bürger in Zivil nichts, der Reserve-Leutnant alles bedeutete. Karl Liebknecht richtete sein Hauptaugenmerk auf den Militarismus in seiner Funktion als bewaffnetes Machtinstrument des Staates. Es ging ihm um jene »jederzeitige Bereitschaft, auf den äußeren und auf den inneren Feind nach Kommando loszuschlagen.« Für all jene, die die Sozialdemokratie als revolutionäre Partei betrachteten, die also auf den Um-

---

31 Zit. n. K.L., Militarismus, S. 250.
32 Ebd., S. 444.

Er jage den Reichsverband zum Tempel hinaus und **wähle am 25. Januar** den Kandidaten der Sozialdemokratie, den

Rechtsanwalt Dr. Karl Liebknecht
aus Berlin.

Die Wahl ist geheim! Niemand erfährt, wie Ihr abstimmt! ☞ Keine Aengstlichkeit! ☜

Wer das deutsche Vaterland liebt, **wählt sozialdemokratisch!**

sturz der sozialen und politischen Verhältnisse orientierten, mußte die Frage der bewaffneten Macht ins Zentrum der Aufmerksamkeit rücken. Karl Liebknecht erwies sich hier als Sozialdemokrat, der all die radikale Theorie und die radikalen Reden der Parteiführer – bevorzugt auch die seines Vaters – ernst nahm, sogar so ernst, daß er versuchte, praktische Konsequenzen daraus abzuleiten – das unterschied ihn von Rosa Luxemburg. Unterstützt wurde er dabei auch vom politischen Gegner. Bismarck gab ihm für seine Militarismus-Schrift das Stichwort: »Die sozialdemokratische Frage ... ist am letzten Ende eine militärische.«[31] Karl Liebknecht beschäftigte sich umgekehrt mit der Frage, was die Sozialdemokratie tun könne, damit die Armee untauglich würde für mögliche innenpolitische Auseinandersetzungen, was sie tun könne, damit die Soldaten im Falle eines Falles den Befehl verweigerten, auf den eignen Vater, Bruder oder Kollegen zu schießen. Er forderte von seiner Partei eine antimilitaristische Agitation und Aufklärung der Jugendlichen, möglichst bevor sie als Soldaten eingezogen würden. Seiner Meinung nach war die Sozialdemokratie »vorbehaltlose Feindin, Feindin sans phrase, Feindin bis aufs Messer des inneren Militarismus, den mit Stumpf und Stiel auszurotten eine ihrer wichtigsten Aufgaben ist«.[32] Sie müsse sich dafür einsetzen, daß die »Verwendung der Armee zu einer gewaltsamen verfassungswidrigen, staatsstreichlerischen Aktion gegen den inneren Feind, gegen die Arbeiterbewegung« unterbliebe. Logisch folgerte Karl Liebknecht, daß die Sozialdemokratie größtes Interesse daran haben müsse, »dem Proletariat« den Kadavergehorsam, die Disziplin und den Kasernendrill zu »verekeln«. Unlogisch wird er, wenn er gleichzeitig betonte, daß die Agitation »nirgends direkt oder indirekt zu militärischem Ungehorsam auffordern« dürfe und die »gesetzlichen Grenzen innegehalten werden sollen«.[33]

Einen ähnlichen Widerspruch produzierte er in seiner Analyse der äußeren Bedrohung durch den Militarismus. Antimilitarismus hieß für ihn einmal die »Beseitigung des Heeres in jeder Form«.[34] Ausgehend von der Bedrohung des Friedens durch die Kolonial- und Flottenpolitik des deutschen Reiches und überhaupt der Rüstungspolitik der imperialistischen Staaten, konstatierte er: »Proletarier haben kein Vaterland«, denn »das Proletariat« wisse, »daß das Vaterland, für das es sich schlagen soll, nicht sein Vaterland ist, daß es für das Proletariat jedes Landes nur einen wirklichen Feind gibt: die Kapitalistenklasse …«, es wisse, daß, »sofern es in einem Kriege verwendet werden sollte, zum Kampfe gegen seine eigenen Brüder und Klassengenossen geführt werden würde und damit zum Kampfe gegen seine eigenen Interessen«[35]. Diese Aussagen sind für sich genommen eindeutig – wie auch sein Ratschlag an das Proletariat, es müsse »den Militarismus auch in dieser Funktion bis aufs Messer« bekämpfen. Zweideutig wurde Karl Liebknecht, wenn er beteuerte, er wolle damit nicht einer »absoluten Wehrlosmachung« das Wort reden, sondern nur eine »relative Wehrlosmachung« anstreben, »die nur die Tauglichkeit des Heeres zum Angriff« mindere.

Karl Liebknecht unterstellte hier einem abstrakten Proletariat ein Wissen, das nur sein eigenes widerspiegelt. Mit dem existierenden Proletariat in Deutschland hatte dies wenig zu tun. Karl Liebknecht ging von einem theoretischen Begriff des Proletariats aus. Es ist dies jene Konstruktion, die dem empirischen Proletariat immer nur ein falsches Bewußtsein unterstellt und dem wahren Proletariat die »historische Mission« der Menschheitsbefreiung zuordnet. Er war sich sicher, daß die Geschichte eines Tages das empirische Proletariat zwingen würde, das zu tun, was ihm seine Bestimmung als wahres Proletariat auferlegte. Es wird sich zeigen, daß er immer wieder Zuflucht zu dieser Konstruktion nahm – wie auch Rosa Luxemburg,

---

33   Ebd., S. 454.
34   Ebd., S. 419.
35   Ebd., S. 275f.
36   Zit. n. K.L, Der Hochverratsprozeß gegen Karl Liebknecht, ebd. S. 136.
37   Zit. n. Manfred Scharrer, Organisation und Vaterland. Gewerkschaften vor dem Ersten Weltkrieg, Köln 1990, S. 200.
38   Vgl. ebd., S. 202f.

vor allem, wenn das existierende Proletariat nicht das tat, was beide erwarteten.

Karl Liebknecht fand mit seinem Vorschlag, eine besondere antimilitaristische Aufklärung vor allem für Jugendliche zu entwickeln, wenig Unterstützung – nicht einmal bei Rosa Luxemburg. Als er den Umweg über den Aufbau einer eigenständigen sozialdemokratischen Jugendorganisation gehen wollte, suchte er vergeblich nach Gleichgesinnten. Für seine entsprechenden Anträge auf den Parteitagen (ab 1904) gab es keine Mehrheiten. Mehr Interesse für seinen Antimilitarismus als in seiner Partei fand er bei der Staatsanwaltschaft. Diese nahm die Militarismusbroschüre zum Anlaß, ihn wegen Hochverrats anzuklagen und vor Gericht zu stellen. Der Parteiführer August Bebel distanzierte sich als Zeuge vor Gericht von Karl Liebknechts Auffassungen. Ihnen sei man »in der Partei und namentlich ich bisher mit der größten Energie entgegengetreten. Wir sind der Auffassung, daß dieses Hervorheben einer besonderen antimilitaristischen Agitation … praktisch falsch und taktisch unrichtig ist«.[36]

Karl Liebknecht wurde am 12. Oktober 1907 zu achtzehn Monaten Festungshaft verurteilt. Er mußte am 24. Oktober 1907 die Haft antreten und kam am 1. Juni 1909 wieder frei. Es scheint, daß die Parteiführung Karl Liebknecht in seinem Vorhaben vor allem deshalb nicht unterstützte, weil sie fürchtete, die Grenzen des polizeilich Erlaubten zu überschreiten. Dies war die peinlich genau beachtete Richtschnur ihrer praktische Politik seit dem Ende des Sozialistengesetzes. Es dürften jedoch auch gewaltige Unterschiede in der Haltung zum Militarismus vorgelegen haben. August Bebel hatte für die Partei immer wieder erklärt, daß sie im Falle eines Angriffs von außen, das Reich, das Vaterland mindestens genau so gut verteidigen würde wie jeder andere auch. Seine »Flintenrede« im Reichstag von 1904 brachte diese Position nur sehr anschaulich zum Ausdruck: »… aber wenn der Krieg ein Angriffskrieg werden sollte, ein Krieg, in dem es sich dann um die Existenz Deutschlands handelte, dann – ich gebe ihnen mein Wort – sind wir bis zum letzten Mann und selbst die ältesten unter uns bereit, die Flinte auf die Schulter zu nehmen …«[37] Gustav Noske hieb in die gleiche Kerbe, als er 1907 im Reichstag die Verleumdungen, »Sozialdemokraten wollten auf eine Wehrlosmachung Deutschland« hinarbeiten, zurückwies.[38] Als ihn Karl Liebknecht auf dem Essener Parteitag 1907 angriff, stellte Bebel sich hinter Noske und gegen Liebknecht.

In der Parteiführung konnte Karl Liebknecht sich nicht durchsetzen. Ob er größeren Anhang bei den einfachen Parteimitgliedern, bei der »Basis«, für seine Auffassung hatte, läßt sich schwer sagen. Unzweideutig ist aber, daß der Hochverratsprozeß und sein skandalöses Urteil Karl Liebknecht über Nacht zu einem der populärsten Sozialdemokraten machte und er als Opfer des Systems und der Klassenjustiz der ungeteilten Solidarität des sozialdemokratischen Milieus sicher sein konnte. Bei seiner Verabschiedung am 21. Oktober »stauten« sich auf der Straße die Massen zu einer »unübersehbaren« Menge. »Es gab eine zeitweilige Verkehrsstockung ... Die Fenster der Häuser waren mit Menschen dicht besetzt. Auf der Straße sang man die Arbeitermarseillaise, dazwischen ertönten immer wieder Hochrufe.«[39] Zum Dank erhielt er das Angebot, für die Sozialdemokratie bei den Wahlen zum Preußischen Abgeordnetenhaus zu kandidieren und wurde als Berliner Spitzenkandidat – noch während er in Haft saß – in den Landtag gewählt (1908). Spätestens da war Karl Liebknecht aus dem Schatten seines berühmten Vaters herausgetreten.

»Sisyphusarbeit«

Bernsteins Vorschlag einer aktiven Reformpolitik, verbunden mit der Hoffnung, daß eine demokratische Republik den idealen Rahmen für eine allmähliche Entwicklung in den Sozialismus darstellte, führte ihn zu einer Aufwertung der Gewerkschaften und der gewerkschaftlichen Arbeit – wie auch der Genossenschaften. Rosa Luxemburg widersprach hier ebenfalls und bewertete die gewerkschaftliche Arbeit entsprechend gering. Für sie hatte gewerkschaftliche Tätigkeit den Hauch der Vergeblichkeit. Allenfalls zur Sicherung der dem Arbeiter im Kapitalismus ohnehin zustehenden Lohnrate und zur Beeinflussung des Arbeitsmarktes seien die Gewerkschaften geeignet, doch gerade dies verwandele ihre Anstrengungen in »eine Art Sisyphusarbeit«[40]. Daß sich die aktiven Gewerkschafter durch eine solche Charakterisierung ihrer Arbeit nicht geschmeichelt fühlten, verwundert nicht. Rosa Luxemburgs Einschätzung der Gewerkschaftsarbeit war von keinerlei Kenntnis der wirklichen Gewerkschaften in Deutschland getrübt, weder von den Mühen, die erforderlich waren, solche Organisationen aufzubauen und auf Dauer zu sichern, noch von empirischen Daten über den

39 Vorwärts vom 23.10.1907.
40 R.L., Sozialreform oder Revolution?, a.a.O., S. ????
41 R.L. an Jogiches vom 30.10.1899, Briefe, Bd. 2, S. 391f.
42 R.L., »Kapitalistische Entwicklung und Arbeitervereinigungen«, GW, Bd. 1/1, S. 609.

aktuellen Stand der gewerkschaftlichen Arbeit und ihren Ergebnissen. Als Rosa Luxemburg behauptete, daß die gewerkschaftliche Bewegung ihrem Niedergang entgegenginge, erlebte diese tatsächlich eine gewaltige Aufschwungphase mit zweistelligen Mitglieder-Zuwachsraten. Erst im Herbst 1899 befaßte sich Rosa Luxemburg an Hand einer Lokalstudie über die Hamburger Gewerkschaften von Heinrich Bürger etwas konkreter mit den Gewerkschaften und schrieb Jogiches begeistert:»Das ist ein famoser Wälzer von sechshundert Seiten, voll Material, das für mich völlig neu ist, das ist das, was ich mir gewünscht habe: eine gründliche Information über die Gewerkschaftsbewegung, ihre Geschichte, ihre inneren Verhältnisse, ihren Charakter etc.« Doch was erkannte sie in dieser famosen Materialsammlung?»Von A bis Z« eine ausgezeichnete Bestätigung ihrer Gewerkschaftstheorie.[41] Dies, obwohl sie die positiven Erfolge der Gewerkschaften zur Kenntnis nahm, die Bürger alle auflistet, von Verkürzung der Arbeitszeit, über Abwehr von Lohnkürzungen und sogar Hebung der Löhne. Entscheidend war für sie nicht diese Wirklichkeit, sondern die dahinter verborgene»naturwüchsige Tendenz der kapitalistischen Entwicklung« zur»sog. Verelendung der Arbeitermasse«.[42]

Immerhin zollte sie dem Wirken der Gewerkschaften insofern Anerkennung, als sie zugestand, daß für die Arbeiter ohne sie alles noch viel schlimmer wäre und»die ganze Gesellschaft über kurz oder lang in die Zustände der Barbarei« zurückversetzt würde. Haften blieb bei den Gewerkschaftern der Begriff»Sisyphusarbeit«, den sie im Sinne von nutz- und sinnloser Anstrengung verstanden. Für sie wurde damit deutlich, daß»Schriftsteller« und»Literaten« wie Rosa Luxemburg keine Ahnung von der wirklichen Arbeiterbewegung hatten.

Richtig unbeliebt machte sie sich bei den meisten Gewerkschaften erst später. Es muß dabei beachtet werden, daß wenn sie von Gewerkschaften spricht, immer nur die sozialdemokratischen gemeint sind. Die liberalen Gewerkschaften, die sich unmittelbar als Reaktion auf den Versuch der Lassalleaner (»Allgemeiner Deutscher Arbeiterverein«) 1868, die noch schwache Gewerkschaftsbewegung unter die Fittiche ihrer Partei zu nehmen, gegründet hatten, und die christlichen Gewerkschaften, die sich ab Oktober 1894 bildeten, übersah sie bzw. waren ihrem Verständnis nach gar keine Gewerkschaften. Für sie waren die Hirsch–Dunckerschen und christlichen Gewerkschaften»gegnerische« oder»bürgerliche Arbeiterorganisationen«, in denen die»unklaren, unbewußten Arbeitermassen … irregeführt werden«. Eine Zusammenarbeit mit ihnen war für sie eine »Undenkbarkeit«. Die Arbeiterschaft gehörte für sie »von Natur aus ins Lager der Sozialdemokratie.«

Die drei weltanschaulich und parteipolitisch gebundenen Richtungsgewerkschaften lieferten sich einen erbitterten Konkurrenzkampf, der keineswegs das Geschäft belebte, sondern auf Kosten einer wirksamen Interessenvertretung ging. Vor allem die christlichen Gewerkschaften entwickelten sich im katholisch geprägten Bergarbeitermilieu zu einer Herausforderung für die sozialdemokratischen Gewerkschaften. Exponierte sozialdemokratische Gewerkschafter begannen laut darüber nachzudenken, ob es für eine Gewerkschaft nützlich sei, sich ideologisch an eine Partei zu binden. Als sie forderten, die parteipolitische Bindung an die SPD aufzugeben, entfachten sie einen Sturm der Entrüstung, besonders bei den linken Theoretikern – vorneweg Rosa Luxemburg. Als die »Neutralitätsdebatte« um die Jahrhundertwende (1900) die Gemüter erhitzte, wurden die sozialdemokratischen Gewerkschaften zum Erfolgsmodell. Ihre Repräsentanten begannen ein ausgeprägtes Selbstbewußtsein zu entwickeln. Hatte Carl Legien, der Vorsitzende der »Generalkommission« (dem Dachverband der »freien« Gewerkschaften) noch 1893 auf dem Parteitag der SPD in Köln die Gewerkschaften als »Vorschule« der Partei betrachtet, so glaubte er um die Jahrhundertwende, daß diese Auffassung »nur noch einige oder gar keine Anhänger mehr in der Arbeiterbewegung« habe. Schon 1897 hatte Bruno Poersch, der Vorsitzende des gerade erst gegründeten »Gemeinde- und Staatsarbeiterverbandes«, behauptet, daß die gewerkschaftliche Arbeit mindestens genausoviel wert sei wie die politische. Eine parteiunabhängige Gewerkschaft war in den Augen von Rosa Luxemburg ein Prinzipienverrat erster Güte, ein Revisionismus schlimmster Art. »Die Theorie von der ›Gleichberechtigung‹ der Gewerkschaften mit der Sozialdemokratie … ist ein Ausdruck der bekannten Tendenz jenes opportunistischen Flügels der Sozialdemokratie, der … die Sozialdemokratie aus einer revolutionären proletarischen in eine kleinbürgerliche Reformpartei umwandeln will.«[43]

---

43 R.L., Massenstreik, Partei und Gewerkschaften, GW, Bd.2, S. 156f. Zitiert als Massenstreik.
44 R.L., Ein Probe auf Exembel, GW, Bd.1/2, S. 531.
45 R.L., Massenstreik und Gewerkschaften, GW, Bd. 2, S. 481.

»Die Revolution ist großartig«

Inzwischen war einiges geschehen. Im Januar 1905 streikten über 200.000 Bergarbeiter. Die Aktion war spontan und gegen den erklärten Willen der vier Gewerkschaftsführungen – bei den Bergarbeitern gab es neben den christlichen, liberalen und freien Gewerkschaften auch noch eine polnische Berufsvereinigung – von den Belegschaften der Zechen durchgesetzt worden. Ebenfalls im Januar kam es in Rußland zu revolutionären Ereignissen. Die zaristische Herrschaft wurde durch Massenstreiks in den industriellen Zentren des Landes erschüttert. In Kongreßpolen verbanden sich die ökonomischen Forderungen sogleich mit dem politischen Ziel der nationalen Befreiung.

Rosa Luxemburg lebte wieder auf und schrieb einen enthusiastischen Artikel nach dem anderen. Sie versuchte zu informieren und vor allem Lehren für die internationale und besonders für die deutsche Arbeiterbewegung zu ziehen. Sie glaubte, in Rußland sei die längst gesuchte revolutionäre Form des proletarischen Kampfes entdeckt worden, der politische Massenstreik. Diese Aktionsform begann sie der deutschen Arbeiterbewegung aufs Wärmste zu empfehlen. Mit größter Sympathie betrachtete sie dabei die von den deutschen Gewerkschaften und der Sozialdemokratie so gefürchteten unorganisierten Massen. (»Den Feind den wir am meisten hassen, der uns umlauert schwarz und dicht, das ist der Unverstand der Massen, den nur des Geistes Schwert durchbricht.«) Ohne Gewerkschaften und sonstige festgefügte Organisationen hätten sie Großes vollbracht. In diesen Artikeln, die mit spitzen Bemerkungen an die Adresse der sozialdemokratischen Gewerkschaften gespickt waren, verkündete sie u.a., daß »durch den bloßen bienenartigen Ausbau der gewerkschaftlichen Zellen ins Unendliche« der Boden nicht bereitet werden könne für jene Momente, »wo die Arbeiterklasse um wirklicher Lebensinteressen willen bereit sein wird, nicht bloß ›alle Räder stillstehen‹ zu lassen, sondern nötigenfalls auch ihr Blut im Straßenkampfe zu verspritzen.«[44] Besonders der »Kassenstandpunkt« der Gewerkschaften, das Denken in Mitgliederzahlen, war ihr immer eine kleine Polemik wert: »Wir können nicht vom Standpunkte des Kassenbestandes überhaupt so gewaltige Bewegungen, wie politische Massenstreiks es sind, erwägen. In solchen Fällen müssen wir vor allem rechnen auf etwas anderes als auf die klingende Münze in unseren Kassen und Kassenbüchern. Wir müssen rechnen auf die unerschöpfliche Quelle des Idealismus bei der Ausführung der Sache.«[45]

Rosa Luxemburg schwärmte von dem braven Familienvater, der sich »im Sturm der revolutionären Periode« in einen »Revolutionsromantiker« verwandele, »für den sogar das höchste Gut, nämlich das Leben, geschweige das materielle Wohlsein, im Vergleich mit den Kampfidealen geringen Wert besitzt«.[46] Rosa Luxemburg trennte – in dieser Hinsicht – eine Welt von den deutschen Sozialdemokraten und Gewerkschaftern. Die Begeisterung, notfalls das eigene Blut zu verspritzen, hielt sich bei ihnen in Grenzen, sowohl bei den angesprochenen Führern als auch bei den einfachen Mitgliedern. Bei jenem größerem Teil, der nicht sozialdemokratisch organisiert oder orientiert war, dürfte die Begeisterung kaum größer gewesen sein. Die Sozialdemokratie und ihre Gewerkschaften sahen auch keineswegs ihre Aufgabe darin, die Arbeiter auf solche heroischen Taten vorzubereiten, sondern im Gegenteil alles zu tun, daß es nicht eines Tages solcher Taten bedürfe. Die Gewerkschaften, die, noch geschockt vom großen Bergarbeiterstreik, darüber nachdachten, wie sie zukünftig solch spontane Massenaktionen verhindern könnten, fühlten sich aufgerufen, einige deutliche Worte an die Adresse von »Anarchisten und Leuten ohne jegliche Erfahrung auf dem Gebiete des wirtschaftlichen Kampfes« und die »Literaten« zu richten. Der Gewerkschaftskongreß in Köln beschloß, daß die Propagierung des politischen Massenstreiks »verwerflich« und der Generalstreik »indiskutabel« sei.[47] Rosa Luxemburg fühlte sich nicht zu unrecht angesprochen und reagierte nach der Methode, auf einen groben Klotz gehöre ein noch gröberer Keil: »Eine selbstgefällige, strahlende, selbstsichere Borniertheit, die an sich selbst eine große Freude erlebt, sich selbst berauscht, die sich über alle Erfahrungen der internationalen Arbeiterbewegung erhaben dünkt, welche sie gar nicht verstanden hat, die über ein historisches Produkt glaubt Richtersprüche fällen zu können, die sich um Kongreßbeschlüsse den Teufel kümmert … Wenn das nicht heißt, die Arbeiterschaft in unverantwortlichster Weise in gefährlichsten Großmachtsdusel einlullen, dann wissen wir nicht, was sonst Demagogie und was Irreführung der Arbeiter heißt.«[48]

Das konnten die Gewerkschaften nicht auf sich sitzen lassen. Ein Wort gab das andere. Der Parteitag in Jena 1905 sollte einen Schluß-

46 R.L., Massenstreik, S. 133.
47 Protokoll der Verhandlungen des fünften Kongresses der Gewerkschaften Deutschlands, zit. n. Manfred Scharrer, Organisation und Vaterland, a.a.O., S. 177.
48 R.L., Die Debatten in Köln, GW, Bd.1-2, S. 585.
49 K.L., Parteitag der SPD, Jena 1905, GRS, Bd. 1, S. 155.

strich ziehen. Die Kampfhähne traten nochmals gegeneinander an, doch hatte die Parteiführung längst eine Resolution vorbereitet, deren Länge allein dafür sprach, daß es ihr um einen Kompromiß ging. Der politische Massenstreik wurde als defensives Mittel, als Abwehrmaßnahme akzeptiert, aber nur »gegebenenfalls, unter bestimmten Voraussetzungen«. Wann diese Voraussetzungen gegeben seien, darüber sollten Partei- und Gewerkschaftsführung sich gemeinsam verständigen. Rosa Luxemburg war zufrieden, der Vorsitzende der Generalkommission der Gewerkschaften Carl Legien nicht. Rosa Luxemburg wußte natürlich, daß es sich in Deutschland gar nicht darum handelte, die Revolution oder den Massenstreik zu proklamieren. In ihrem Verständnis war dies auch nicht möglich. Massenstreik oder eine Revolution waren beide ein »geschichtliches Produkt«, das weder auf Kommando gemacht noch abgelehnt werden könne. Es ging ihr nur um eine propagandistische Vorbereitung für den Zeitpunkt, an dem die Geschichte die Revolution auch in Deutschland auf die Tagesordnung setzen würde. Karl Liebknecht, der ebenfalls zum Thema Gewerkschaften und Massenstreik sprach, erregte mit einem eigenen Antrag, der die Gefahr der »Neutralität« der Gewerkschaften bannen sollte, nur die »Heiterkeit« des Parteitages. Er hatte allerdings die Begründung seiner Resolution denkbar unglücklich eingeleitet: »… ich weiß ja, sie ist nicht schön geraten, meinethalben: Sie ist unklar.«[49] Bei seiner Rede zum Massenstreik wurde ihm wegen Zeitüberschreitung das Wort entzogen.

Es war abzusehen, daß nach diesem Parteitag alle möglichen Experten die Frage erörtern würden, wie der »gegebene Fall« aussehen könnte. Die Partei- und Gewerkschaftsführungen sahen sich bereits im Februar gezwungen, in einem »streng vertraulichen« Gespräch Ungereimtheiten der Jenaer Resolution auszuräumen und vor allem festzustellen, daß der gegebene Fall längst noch nicht gegeben sei. Das Gespräch blieb nicht vertraulich. Rosa Luxemburg war entsetzt, vor allem darüber, daß die Gewerkschaften sich anmaßten, in Fragen, die nur die Partei etwas angingen, gleichberechtigt mitentscheiden zu wollen. Sie formulierte jetzt kurz und bündig: »Der gewerkschaftliche Kampf umfaßt die Gegenwartsinteressen, der sozialdemokratische Kampf die Zukunftsinteressen der Arbeiterbewegung«, das Verhältnis der Gewerkschaften zur Partei sei »das eines Teils zum Ganzen« und deshalb komme der Partei die »natürliche Leitung« zu.

Der Mannheimer Parteitag 1906 mußte sich noch einmal mit diesem Thema beschäftigen. Rosa Luxemburg und Karl Kautsky forderten nun die formale Unterordnung der Gewerkschaften unter die Partei, die Gewerkschaften sollten »vom Geiste der Sozialdemokratie beherrscht« werden, Pflicht eines jeden Parteigenossen in den Gewerkschaften sei, sich »an die Beschlüsse der Parteitage gebunden zu fühlen.« Karl Liebknecht hingegen hielt ein begeistertes Plädoyer für die Gleichberechtigung von Partei und Gewerkschaften. Er hatte die Idee, daß Partei und Gewerkschaften auf Grundlage der Gleichberechtigung noch enger zusammenarbeiten, z.b. einen gemeinsamen Aktionsausschuß einrichten und gemeinsame Kongresse abhalten sollten. »Das ist aber nur möglich auf Grundlage der Anerkennung der Gleichberechtigung beider Organisationen.«[50] Partei- und Gewerkschaftsführung hatten sich jedoch längst darauf verständigt, daß es vernünftig sei, wenn der Parteivorstand einen politischen Massenstreik für notwendig erachte, sich »mit der Generalkommission der Gewerkschaften in Verbindung zu setzen« bzw. bei Aktionen, »die die Interessen der Gewerkschaften und Partei gleichmäßig berühren, ein einheitliches Vorgehen herbeizuführen«, d.h., die Zentralleitungen der beiden Organisationen sollten »sich zu verständigen suchen.«[51]

Kautsky, Luxemburg u.a. bekamen mit ihrem Vorschlag keine Mehrheit. Liebknechts Antrag wurde nicht einmal erörtert. Er stimmte dann für den Antrag Bebel/Legien – Rosa Luxemburg dagegen. Der Mannheimer Parteitag ging in die Geschichte der sozialdemokratischen Arbeiterbewegung ein als Tag der Gleichberechtigung zwischen der Partei und den Gewerkschaften, von den einen bejubelt, von den anderen beklagt. Doch selbst in den Kampfbegriffen der Zeit konnte von einem Sieg des Revisionismus bzw. Opportunismus über den Marxismus nur dann die Rede sein, wenn man die Unterordnung der Gewerkschaften unter die Partei als Marxismus mißverstand, wie Rosa Luxemburg. Viele Marxisten stimmten der Resolution des Parteivorstandes zu. Selbst die meisten Revisionisten konnten sich eine parteiunabhängige Gewerkschaft nicht vorstellen. »Um aber jene Einheitlichkeit des Denkens und Handelns zwischen Partei und Gewerkschaft zu sichern, … ist es unbedingt notwendig,

---

50 K.L. Parteitag der SPD, Mannheim 1906, GRS, Bd. 2, S. 195.
51 »Das Mannheimer Abkommen«, zit. n. Manfred Scharrer, Organisation und Vaterland, a.a.O., S. 181.
52 Ebd., S. 107.
53 R.L. an Leo Jogiches vom 6. Oktober, Briefe, Bd. 2, S. 183.
54 R.L., Die Hetzer an der Arbeit, GW, Bd. 2, S. 606.
55 R.L. an Mathilde und Emanual Wurm vom 18.7.1906, Briefe, Bd. 2, S. 259.

daß die gewerkschaftliche Bewegung vom Geiste der Sozialdemokratie erfüllt werde.«[52] Der Parteitag definierte die »freien« Gewerkschaften weiter als sozialdemokratische Richtungsgewerkschaft.

Schon kurz nach dem Parteitag in Jena 1905 hatte sich für Rosa Luxemburg eine weitere Chance ergeben, die Karriereleiter in der deutschen Sozialdemokratie emporzusteigen. August Bebel bot ihr an, als Leitartiklerin in den Mitarbeiterstab der *Vorwärts*-Redaktion einzutreten. Wie bedeutsam für Rosa Luxemburg dieses Angebot war, zeigt, daß sie das formelle Angebot August Bebels vom 5. Oktober wörtlich in einem Brief an Leo Jogiches widergab.[53] August Bebel wollte das Gewicht im Zentralorgan nach links verschieben. Die Revisionisten, u.a. Kurt Eisner und Rosas alter Feind Gradnauer, warfen das Handtuch. Rosa Luxemburgs Erfolg in der Partei fand aber keine Entsprechung bei den Gewerkschaften. Das Verhältnis zu ihnen war eisig, wenn nicht feindlich geworden. Die *Bergarbeiterzeitung* schrieb: »Diese Dame hat sich seit Jahren bemerkbar gemacht durch Mißkreditierung der Gewerkschaftsarbeit und der Gewerkschaftsführer. Sie war es, die von der Gewerkschaftsarbeit als Sisyphusarbeit (nutzlose Arbeit) schrieb, sie überschüttete den Kölner Gewerkschaftskongreß und vornehmlich den Kollegen Bömmelburg mit gehässigen Urteilen und persönlichen Beleidigungen. Gerade diese Dame ist in Gewerkschaftskreisen bekannt als treibende Kraft bei der seit längerer Zeit üblich gewordenen Hetze gegen die selbständige Haltung der Gewerkschaften.«[54]

Sie reagierte darauf mit »unerschütterlicher Heiterkeit« und einer ›zahmen‹ Xenie: »Wir haben dir Klatsch aufs Geklatsche gemacht, wie schief!« Doch scheint ihr die Arbeit am *Vorwärts* nicht jene Freude bereitet zu haben, die sie sich erhofft hatte. Sie entschloß sich im Dezember nach Warschau zu gehen, um in den Reihen ihrer polnischen Partei (SKDPiL) am revolutionären Kampf mitzuwirken. Die Gründe sind unklar. Vielleicht wollte sie nicht länger den Vorwurf hinnehmen, sie betreibe »aus der Sommerfrische Generalstreiksdiskussion«, statt sich am russischen bzw. polnischen Freiheitskampf praktisch zu beteiligen, vielleicht waren es auch private Gründe. Am 28. Dezember 1905 brachte die Familie Kautsky sie zum Zug. Am 30. Dezember kam sie in Warschau an. Sie fühlte sich zu Hause im Milieu der rastlosen illegalen Arbeit. Am 4. März 1906 wurden sie und Leo Jogiches verhaftet. Ihr Gesundheitszustand verschlechterte sich in der Haft. Mit Hilfe eines ärztlichen Attestes und einer Bestechung kam sie gegen Kaution am 28. Juni frei. Am 28. Juli schrieb sie an ihre Freunde Mathilde und Emanuel Wurm den Satz: »Die Revolution ist großartig, alles andere ist Quark.«[55] Dies auch als Kommentar zu den für sie nun bedeutungslosen Zwistigkeiten zwischen Partei und Gewerkschaften in Berlin. Ende des Monats durfte sie »zur Kur« über St. Petersburg nach Finnland ausreisen. Durch die Revolution geadelt, stürzte sie sich mit frischer Kraft in den Zank des Mannheimer Parteitages und griff vor allem Legien, den Vorsitzenden der Generalkommission frontal an: »Jawohl, Sie verstehen nichts zu lernen aus der russischen Revolution!« Worauf Legien mit dem Zuruf kontert: »Sehr richtig!« Der Parteitag war für sie nicht nur wegen der schon erwähnten Abstimmungsniederlage ein Mißerfolg, sondern sie glaubte, daß August Bebel einen Kurswechsel vollzogen habe: Wähnte sie ihn noch in Jena ganz auf ihrer Seite, so meinte sie jetzt ein »feiges Abrücken von der Idee des Massenstreiks ohnegleichen« bei ihm bemerkt zu haben. Karl Kautsky wurde ihr zum gleichen Zeitpunkt »immer unheimlicher mit seiner kläglichen Wankelmüdigkeit«.[56] Karl Liebknecht hatte zwar eine andere Auffassung als sie zum Verhältnis Partei und Gewerkschaften vertreten, jedoch dem Massenstreik mit ähnlichen Formulierungen wie sie das Wort geredet: »Das Blut, das unsere Brüder drüben vergießen, vergießen sie für uns, für das Proletariat der ganzen Welt (Bravo), und was immer wir für unsere kämpfenden russischen Brüder von hier aus getan haben, es ist nichts als ein kleines Scherflein, mit dem wir uns von den Blutopfern loskaufen, die im Osten auch für uns gebracht werden.«[57] Doch sie beachtete Karl Liebknecht nicht. Weder seinen Antrag zu den Jugendorganisationen noch zur antimilitaristischen Propaganda unterstützte sie.

Nach dem Parteitag fuhr Rosa Luxemburg in den Urlaub. Im Dezember kehrte sie nach Berlin zurück. Kaum angekommen, verliebte sie sich in den Sohn Clara Zetkins. Die Beziehung zu Leo Jogiches wurde beendet. Ein Trennungsdrama scheint sich abgespielt zu haben. Jogiches drohte, sie und Kostja Zetkin umzubringen. Rosa Luxemburg besorgte sich einen Revolver.[58] Im Oktober 1907 bekam sie das Angebot, an der 1906 gegründeten Parteischule der SPD das Fach Nationalökonomie zu unterrichten. Sie nahm an, trotz vieler Zweifel, ob sie dazu die geeignete Person sei. Doch die Bedingungen waren »glänzend«. Von Oktober bis März mußte sie vier Vorlesungen zwischen 10 und 12 Uhr in der Woche halten. Dafür bekam sie ein Honorar von 3000 Mark. Sie hatte wieder ein regelmäßiges Einkommen.

---

56 R.L. an Clara Zetkin vom Oktober 1906, ebd., S. 273.
57 K.L., Parteitag der SPD, Mannheim 1906, a.a.O., S. 192.
58 Vgl. Ettinger, a.a.O., S. 183.

Konferenz der II. Sozialistischen Internationale, Stuttgart 1907
Rosa Luxemburg (sitzend zweite von rechts) umgeben von Familie Liebknecht.
Karl und seine Mutter Natalie, hinter ihr stehend, Julia, seine Frau, rechts neben
ihr sitzend. Hinter R.L. links sitzend Leo Trotzki.

»Kein Rosenwasser«

Als einer von sieben sozialdemokratischen Abgeordneten des Preus-
sischen Landtages (443 waren es insgesamt) bekam Karl Liebknecht
sein zweites großes Vorkriegsthema gestellt: Kampf gegen Preußen,
vor allem gegen das dort geltende Drei-Klassen-Wahlrecht. Es hätte sich auf diesem Feld angeboten, die Zusammenarbeit mit Rosa
Luxemburg zu suchen, die sich hier ebenfalls engagierte. Die Ou-
vertüre zu einer erneuten Kampagne gegen das Drei-Klassen-
Wahlrecht gab der Parteitag der preußischen SPD im Januar 1910.
Karl Liebknecht hielt eine Rede zur preußischen Verwaltungsre-
form, die er als integralen Bestandteil des Wahlrechtskampfes sehen
wollte. Er entwickelte Leitsätze mit einem detaillierten Forderungskatalog und legte in allgemeinen Formulierungen dar, daß die
Stärke einer parlamentarischen Fraktion von der »Entfesselung au-
ßerparlamentarischer Mächte« abhinge. Er vertrat die Einschätzung, daß der Kampf um das Wahlrecht und um eine Verwaltungs-
reform »beim gewalttätigen Charakter des preußischen Staates sehr
rasch zu einem Kampf um die Staatsgewalt« würde, »der auf Biegen
und Brechen« ginge. Er begeisterte seine nach einer viereinhalb-

stündigen Rede ermüdeten Zuhörer mit Sprüchen wie: »Das klassenbewußte preußische Proletariat … erblickt im preußischen Staat und in der preußischen Verwaltung seinen Erzfeind, den es mit allen Machtmitteln zu bekämpfen gilt, rücksichtslos und ohne allzu große Ängstlichkeit (Lebhafte Zustimmung). Von der andren Seite geht man ja auch nicht mit Glacéhandschuhen vor. (Sehr richtig!) Eine solche Gesellschaft niederzuringen gelingt nicht mit Rosenwasser und sanftmütigen Predigten.«[59] Dieser allgemein bleibende Verbalradikalismus entsprach dem Beschluß der Führung der preußischen SPD, keine konkreten Mittel zu benennen, wie die Kampagne zu führen sei. Der am 4. Februar vorgelegte Entwurf einer Wahlrechtsreform der preußischen Regierung war dann zwar die erwartete »brutale und höhnische Kriegserklärung an die Wahlentrechteten, also die große Masse des Volkes«, doch rief die Parteiführung ihre Anhänger in Preußen und ganz Deutschland nur zu sonntäglichen Massenkundgebungen auf, wie üblich mit teilweise furchtbar radikal klingenden Parolen: »Es gilt das Reich von den Junkern zu befreien!«[60] Die Veranstaltungen waren ein voller Erfolg, betrachtet man die große Zahl der Teilnehmer. Das Gesetzgebungsverfahren lief jedoch ungerührt weiter. Ob der Einsatz schärferer Mittel, z.B. politischer Massenstreik, möglich gewesen wäre und wenn, ob damit das verlangte »allgemeine, gleiche, direkte und geheime Wahlrecht« hätte erkämpft werden können, ist fraglich. Es kam jedenfalls nur zu den »verfluchten ewigen 30 Massenversammlungen als A und 30 Riesenversammlungen als O«[61], die Karl Liebknecht schon 1907 als unzureichend kritisiert hatte. Sicher ist hingegen, daß die »Massen« nicht von sich aus in einen politischen Streik treten wollten, obwohl sie deutliche Fingerzeige dazu von Karl Liebknecht und Rosa Luxemburg erhielten. Karl Liebknecht drohte am 22. Februar 1910 im preußischen Abgeordnetenhaus, daß, wenn dem Volk nicht »eine ausreichende, eine volle Befriedigung zuteil wird, dann auch das Mittel des Massenstreiks zur Anwendung kommen wird. (Lebhaftes ›Hört! Hört!‹) Das Mittel wird zur Anwendung kommen. Der Massenstreik wird nicht gemacht werden, sondern der Massenstreik kommt von selbst.«[62]

---

59 K.L., Parteitag der Sozialdemokratischen Partei Preußens, Berlin 1910, GSR, Bd. II, S. 422.
60 Vorwärts Nr. 34 vom 10.2.1910.
61 Zit. n. Trotnow, a.a.O., S. 115
62 K.L., Rede im preußischen Abgeordnetenhaus, 25.2.1910, Bd. II, S. 108.
63 Ebd., S. 299.
64 R.L. an Clara Zetkin vom 7.3.1910, Briefe Bd. 3, S. 121.

Daß der Massenstreik von selbst kommen müsse, entsprach auch der Theorie von Rosa Luxemburg, doch waren ihr mittlerweile Zweifel gekommen. Sie meinte zwar, daß Straßendemonstrationen das »Geringste« wären, »was den Tatendrang der grollenden Massen und gespannten politischen Situation« entspräche und hoffte, daß der Massenstreik sich »von selbst aufzwinge«. Sie wußte aber aus Erfahrung, daß (im Unterschied zu Polen und Rußland) in einer Partei, »wo, wie in der deutschen, das Prinzip der Organisation und der Parteidisziplin so beispiellos hochgehalten wird, wo infolgedessen die Initiative unorganisierter Volksmassen, ihre spontane, sozusagen improvisierte Aktionsfähigkeit ... fast ausgeschaltet ist«, kein Verlaß auf die Spontaneität der Massen wäre. Deshalb habe in Deutschland die Partei die »unabwendbare Pflicht«, ihren »Wert ... auch für andere Kampfformen als für parlamentarische Wahlen nachzuweisen.« Im Zusammenhang der Argumentation konnte das nur heißen, daß die Partei das Kommando für den Massenstreik geben solle. Doch so wollte Rosa Luxemburg nicht verstanden werden. Sie gestand den Partei- und Gewerkschaftsführungen zu, daß von ihnen »keineswegs« erwartet werden »darf«, daß sie das »Kommando« zum Massenstreik gäben und wiederholte ihre alte Auffassung: »Überdies kann der Entschluß zu einer unmittelbaren Aktion der Masse nur von der Masse selbst ausgehen. Die Befreiung der Arbeiterklasse kann nur das Werk der Arbeiterkasse selbst sein ...«[63] Die Massen selbst faßten aber keinen Entschluß. Partei- und Gewerkschaftsführungen brauchten gemäß der Theorie Rosa Luxemburgs keinen zu fassen und sahen für sich – mit Berufung auf diese Theorie – auch keinen Handlungsbedarf. Die »Generalkommission« hätte dem Parteivorstand erklärt, »den Massenstreik müssen die Massen selbst machen«, berichtete Rosa Luxemburg. Über diese Auslegung ihrer Theorie war sie keineswegs froh. Sie empörte sich, daß Partei- und Gewerkschaftsführungen nicht die Verantwortung übernehmen wollten: »Dazu haben wir die Organisation und die Führer!«[64]

Ihre Auslassungen in den Briefen decken sich nicht mit den verstreuten Bemerkungen zur spontanen, selbsttätigen Masse, wie sie in vielen Artikeln zu finden sind. Ihre »Spontaneitätstheorie« hatte viele Facetten und war oft widersprüchlich. Sie vertrug sich durchaus mit einem rigiden Disziplinbegriff, wenn es z.B. darum ging, »Revisionisten« aus der Partei ausschließen zu wollen. Diese Theorie erscheint als romantische Verklärung revolutionärer Bewegungen und geboren aus der Verzweiflung, daß die bestehenden Organisationen, sei es die russische oder deutsche Sozialdemokratie,

Rosa Luxemburgs Vorstellungen nicht folgten. Immer dann – und das war meistens der Fall – versuchte sie, an den Institutionen vorbei direkt an die Massen zu appellieren. Die Parteiführung hatte wohl nie auch nur im Traume daran gedacht, mit einem politischen Massenstreik das allgemeine Wahlrecht in Preußen erzwingen zu wollen. Als Karl Liebknecht und Rosa Luxemburg den Massenstreik ins Spiel brachten, handelten sie ohne Absprache mit anderen Parteifreunden oder gar Parteiinstanzen. Beim Abgeordneten Karl Liebknecht war dies nicht unproblematisch, bei einer freien Schriftstellerin ein legitimer Versuch. Die Parteiführung jedenfalls vertrat eine andere Politik und wollte sich mit einer Diskussion über Massenstreik nicht zu etwas zwingen lassen, was sie glaubte, nicht verantworten zu können. Karl Kautsky lehnte es für die *Neue Zeit* und Heinrich Cunow für den *Vorwärts* ab, den Beitrag Rosa Luxemburgs zur Wahlrechtskampagne zu veröffentlichen; Karl Kautsky mit der Begründung, daß es nicht anginge, das jemand »auf eigene Faust« glaubte, der Wahlrechtskampagne ein radikaleres Ziel setzen zu müssen als das von der Parteiführung abgestimmte. Rosa Luxemburg wollte nicht nur das »schärfere Mittel« des politischen Massenstreiks angewendet wissen, sondern sie forderte auch ein anderes Ziel. Nicht mehr nur um das demokratische Wahlrecht müsse der Kampf gehen, sondern gleich um »die Forderung der Republik«. Allerdings verknüpfte sie diesen Anspruch mit der Einschränkung, daß auch »die beste bürgerliche Republik nicht weniger ein Klassenstaat und Bollwerk der kapitalistischen Ausbeutung ist als eine heutige Monarchie«. Die demokratische Republik und die »besten demokratischen Reformen« sind ihr nur »kleine Etappen auf dem großen Marsch des Proletariats zur Eroberung der politischen Macht, zur Verwirklichung des Sozialismus.«[65] Dies wurde aber nicht Gegenstand der Debatte. Denn selbst die Forderung nach einer demokratischen Republik als Kampfansage gegen die Monarchie hatte die SPD unter dem frischen Eindruck des Sozialistengesetzes bewußt nicht in ihr *Erfurter Programm* geschrieben, und die Kampagne für ein demokratisches Wahlrecht in Preußen bewegte

65 R.L., Zeit der Aussaat, GW, Bd. 2., S. 302f.
66 Zit. n. R.L., Die Theorie und die Praxis, Bd. 2., S. 381.
67 R.L. an Konrad Haenisch vom 14.3.1910, Briefe, Bd. 3, S. 123.
68 R.L., Der preußische Wahlrechtskampf, Bd. 2., S. 327.
69 R.L., Rede am 1.10.1910 in Hagen in der außerordentlichen Mitgliederversammlung des Deutschen Metallarbeiter Verbandes, Bd. 2, S. 481.
70 R.L. an Kostja Zetkin vom 8.4.1910, Briefe Bd. 3, S. 134.

sich unterhalb der Forderung nach Abschaffung der Monarchie. Karl Kautsky sah in Rosa Luxemburgs Thesen eine »völlig neue Agitation«, zumal eine, die die Partei stets verworfen habe. »In dieser Weise können und dürfen wir nicht vorgehen. Eine einzelne Persönlichkeit, wie hoch sie stehen mag, darf nicht auf eigene Faust ein Fait accompli schaffen, das für die Partei unabsehbar Folgen haben kann.«[66] Rosa Luxemburg akzeptierte diese Argumente nicht. Sie wandte sich nun an sozialdemokratische Provinzzeitungen. Konrad Haenisch, dem Chefredakteur der *Arbeiter-Zeitung* in Dortmund schrieb sie: »… deshalb halte ich es für dringend notwendig, die Diskussion in breiteste Massen zu tragen. Die Massen selbst sollen entscheiden.«[67] Haenisch publizierte einen Teil, die *Breslauer Volkswacht* den anderen Teil dieses Artikels. Sie hätte zufrieden sein können: Andere Blätter übernahmen die Artikel, sie war eine vielgefragte Rednerin und konnte ungehindert in zahlreichen Wahlrechtsveranstaltungen ihre Agitation fortsetzen und dabei sogar den Eindruck gewinnen, die Massen folgten ihrer Politik bereitwilliger als der des Parteivorstandes. Sie war eine begnadete Rednerin und erhielt immer wieder begeisterte Zustimmung. So in Frankfurt am 17. April, als sie den zirka 7000 Zuhörern im Zirkus Schuhmann zurief: »… daß einmal auch in Preußen, auch in Deutschland der Moment kommen muß, wo die Reaktion vor der Macht eines proletarischen Massenstreiks im Staube liegen wird.«[68] Sogar eher bedächtige Gewerkschafter konnte sie mit ihrem Redetalent für den Massenstreik und sogar für die Bereitschaft »nötigenfalls das Leben dranzugeben« zu Bravorufen hinreißen.[69] Doch war es ihr großes Mißverständnis, von solch dankbarer Begeisterung für eine mitreissende Rede auf wirkliche Bereitschaft zu radikalem, vielleicht sogar existenziellem Handeln zu schließen.

»Vae victoribus!«

Die öffentlichen Erfolge waren ihr nicht genug. Zusätzlich kritisierte sie das Verhalten der Parteiführung und vor allem das ihres Freundes Karl Kautsky: »Diesem Feigling, der nur Mut findet, anderen in den Rücken zu fallen, will ich's besorgen.«[70] Karl Kautsky war unterdessen gegen sie publizistisch aufgetreten, hatte ihre Vorschläge als unrealistisch zurückgewiesen, der Parteiführung den Rücken gestärkt und nebenbei mit seinem Vorschlag, aus der Ermattungsstrategie der alten Römer zu lernen, Rosa Luxemburg die schöne Vorlage für eine Entgegnung geliefert. »Ermattung oder

Kampf« lautete deren Titel, den Kautsky noch in der *Neuen Zeit* erscheinen ließ. Sie war natürlich für den Kampf und schleuderte Karl Kautsky entgegen: »Zum Bremsen, Genosse Karl Kautsky, brauchen wir Sie nicht.«[71]

Rosa Luxemburg war auch jetzt noch nicht zufrieden. Sie wollte die persönliche Auseinandersetzung. Sie besprach sich mit Leo Jogiches, der ihr politischer Berater geblieben war. Sie fragte ihn, ob der Brief, in dem Karl Kautsky die Veröffentlichung ihres Artikels in der *Neuen Zeit* abgelehnt hatte, nicht verwendet werden könne. »Er ist für K.K: sehr kompromittierend.«[72] Sie wollte den Parteivorstand und indirekt Karl Kautsky als »Handlanger« der Gewerkschaften bloßstellen, im Glauben, »pro publico bono muß man statuieren ein Exempel.«[73] Karl Kautsky verlangte von ihr offensichtlich die Streichung genau jener Stellen, an denen Rosa Luxemburg in ihrer Entgegnung so viel gelegen war. Sie gab Karl Kautsky ein Stück nach, hoffte aber, daß der Artikel trotz dieser Streichungen »dennoch eine Guillotine für ihn sein« würde.[74] In ihrem neuen Artikel veröffentlichte sie Auszüge aus dem Brief Karl Kautskys. Das war ein gezielter Vertrauensbruch und wurde nicht nur von Karl Kautsky, sondern auch von Bebel u.a. so verstanden. Das ehemals – zumindest äußerlich – freundschaftliche Verhältnis zu Karl Kautsky war zerstört. Rosa Luxemburg fürchtete, daß darunter auch ihre Freundschaft zu Luise Kautsky, der Frau von Karl Kautsky, leiden könnte. Doch diese Sorge war wohl unbegründet.

Ihre Kritik an Franz Mehring, ebenfalls ein politisch nahestehender Freund, der nicht ihrer Meinung war, die demokratische Republik zum Ziel der Wahlrechtskampagne zu machen, lehnte Karl Kautsky ab zu veröffentlichen. In der Form einer Richtigstellung gab Rosa Luxemburg bekannt, daß sie in der Sache »nicht mehr in der *Neuen Zeit* zum Wort kommen kann.«[75] Auch der *Vorwärts* lehnte ihre Artikel ab. An Kostja Zetkin schrieb sie: »Sie wollen mich mundtot machen … Ich bin also traurig.«[76] Leo Jogiches hin-

71 R.L., Ermattung oder Kampf, Bd. 2, S. 377.
72 R.L. an Leo Jogiches vom 8.6.1910, Briefe, Bd. 3, S. 167.
73 R.L. an Leo Jogiches vom 10.6.1910, ebd., S. 169.
74 R.L. an Leo Jogiches vom 15.7.1910, ebd., S. 192.
75 R.L., Zur Richtigstellung, GW, Bd. 2, S. 443.
76 R.L. an Kostja Zetkin vom 4.8.1910, Briefe, Bd. 3, S. 210.
77 R.L. an Leo Jogiches vom 8.8.1910, ebd., S. 213.
78 R.L. an Leo Jogiches vom 23.9.1910.
79 R.L., Klassenkampf und Tagespolitik, GW, Bd. 2, S. 485.

Parteitag der SPD in Leipzig, September 1909

gegen teilte sie freudig erregt mit, daß sie Karl Kautsky mit ihrer Richtigstellung Material geschickt habe, »das für ihn tödlich ist«. Sie sah Karl Kautsky »vernichtet« und sich als Siegerin. Doch beschlichen sie Ahnungen: »vae victoribus!«[77]

Zum Magdeburger Parteitag 1910 bekam sie nur mit Mühe ein Delegiertenmandat, diesmal aus Remscheid. Das Mandat wurde – wenngleich erfolglos – sogar angefochten. Ihre Resolution zum Massenstreik konnte sie im entscheidenden Teil nicht zur Abstimmung stellen. Als absehbar war, daß dafür keine Mehrheit zustande käme, sei sie von ihren Mitantragstellern »gezwungen« worden, den Antrag zurückzuziehen. »Ich fühle mich wie ein geprügelter Hund, und mir scheint, daß ich eine eklatante Niederlage erlitten habe.«[78] Nach außen verkündete sie jedoch die Einschätzung, der Parteitag habe dem Klassenfeind »nichts anderes als die Faust des revolutionären Proletariats entgegengehalten.«[79]

Karl Liebknecht hatte mit zu den Antragstellern gehört. Er mußte sich in seiner Rede zum Antrag Luxemburg zunächst gegen Robert Leinert verteidigen. Leinert war Fraktionskollege im preußischen Abgeordnetenhaus. Er hatte ihm vorgehalten, er hätte die Resolution von Rosa Luxemburg gar nicht unterschreiben dürfen, weil er als Mitglied der Fraktion im preußischen Landtag im Frühjahr die Entscheidung der Landeskommission, keinen politischen

Massenstreik zu propagieren, mitgetragen habe. Karl Liebknecht meinte, die Zeit habe sich mittlerweile geändert. Er verteidigte nur schwach die Resolution Rosa Luxemburgs, d.h. er ließ erkennen, daß er bewegt werden könne, »für die Streichung des zweiten Absatzes zu stimmen.«[80] Karl Liebknecht scheint sich wenig eindeutig verhalten zu haben. Auf Rosa Luxemburg wirkte er sprunghaft: »Karl Liebknechts Standpunkt ist der gleiche wie immer: ein Sprung nach rechts, einer nach links. Im preußischen Landtag verkündete er den Massenstreik, und in der Stadtverordnetenversammlung war er gegen unseren Antrag ›Protest gegen das Verbot der Versammlung in Treptow‹.«[81]

Rosa Luxemburg und Karl Liebknecht konnten 1910 noch nicht zueinander finden, obwohl sie in der Frage des Massenstreiks grundsätzlich gleiche Auffassungen teilten – und beide von der außerparlamentarischen Aktion fasziniert waren: »Die Straße gehört den Massen, die sie mit ihrem Blute und ihren Steuern gepflastert haben. (Beifall) Die Straßendemonstrationen müssen zu einer normalen Erscheinung im öffentlichen Leben werden.«[82] Ebenso hätte das Thema Antimilitarismus viele gemeinsame Berührungspunkte haben können. Doch Rosa Luxemburg zeigte sich an Karl Liebknechts Hauptthema und seinen Anstrengungen für eine praktische, antimilitaristische Politik immer noch uninteressiert. Abwertend kommentierte sie Karl Liebknechts Antimilitarismus-Schrift im Vergleich mit August Winnigs Broschüre *Preußischer Kommiß*: »Dieses Büchlein wird sicher zehnmal mehr wirken als die Karl Liebknechtsche Broschüre über Militarismus.«[83] Später, auf dem Gründungsparteitag der KPD 1918, wird sie den Gewerkschafter Winnig als einen der »infamsten und größten Halunken« bezeichnen.

Das Zerwürfnis mit Karl Kautsky und die sich abzeichnende Entfremdung von der Parteiführung und dem Zentralorgan nahm ihr die Möglichkeit, in den zwei wichtigsten Organen der Sozialdemokratie weiter zu publizieren. Sie begann, sich zu isolieren und wurde isoliert. Ihr Stern in dieser Partei begann zu sinken. Karl Liebknecht hingegen krönte seine Karriere mit einem Sieg im »Kaiserwahl-

80 K.L., Parteitag der SPD, Magdeburg 1910, GRS, Bd. III, S. 501.
81 R.L. an Leo Jogiches vom 22.3.1910, Briefe, Bd. 2, S. 128.
82 R.L., Klassenkampf und Tagespolitik, GW, Bd. 2, S. 489.
83 R.L. an Kostja Zetkin vom 2.12.1910, Briefe, Bd. 2, S. 269f.
84 Vgl. Dieter Groh, Negative Integration und Revolutionärer Attentismus, Frankfurt/M.-Berlin-Wien, 1973, S. 265ff.
85 R.L. an Hans Diefenbach vom 30.3.1917, Briefe, Bd. 5, S. 197.

kreis« 1912 und konnte als Abgeordneter in den Reichstag einziehen. Dieser größte politische Erfolg wurde möglich, weil Karl Liebknecht einen unermüdlichen Wahlkampf geführt und in seinem Wahlkreis Kärrnerarbeit als Kandidat geleistet hatte, jedoch auch, weil die Sozialdemokratie zum ersten Mal bei Reichstagswahlen ein Stichwahlabkommen mit den Liberalen, mit der Fortschrittspartei, geschlossen hatte.[84] Karl Liebknecht konnte diesmal die Stichwahl für sich entscheiden. Er war jetzt Stadtverordneter, Abgeordneter des preußischen Landtages und des Reichstages, gleichzeitig Vorsitzender des Büros der Jugendinternationale, Parteitagsdelegierter und Delegierter auf den Internationalen Kongressen, außerdem mußte er eine Frau und drei Kinder versorgen (im August 1911 war seine Frau Julia gestorben, im Oktober 1912 heiratete er Sophie Ryss, die er als russische Studentin kennengelernt hatte) und ging noch seinem Anwaltsberuf nach. Rosa Luxemburg schilderte ihn später ihrem Freund Hans Diefenbach: »Sie wissen vielleicht, wie er seit langen Jahren lebte: nur noch im Parlament, (in) Sitzungen, Kommissionen, Besprechungen, in Hatz und Drang, stets auf dem Sprung von der Stadtbahn in die Elektrische und von der Elektrischen ins Auto, alle Taschen vollgestopft mit Notizenblocks, alle Arme voll frisch gekaufter Zeitungen, die er doch unmöglich Zeit hatte, alle zu lesen, Leib und Seele mit Straßenstaub bedeckt und doch immer mit dem liebenswürdigen jungen Lächeln im Gesicht.«[85]

»Credo quia absurdum«

Knapp ein Jahr nach dem Magdeburger Parteitag wurde die Parteiführung erneut vor eine schwierige Entscheidung gestellt, diesmal hervorgerufen durch eine außenpolitische Krise, die durch die Entsendung eines Panzerschiffes nach Agadir (1. Juli 1911) ausgelöst wurde. Der Alldeutsche Verband – eine pressure group der nationalistischen Rechten – entfaltete dabei eine beispiellose chauvinistische Hetze, die dem Anspruch Deutschlands auf Weltgeltung, d.h. einen angemessenen Anteil an Kolonien sichern sollte. Das Internationale Sozialistische Büro (ISB) versuchte, eine Aussprache seiner Mitglieder zu organisieren. Brutus Molkenbuhr, Sekretär im Parteivorstand, lehnte für die Deutsche Sozialdemokratie irgendwelche Initiativen ab: »Würden wir uns vorzeitig so stark engagieren und selbst alle Fragen der inneren Politik hinter die Marokkofrage zurückstellen, so daß daraus eine wirksame Wahlparole gegen uns geschmiedet werden könnte, dann sind die Folgen nicht abzusehen.«[86]

Hinter dieser Ablehnung des deutschen Parteivorstandes stand einmal die Einschätzung, daß es sich hier nicht um einen ernsten Krisenfall handelte, zum anderen die noch frische Erfahrung aus der »Hottentottenwahl« von 1907.

Die bürgerlichen und konservativen Parteien hatten den Wahlkampf um die imperialistische Weltpolitik Deutschlands und gegen die »vaterlandslose, internationale« Sozialdemokratie geführt und einen großen Erfolg erzielt. Die Sozialdemokratie konnte zwar knapp ihre Stimmenzahl behaupten, verlor jedoch fast die Hälfte ihrer 81 Mandate. Sie wollte nun vor der anstehenden Reichstagswahl im Januar 1912 jede Handhabe für eine erneute Auflage eines solchen Wahlkampfes verhindern. Rosa Luxemburg als Delegierte ihrer polnischen Partei (SDKPiL) im ISB bekam diesen Brief zur Kenntnis und begann Sturm zu laufen gegen die Politik des Parteivorstandes. Vor allem empörte sie, daß er wieder alles unter dem »Gesichtswinkel des Wahlzettels« betrachtete. Der Parteivorstand, an der Spitze August Bebel, hatte nun jede Freude an Rosa Luxemburg verloren. Er bezichtigte sie der Indiskretion und Illoyalität und wollte ein Scherbengericht auf dem bevorstehenden Parteitag abhalten.

Bebel übernahm es selbst, die Anklage zu führen. Nicht das Verhalten der Parteiführung stand im Mittelpunkt, sondern der Vertrauensbruch Rosa Luxemburgs: »Sie hat aus Verhandlungen, die entschieden vertraulicher Natur waren, sich erlaubt, bruchstückweise Veröffentlichungen zu machen, die alle Beteiligten als Indiskretion empfinden mußten. Und sie hat das in einer Weise getan, die mit der Wahrheit im Widerspruch steht.« Ihre alten Sünden rechnete er ebenfalls auf: »Dann wißt Ihr, was Ihr von der Kampfesweise der Genossin Luxemburg zu halten habt. Sie hat es im vorigen Jahr mit Karl Kautsky ebenso gemacht … Von diesem Augenblick an habe ich mir vorgenommen, nicht etwa, du willst nicht mehr an die Genossin Luxemburg schreiben – das geht nicht –, aber du willst ihr nichts schreiben, wovon sie möglicherweise Gebrauch machen könnte.«[87]

---

[86] Zit. n. Rosa Luxemburg, Um Marokko, GW, Bd. 3, S. 8.
[87] Zit. n. Nettl, S. 340.
[88] K.L., Parteitag der SPD, Jena 1911, GRS, Bd. IV, S. 457ff.
[89] Zit. n. Nettl, S. 332.
[90] Ebd.

In der Sache versuchte sich Bebel herauszureden, entlastete sich und den Parteivorstand und schob alle Schuld auf Molkenbuhr. Rosa Luxemburgs Kommentar: »Ich glaube, weil es absurd ist«, löste zwar Heiterkeit aus, doch Bebel konnte darüber nicht mehr lachen.

Karl Liebknecht beteiligte sich als Redner relativ spät an den Antikriegskundgebungen, die 1911 in der gesamten Sozialdemokratie durchgeführt wurden. Auf dem Parteitag stellte er jedoch klar, daß die »Genossen«, die in Berlin und in ganz Deutschland tätig geworden wären, nicht erst einen Aufruf des Parteivorstandes brauchten und auch nicht die »sogenannte Indiskretion der Genossin Luxemburg«, sondern von sich aus aktiv geworden seien. »Sie haben sich vielfach gerührt und gezeigt, daß sie den Ernst der Situation besser begriffen haben als der Parteivorstand.« Er äußerte zwar Verständnis für die Indiskretion Rosa Luxemburgs, bedauerte aber, daß »die Sache in solcher Weise zur Sprache gebracht werden muß.« Er kritisierte den Parteivorstand, denn dieser »soll vor den Wagen und nicht hinter den Wagen gespannt sein«, doch zog er dann überraschend den Schluß: »... daß trotz der Fehler, die begangen worden sind, die deutsche Partei und die Gewerkschaften noch niemals so geschlossen und so einig waren wie gerade jetzt und vor allem in der Marokkofrage.« Und er schloß – für ihn ziemlich ungewöhnlich – versöhnlich: »Wozu noch über das Vergangne sinnieren. Laßt das Vergangene vergangen sein.«[88]

Diese Zeilen lesen sich so, als habe Karl Liebknecht mit Blick auf den bevorstehenden Wahlkampf für den Reichstag gesprochen. Die Erfahrung, daß eine zerstrittene Partei nicht an Attraktivität gewinnt, war nicht von der Hand zu weisen. Karl Liebknecht mußte Interesse daran haben, sich nicht unnötig die Unterstützung von Parteigenossen und Gewerkschaftern zu verderben.

Rosa Luxemburg war dagegen nicht versöhnlich gestimmt, Bebel und der Parteivorstand auch nicht. Als Victor Adler – der Führer der österreichischen Sozialdemokratie – ein Jahr vorher seine Schadenfreude über den Ärger, den Rosa Luxemburg Karl Kautsky bereitet hatte, an Bebel mit den Worten mitteilte, »das giftige Luder wird noch sehr viel Schaden anrichten, um so größeren, weil sie blitzgescheit ist, während ihr jedes Gefühl für Verantwortung vollständig fehlt und ihr einziges Motiv eine geradezu perverse Rechthaberei ist«,[89] nahm Bebel sie noch in Schutz: »Die Rosarei ist nicht so schlimm, wie Du denkst. Trotz aller Giftmischerei möchte ich das Frauenzimmer in der Partei nicht missen.«[90] Als er selbst Opfer der Luxemburgischen »Kampfesweise« geworden war, ist von seiner noblen Haltung nichts mehr zu spüren. Auch seine Freude an

Karl Liebknecht hatte sichtlich nachgelassen. Schrieb er noch 1908: »Du bist er einzige, auf den ich meine Hoffnung setze«, so klagte er Karl Kautsky nach dem Parteitag 1911: »In dem jungen Mann habe ich mich gründlich getäuscht; ich hoffte, die Zeit auf der Festung würde ihn besonnener machen, es ist aber umgekehrt gekommen.«[91]

Die Sozialdemokratie feierte im Januar 1912 einen grandiosen Wahlsieg. Sie konnte ihre Stimmenzahl auf 4.250.399 (34,8 Prozent) erhöhen, 110 Mandate (27,7 Prozent) gewinnen und stärkste Fraktion im Reichstag werden. Allein, diese Stärke war nur umzusetzen, wenn sie Koalitionen mit den bürgerlichen liberalen Parteien oder dem Zentrum eingegangen wäre, also Kompromisse geschlossen hätte.

Diesen Weg versperrte ihr vor allem die eigene Ideologie. Der »revolutionäre Attentismus« (Groh) bestimmte die Politik der Partei. Die bayerische und die badische Landtagsfraktion, die eine aktive parlamentarische Politik betreiben wollten, d.h. Kompromisse schlossen und deshalb auch Landeshaushalten zustimmten, wurden immer wieder vor das Tribunal der Parteitage gezerrt und als Revisionisten beschimpft. Da war sich die Mehrheit der Partei einig, daß dies an die strategischen Grundfesten rührte. Als am 14. Juli 1910 die badischen Sozialdemokraten wieder dem Landeshaushalt zugestimmt hatten, schrieb Rosa Luxemburg einen Brandartikel gegen die badischen Genossen. Sie forderte, daß der bevorstehende Parteitag den badischen Abgeordneten, die dem Budget zugestimmt hatten, das Mandat entziehen sollte. Sie hätten einen »Prinzipienverrat« begangen und sich damit außerhalb der Partei gestellt, sie seien »kleinbürgerliche Reformer«, die sich »partout darauf versteifen, sich für Sozialdemokraten zu halten.«[92] Für Rosa Luxemburg war dies »parlamentarischer Kretinismus«. Ihre Alternative lautete: »große Massenaktionen«. Sie wären die »eigentliche Machtquelle der Sozialdemokratie.« Und für die bevorstehenden Reichstagswahlen (Januar 1912) empfiehlt sie, »je heftiger die Kämpfe sind, in die das Proletariat hineingetrieben wird, je größer die Opfer sind, die die Massen bringen müssen, desto stärker der Idealismus und die Begeisterung, womit die Massen kämpfen.«[93]

---

91 Zit. n. Trotnow, S. 90f.
92 R.L., Die badische Budgetabstimmung, GW, Bd. 2, S. 435.
93 R.L., Klassenkampf und Tagespolitik, ebd., S. 489.
94 R.L. an Kostja Zetkin vom 22.1.1912, Briefe, Bd. 4, S. 156.
95 R.L. an Kostja Zetkin vom 1.2.1912, ebd. S. 162.
96 R.L., Unsere Stichwahltaktik, GW, Bd. 3, S. 118.

Während sich nach Bekanntwerden der Wahlergebnisse im sozialdemokratischen Lager Hochstimmung breit machte, konnte Rosa Luxemburg sich gar nicht freuen. Im Gegenteil: »Ich war gestern und heute über unserer ›Siege‹ deprimiert, das wird eine böse Zeit geben ...« schrieb sie Kostja Zetkin. Einer möglichen Zusammenarbeit mit den Liberalen sah sie mit Grausen entgegen. Man »muß mit energischer Hand dem wehren, gleich von Anfang an.«[94] Der Anspruch der Partei, nun als stärkste Fraktion im Reichstagspräsidium vertreten zu sein, sei »völlig schnuppe«. Als sie dann vom Stichwahlabkommen – von ihr als »Wahlschacher« bezeichnet – mit den Liberalen erfuhr, war sie so »furchtbar deprimiert«, daß sie sich »ganz krank fühlte.«[95] Doch machte sie sich sogleich an die Arbeit, »der Gefahr des parlamentarischen Kretinismus entgegenzuarbeiten.« Sie beginnt eine ellenlange Artikelserie über die Schädlichkeit des Stichwahlabkommens. Ob die Fraktion fünfzehn oder zwanzig Mann größer oder kleiner sei, spielte für sie keine Rolle, denn es sei »lediglich der Druck dieser Massen (der Wähler) von draußen, der unserer Fraktion im Reichstag ihr Gewicht verleiht ...«[96] Sie widmete sich der Frage »wie man die Waffe des Parlamentarismus mit den Grundsätzen des revolutionären Klassenkampfes vereinigen« könne. Eine Antwort darauf hatte weder sie noch die Partei insgesamt gefunden. Der Wahlsieg blieb ungenutzt.

Ihre Polemik gegen die Politik des Parteivorstandes gab Rosa Luxemburg nicht auf. Als Paul Lensch die Leitung der *Leipziger Volkszeitung* niederlegte (Sommer 1913), waren die Tage ihrer Mitarbeit auch dort gezählt. Rosa Luxemburg gründete mit ihrem alten Freund Marchlewski und mit Franz Mehring, mit dem sie sich wieder ausgesöhnt hatte, eine *Sozialdemokratische Korrespondenz*. Sie erschien dreimal wöchentlich. Die Hoffnung, Parteizeitungen würden die dort publizierten Artikel übernehmen, erfüllte sich nicht. Rosa Luxemburg hatte nicht mehr viele Freunde in den maßgeblichen Parteikreisen der deutschen Sozialdemokratie.

In ihrer polnischen Partei, der SDKPiL, nahmen die Querelen ebenfalls kein Ende. Meinungsverschiedenheiten wurden hier besonders bösartig ausgetragen, da sie überwiegend im Zwielicht der Illegalität stattfinden mußten. Rosa Luxemburg zeigte sich in diesem Handgemenge von einer Seite, die im Gegensatz zu den von ihr sonst vertretenen Idealen stand. Sie empfahl Leo Jogiches, die »Rebellion des Warschauer Komitees« dadurch niederzuschlagen, daß die dortigen Genossen als Provokateure denunziert würden. Gemeint war damit, die Information zu streuen, daß sie von zaristischen Agenten unterwandert wären. »Es wird einen schrecklichen

Krakeel geben, aber davor darf man sich nicht fürchten.«[97] Rosa Luxemburgs Idee, »die zu Stalins bevorzugter Methode wurde, politische Gegner auszuschalten – wurde in die Tat umgesetzt. Diese Tat ist durch nichts zu rechtfertigen«, schreibt ihre Biographin Elżbietha Ettinger.[98]

In der deutschen Sozialdemokratie blieb Rosa Luxemburg dennoch eine gefragte Rednerin. Unentwegt war sie auf Versammlungen unterwegs. Am 25. September sprach sie in Fechenheim und am 26. September in Bockenheim über das Thema Militarismus. Dort soll sie gesagt haben: »Wenn uns zugemutet wird, die Mordwaffen gegen unsre französischen oder anderen Brüder zu erheben, dann rufen wir: Das tun wir nicht.« Diesen Ausspruch nahm die Staatsanwaltschaft zum Anlaß, Anklage gegen sie zu erheben. Am 20. Februar 1914 fand der Prozeß in Frankfurt statt. Paul Levi und Kurt Rosenfeld verteidigten sie. Besonders eindrucksvoll war ihre eigene Verteidigungsrede. Neu war nicht, was, sondern wie sie es sagte. Als der Staatsanwalt ihre sofortige Verhaftung beantragte, weil Fluchtgefahr bestünde, entgegnete sie: »Herr Staatsanwalt, ich glaube Ihnen, Sie würden fliehen. Ein Sozialdemokrat flieht nicht. Er steht zu seinen Taten und lacht Ihrer Strafen. Und nun verurteilen Sie mich!«[99] Rosa Luxemburg wurde zu einem Jahr Gefängnis verurteilt. Die Strafe mußte sie im Februar 1915 antreten. Diese Rede beeindruckte auch ihre politischen Widersacher in der Partei. Selbst der *Vorwärts* und die *Leipziger Volkszeitung* druckten sie jetzt wieder. Wenn es gegen den Militarismus und die Klassenjustiz ging, kannte die Sozialdemokratie keine Richtungen mehr. In einer Art Triumphzug reiste die Verurteilte, assistiert von ihrem Verteidiger Paul Levi, der ihr Geliebter geworden war, von einer Protestversammlung zur nächsten. Rosa Luxemburg zeigte hier, daß sie auch die Klaviatur der Eintracht zu bedienen wußte: »Da stehen wir alle wie eine Mauer gegen diese Gesellschaft. (Stürmischer, brausender, lang anhaltender Beifall.)« Und wenn sie gar mit den Worten Bebels schloß: »Ich bleibe bis zum letzten Atemzug der Todfeind des bestehenden Staates«,[100] nahm der Beifall kein Ende.

Am 4. August 1914 stand Rosa Luxemburg fassungslos vor der Tatsache, daß die Partei den Krieg unterstützte und die Proletarier aller Länder begannen, sich gegenseitig umzubringen.

---

97 R.L. an Leo Jogiches vom April 1912, Briefe, Bd. 4, S. 194.
98 Ettinger, S. 218.
99 R.L., Verteidigungsrede vor der Frankfurter Strafkammer, GW, Bd. 3, S. 406.
100 R.L., Rede am 22.2.1914. Bd. 3., S. 409.

KRIEG

»Wir lassen ... das eigene Vaterland nicht im Stich«

Mitte Juli 1914 schien die Welt noch in Ordnung. Die Aufregung über die Morde von Sarajewo war verflogen. Die deutsche Sozialdemokratie war wieder in ihren gewohnten Trott verfallen. Die Urlaubszeit war angebrochen – für jene, die es sich leisten konnten. Der Kaiser z.B. war zu einer seiner geliebten Segelreisen in der Ostsee unterwegs, Lenin zum Bergsteigen in die Hohe Tatra gefahren und auch deutsche sozialdemokratische Politiker gönnten sich eine Pause. Karl Liebknecht hatte die Hauptstadt am 12. Juli in Richtung Paris verlassen, im Parteiauftrag. Unterwegs sprach er auf einer Friedenskundgebung in Condé sur l'Escaut, die von französischen und belgischen Sozialdemokraten organisiert worden war. Er schloß seine Ansprache mit »dem Aufruf zur Sammlung aller Kräfte der Internationale zum Kampf, zum internationalen Klassenkampf gegen die Kriegshetzer, für den Frieden«[1] – und erntete stürmischen Beifall. Von Paris aus fuhr er wahrscheinlich für einige erholsame Tage in die Schweiz. Rosa Luxemburg hingegen haderte mit ihrem Schicksal, sie war an das heiße, schwüle Berlin »gekettet« und kämpfte mit Migräne. Zu gerne wäre sie zu ihrer Freundin Luise Kautsky nach Rom gefahren. Stattdessen fuhr sie vom 16. bis 18. Juli nach Brüssel. Das war alles andere als eine Vergnügungsreise: Das Internationale Sozialistische Büro (ISB) hatte eingeladen, um wieder einmal die Streitereien zwischen den verschiedenen Fraktionen, Gruppen und Grüppchen innerhalb der russischen Sozialdemokratie (SDAPR) zu schlichten – und Rosa Luxemburg war hier als Vertreterin der SDKPiL mit von Partie. Es läßt sich kein Hinweis finden, daß dort über einen drohenden Krieg gesprochen worden wäre. Am 19. Juli war sie wieder in Berlin. In diese Idylle platzte das österreichische Ultimatum an Serbien (23. Juli). Von der deutschen Sozialdemokratie wurde dies als »frivole Kriegsprovokation« der österreichisch-ungarischen Regierung interpretiert. Der Parteivorstand erließ einen Aufruf gegen diese Kriegstreiber, und die Partei organisierte in gewohnter Weise Protestveranstaltungen. Sie brachte den »unerschütterlichen Friedenswillen des klassenbewußten Proletariats zum Ausdruck.« In Berlin fanden die Veranstal-

---

1 Bericht des Karlsruher Volksfreund vom 18.7.1914, zit. n. K.L.: Klassenkampf gegen den Krieg, GRS, Bd. VIII, S. 4. Zitiert als »Klassenkampf«.

tungen in großen Vergnügungssälen unter reger Beteiligung statt. Bewährte Redner geißelten das Vorgehen der Österreicher. Nirgends gab es Anzeichen für eine Kriegsbegeisterung. Diese Politik hatte zwei Vorzeichen: Der Schuldige war eindeutig benennbar (Österreich), und es herrschte die Einschätzung vor, die deutsche Regierung hätte gesteigertes Interesse am Erhalt des Friedens. Der Protest gegen Österreich war gleichzeitig ein Appell an die deutsche Regierung, den Österreichern in den Arm zu fallen. Noch am 28. Juli verbreitete auch Rosa Luxemburg die Einschätzung: »Fragt man freilich, ob die deutsche Regierung kriegsbereit sei, so kann die Frage mit gutem Recht verneint werden.«[2] Allgemein überwog die Hoffnung, daß der Konflikt sich wieder auf den Balkan begrenzen ließe. Die Führer der europäischen Sozialdemokratie wurden nach Brüssel gerufen, die Internationale sollte eine gemeinsame Politik absprechen. Fast alle mit Rang und Namen waren erschienen: Hugo Haase und Karl Kautsky aus Deutschland, Jean Jaurès aus Frankreich, Rosa Luxemburg für ihre polnische Gruppe. Nur Lenin machte weiter Urlaub. Als sie sich am 29. Juli trafen, hatte Österreich bereits Serbien den Krieg erklärt. Victor Adler, auf den sich die Blicke richteten, erklärte zum Entsetzen aller, die österreichische Sozialdemokratie könne nichts machen. »Die Ideen des Streiks undsoweiter sind nur Phantasien.«[3] Eine düstere Stimmung begann sich auszubreiten. Rosa Luxemburg soll empört gewesen sein – doch gleichzeitig genau so rat- und sprachlos wie die anderen. Jaurès und Haase versicherten einander, daß ihre jeweiligen Regierungen friedenswillig seien. Die Versammelten gingen auseinander mit der Absicht, durch Demonstrationen weiter diesen Friedenswillen zu unterstützen und die Regierungen aufzufordern, mässigend auf Österreich und Rußland einzuwirken (und verlegten den anstehenden Internationalen Kongreß von Wien nach Paris).

Rosa Luxemburg kam am 31. Juli abends nach Berlin zurück. Ihren Freund und Anwalt Paul Levi versuchte sie aufzumuntern: »Armer Liebling, sei doch nicht so verzweifelt, wir brauchen jetzt frischen Mut und kühlen Kopf, um zu handeln.«[4] Auch am 2. Au-

---

[2] R.L., Der Friede, der Dreibund und wir, GW, Bd. 4, S. 47.

[3] Protokoll, zit. n. George Haupt, Der Kongreß fand nicht statt, S. 178f.

[4] R.L. an Paul Levi vom 31.7.1914, Briefe, Bd. 5, S. 450f.

[5] R.L. an Paul Levi vom 2.8.1914, ebd., S. 451.

[6] Franz Jung, Der Torpedokäfer, Neuwied 1972, S. 96 (Neuauflage von: Der Weg nach unten).

[7] R.L. Brief an Troelstra wahrscheinlich Ende August 1914, zit. n. Rojahn, a.a.o., S. 137

gust, Deutschland hatte schon Rußland den Krieg erklärt und zwei ihrer Freunde waren bereits eingezogen worden, versuchte sie Levi aufzurichten mit der kühlen Einschätzung, daß der Krieg eine weltgeschichtliche Wendung sei: »Wir erleben so Großes und Neues ... Trotz allem muß man frisch und munter bleiben.«[5]

Um sie herum geriet die Welt aus den Fugen. Hunderttausende demonstrierten in Paris, London, Berlin und St. Petersburg begeistert **für** den Krieg. Franz Jung beschreibt die Szene in Berlin: »Die Straße Unter den Linden zu beiden Seiten entlang zum Schloß zog eine nach Tausenden zählende Menge hin und her, unter infernalischem Gebrüll, woraus ein Reporter die Wacht am Rhein herausgehört haben wird. Auch in der Erinnerung heute fast unvorstellbar. War das Ende der Welt gekommen?«[6] Der *Vorwärts* erblickte darin den Umzug eines »patriotischen Mobs« und redete sich und seinen Lesern ein, daß keine Arbeiter sich darunter befunden hätten. Rosa Luxemburgs Welt – die Welt der Sozialdemokratie und der Sozialistischen Internationale – stand zu diesem Zeitpunkt noch. Diese brach für sie erst zusammen, als sie erfuhr, daß die Reichstagsfraktion der deutschen Sozialdemokratie beabsichtige, den Kriegskrediten zuzustimmen. Sie sei von »konvulsivischen Wein- und Wutkrämpfen geschüttelt« worden, berichtet Heinrich Ströbel. Nach der Reichstagssitzung am 4. August, als die Sozialdemokraten einmütig den Kriegskrediten zugestimmt hatten, soll sie sogar Selbstmord erwogen haben.

Wenn es jemanden gab, für den die Sozialistische Internationale Wirklichkeit war, dann war es Rosa Luxemburg. Sie war weder zu Hause in ihrem Heimatland Polen noch in dem ihr fremdgebliebenen Deutschland. In der Gemeinschaft der trotz vieler politischer Differenzen doch gleichgesinnten Sozialisten aus Frankreich, Belgien, Holland, England, Rußland hatte sie ihr »Vaterland« gefunden. Wenn sie später die These formulierte, »das Vaterland der Proletarier ... ist die sozialistische Internationale«, dann sprach sie von sich selbst und einer sehr, sehr kleinen Anzahl vornehmlich intellektueller Parteiführer. Diese trafen sich auf den internationalen Kongressen und im Internationalen sozialistischen Büro (ISB), korrespondierten, diskutierten, stritten und publizierten grenzübergreifend. Verständigungsschwierigkeiten kannte Rosa Luxemburg nicht, sie sprach neben ihrer polnischen Muttersprache fließend deutsch, französisch, russisch und englisch. Doch diese Wirklichkeit war nicht die des von ihr beschworenen internationalen Proletariats. Als sie sich von »dem Zusammenbruch, was uns das Theuerste war an Friedensidealen und Kultur«[7] halbwegs erholt hatte, begann sie nach den Ursachen der »weltgeschichtlichen Katastrophe« zu forschen und Vorschläge für den Aufbau einer neuen Internationale zu entwickeln.

Fassungslos stand sie vor der Tatsache, daß es ein »internationales Proletariat« nicht zu geben schien. Als wollte sie sich vergewissern, daß sie in keiner Traumwelt gelebt hat, memorierte sie noch Monate später die feierlichen Schwüre der Parteiführer von Bebel bis Jaurès zur Völkerverbrüderung und internationalen Solidarität und die verbreitete Einsicht, daß die imperialistische Politik der Großmächte auf einen Krieg zu triebe. Sie rief in Erinnerung, worauf die Marxisten besonders stolz waren, daß sie diesen Krieg als »unvermeidlich« prognostiziert hätten.

Am Abend des 4. August traf sich bei ihr ein kleiner Freundeskreis und überlegte, was getan werden könnte. Sie verwarfen den Vorschlag, aus der Partei auszutreten, entwickelten die Idee, eine Besprechung Gleichgesinnter zu organisieren und Unterschriften für eine Protesterklärung gegen die Haltung der Reichstagsfraktion zu sammeln. Das Ergebnis war niederschmetternd. Nicht einmal ihre Busenfreundin Clara Zetkin war bereit, eine solche Erklärung zu unterschreiben, ebensowenig Karl Liebknecht. Dieser hätte auch eine merkwürdige Figur abgegeben: am Vormittag stimmte er im Reichstag für die Kredite und am Abend unterschreibt er einen Protest gegen dieses Verhalten. Was war geschehen?

Es gibt eine Vielzahl Thesen für das Verhalten der deutschen Sozialdemokratie im August 1914. Die einen meinen, es sei die Angst vor dem Verbot der Partei und der Gewerkschaften gewesen, die anderen, sie hätten sich der allgemeinen nationalistischen Stimmung angepaßt, die populärste lautet, die Sozialdemokratie hätte ihre Grundsätze verraten. Die meisten Quellen sprechen dafür, daß unter der falschen Annahme, Deutschland führe einen Verteidigungskrieg, und dies vornehmlich gegen einen Angriff des despotischen Zarenreiches, die Sozialdemokraten im guten Glauben und in Übereinstimmung mit ihrer Tradition und ihren Prinzipien handelten.

Karl Liebknecht kam wahrscheinlich erst am 3. August zurück nach Berlin, noch rechtzeitig zur entscheidenden Fraktionssitzung, und gehörte dort zu den vierzehn Abgeordneten, die eine Zustimmung der Sozialdemokraten zu den Kriegskrediten ablehnten. Die überwältigende Mehrheit von 78 Abgeordneten beschloß jedoch die Zustimmung. Am 4. August stimmte auch Karl Liebknecht im Reichstag für die Kredite. Zu diesem Zeitpunkt war der Krieg bereits im vollen Gange. Im Deutschen Reich entschied über Krieg und Frieden laut Verfassung nicht das Parlament, sondern der Kaiser, die Parlamentarier durften nur noch über die Art der Finanzierung des Krieges abstimmen. Warum die vierzehn Neinsager sich der Fraktionsdisziplin in einer solch existentiellen Frage gebeugt hatten, ist schwer verständlich. Besonders bei Karl Liebknecht, der sich durch seinen unermüdlichen Einsatz gegen den Militarismus im allgemeinen und den preußisch-deutschen im besonderen einen Namen gemacht hatte und wohl wie kein zweiter in der Partei sich so gründlich mit diesem Thema beschäftigt hatte. Er selbst begründete seine Zustimmung und die der anderen Neinsager später mit der »heiligen Verehrung«, die sie damals noch der Fraktionsdisziplin entgegengebracht hätten. Doch diese Verehrung ließ immer noch die Möglichkeit offen, bei Gewissensfragen einer Abstimmung fernzubleiben. Josef Simon, der Vorsitzende der Schuhmachergewerkschaft, und Fritz Kunert hatten von diesem Recht Gebrauch gemacht – aber ihr Verhalten nicht an die große Glocke gehängt. Warum hatte nicht auch Karl Liebknecht diese Möglichkeit genutzt? Es scheint unvorstellbar, daß Karl Liebknecht und die anderen, wenn sie der Meinung gewesen wären, Deutschland führe einen Eroberungskrieg, lediglich weil sie die Fraktionsdisziplin verehrten, für die Bewilligung der Kredite gestimmt haben könnten. Erklärlich wird ihr Verhalten nur, wenn man annimmt, daß sie davon überzeugt gewesen waren, Deutschland führe einen Verteidigungskrieg. Karl Liebknecht bekannte, »daß wir das Recht und die Pflicht zur nationalen Verteidigung und Selbstbehauptung nicht im mindesten angezweifelt haben und anzweifeln.«[8]

Dies ermöglicht auch eine rationale Erklärung für den radikalen Stimmungswechsel in den wenigen Tagen zwischen den massenhaften Protesten gegen den drohenden Krieg und der Bereitschaft, den Krieg zu unterstützen in den ersten Augusttagen: Der Protest richtete sich gegen den Kriegstreiber Österreich. Als sich abzeichnete, daß das zaristische Rußland die Gelegenheit nutzen würde, auf Seiten von Serbien in den Krieg einzutreten, veränderte sich die Situation für Deutschland schlagartig. Die Logik der europäischen Bündnissysteme, die Rosa Luxemburg noch am 28. Juli exakt beschrieben hatte, brachte für Deutschland die »Pflicht«, sich »gleichfalls in das Blutmeer kopfüber zu stürzen, sobald das verbrecherische Treiben Österreichs den russischen Bären auf den Kampfplatz wird herausgelockt haben. Und ebenso soll Frankreichs Volk an die Schlachtbank geschleppt werden ...«[9] Kein vernünftiger Mensch konnte

8 K.L., Klassenkampf, S. 26.
9 R.L., Der Friede der Dreibund und wir, GW, Bd. 3, S. 477.

sich vorstellen, daß Deutschland einen Zweifrontenkrieg gegen Rußland und Frankreich riskieren wollte. Als Rußland die Mobilmachung anordnete, war in der deutschen Öffentlichkeit – auch für die sozialdemokratischen Abgeordneten – der Verteidigungsfall gegeben. Wenn der Parteivorsitzende Hugo Haase nicht vom Verteidigungsfall überzeugt gewesen wäre, hätte er kaum die Erklärung abgeben können: »Nun machen wir wahr, was wir immer betont haben: Wir lassen in der Stunde der Gefahr das eigene Vaterland nicht im Stich.«[10] Daß sich hinter dem Kriegsausbruch auch eine unverantwortliche Politik der Geheimdiplomatie und eine geschickte Regie des Reichskanzlers Bethmann-Hollweg verbarg, davon ahnte in den ersten Augusttagen offenbar niemand etwas.

Warum Haase, Liebknecht u.a. fraktionsintern für eine Ablehnung der Kredite votiert hatten, erklärt sich aus dem traditionellen Verhaltensprinzip der Fraktion, im Reichstag grundsätzlich dem Etat und speziell dem Rüstungsetat nicht zuzustimmen. Ihre Unterwerfung unter die Fraktionsdisziplin läßt darauf schließen, daß sie sich außerstande sahen, im gegebenen Ernstfall eine Haltung zu vermitteln, die für die Verteidigung des Vaterlandes plädiert, die Mittel aber dazu verweigert.

Erst als Karl Liebknecht sich sicher war, daß die offizielle Darstellung der Reichsregierung und des Kaisers, »Rußland hat die Brandfackel an das Haus gelegt« und »uns treibt nicht Eroberungslust«, Täuschungen waren, erst als die hemmungslose Kriegszieldiskussion im monarchistischen und bürgerlichen Lager losbrach, Teile der sozialdemokratischen Presse zunehmend nationalistische Töne anschlugen und er auf einer Reise durch Belgien und Holland (4. bis 12. September) in der Diskussion mit den belgischen und holländischen Genossen eine andere Sicht auf den Kriegsausbruch und die Kriegswirklichkeit bekam, reifte ihm die Erkenntnis: »Es handelt sich um einen imperialistischen Krieg reinsten Wassers, und zwar vor allem auf deutscher Seite, mit dem von mächtigen Kreisen beharrlich verfolgten Ziel von Eroberungen großen Stils«. Er durchschaute jetzt jene andere Ursache für den Krieg, die sich aus der Logik eines relativ verselbständigten Militärwesens ergab – und auf die sich viele Historiker mittlerweile verständigt haben:

10 Verhandlungen des Reichstages. XIII. Legislaturperiode. II. Session. Stenographische Berichte, Bd. 306, Berlin 1916.

11 K.L., Für Minderheitsvotum gegen Kriegskredite, GRS, Bd. VIII, S. 164.

12 K.L., Brief an Parteivorstand vom 2.10.1914, ebd., S. 54.

13 R.L. an Kostja Zetkin vom Oktober 1914, Briefe, Bd. 5, S. 13.

»vom Gesichtspunkt des Wettrüstens aus« handele es sich »bestenfalls um einen von der deutschen und österreichischen Kriegspartei gemeinsam hervorgerufenen Präventivkrieg«.[11] Nun konnte er versuchen, ein Minderheitenvotum anzustreben, selbst um den Preis, die Fraktionsdisziplin zu brechen.

Parallel dazu verlief das Bestreben des Parteivorstandes, alle Informationen über die internen Meinungsverschiedenheiten zu unterbinden und die Fassade der Einheitlichkeit nach außen aufrechtzuerhalten. Dies brachte die Minderheit in eine untragbare Situation. Karl Liebknecht entschloß sich, um einer Legendenbildung vorzubeugen, die Information zu verbreiten, daß der Beschluß in der Fraktion keineswegs »einstimmig« gefaßt worden sei. Daß er dies auch noch im neutralen Ausland tat, war in den Augen des Parteivorstandes besonders verwerflich. In einem Briefwechsel zwischen Karl Liebknecht und dem Parteivorstand eskalierten die gegenseitigen Vorwürfe, vor allem als Karl Liebknecht betonte, er habe auf einer Stuttgarter Parteiversammlung den Standpunkt vertreten, daß die deutsche Partei, »von Haut bis zum Mark regeneriert werden muß, wenn sie nicht das Recht verwirken will, sich sozialdemokratisch zu nennen«.[12] Scheidemann antwortete darauf im Namen des Parteivorstandes in höflicher Form: »Wenn Sie sich berufen glauben, die Deutsche Sozialdemokratie gründlich zu regenerieren, dann müssen wir Sie schon bitten, diese Tätigkeit zu vertagen, bis Fragen der Taktik und Parteiprogramm in voller Öffentlichkeit erörtert werden können ...« Solange wollten weder die Kritiker der offiziellen Politik noch ihre entschiedenen Befürworter warten.

»Proletarier fallen, Dividenden steigen«

Das kleine Häuflein der Kriegsgegner versuchte, sich zu sammeln. Karl Liebknecht kam nach eigenem Bekunden erst am 29. Oktober in »nähere Berührung« mit Rosa Luxemburg. Vorher hatten politische Differenzen und vielleicht auch die unterschiedlichen Charaktere eine Zusammenarbeit verhindert. Selbst als die Notgemeinschaft der Kriegsgegnerschaft sie nun zusammenschweißte, scheinen die Vorbehalte Rosa Luxemburgs bestehen geblieben zu sein. Sie nervte das Umtriebige an Karl Liebknecht und war glücklich, wenn sie »wieder allein mit Mimi [ihrer Katze] still zu Hause« sitzen konnte.[13] Solche persönliche Empfindlichkeit konnte sich Rosa Luxemburg nicht mehr leisten und solche Worte sollten nicht auf die Goldwaage gelegt werden. Das gilt auch für gegenteilige Formulierungen, so, wenn sie ihn schon wenig später umschmeichelte mit der Anrede »Lieblichster der Sterblichen«[14]. Im ersten Falle sprach sie sich gegenüber ihrer Freundin aus, im zweiten Falle wollte sie etwas von Karl Liebknecht: Sie saß im Gefängnis, hatte seine große Hilfsbereitschaft erfahren und seinen einsamen Kampf gegen die Mehrheit in der Fraktion und gegen die Minderheitengruppe um Haase.

Rosa Luxemburg war fassungslos, verzweifelt, konnte nicht verstehen, wie dieses weltgeschichtliche Drama, wie dieses »völlige Versagen des Proletariats als Klasse, der Sozialdemokratie als seiner Führerin« geschehen konnte. Versuche von Sozialdemokraten neutraler Länder, auf dem Boden der alten Internationale die verfeindeten Brüder wieder zusammenzubringen, lehnte sie ab. Für sie war diese Internationale zusammengebrochen, und es hatte keinen Zweck, sie wieder »künstlich zusammenzuleimen«. Ebenso glaubte sie nicht mehr, daß die »altgepriesene Einheit der Partei« bewahrt werden könne. Sie wollte Zeit gewinnen für »die innere Klärung in jeder nationalen Partei.«[15] Zunächst ging es darum, Mittel und Wege zu finden, der Opposition Gehör zu verschaffen. Die Zensur des *Kleinen Belagerungszustandes* und der Wille der Mehrheit, die Opposition nicht zu Wort kommen zu lassen, legte es nahe, eine eigene Zeitschrift zu gründen. Im April 1915 erschien die erste und einzige Nummer der *Internationale*. Rosa Luxemburg beschwor in dem Leitartikel »Der Wiederaufbau der Internationale« den alten Glauben an eine »historische Mission« des Proletariats: »Die Internationale wie ein Friede ... können nur aus der Selbstkritik des Proletariats geboren werden, aus der Besinnung auf die eigene Macht des Proletariats, jene Macht, die am 4. August wie ein schwankendes Rohr, vom Sturm gepeitscht, knickte, die aber, zu ihrer wahren Größe aufgerichtet, geschichtlich berufen ist, tausendjährige Eichen des sozialen Unrechts zu brechen und Berge zu versetzen.«[16] Diesen Glauben an das Proletariat aufrechtzuerhalten in einer Situation, in der die Proletarier aller Länder dabei waren, sich millionenfach gegenseitig die »Gurgeln abzuschneiden«, hatte etwas Verzweifeltes. Sie ahnte, daß die Unvermeidlichkeit des Sozialismus

14 R.L. an Karl Liebknecht Anfang Dezember 1915, ebd., S. 89f.
15 R.L. an Carl Moor vom 12.10.1914, ebd., S. 15.
16 R.L., Der Wiederaufbau der Internationale, GW, Bd. 4, S. 32.
17 R.L., Die Krise der Sozialdemokratie (Zitiert als Junius-Broschüre), GW, Bd. 4, S. 163.
18 R.L., ebd., S. 64.

vielleicht nicht ganz so naturnotwenig sei, wie Marx es vorhergesagt hatte.

Am 18. Februar 1915 wurde Rosa Luxemburg verhaftet, um ihre einjährige Strafe aus dem Frankfurter Urteil vom Frühjahr 1914 abzusitzen. Sie fand jetzt die Ruhe, um für sich und andere zu klären, wie es zu diesem Versagen der Sozialdemokratie kommen konnte, besonders der deutschen, aber auch der französischen und englischen, denen sie zunächst verständnisvoll gegenüber gestanden hatte, weil sie diese in einer »Zwangslage« wähnte. Ihre unter dem Pseudonym »Junius« geschriebene Broschüre ist berühmt geworden wegen der eindringlichen Bilder, mit denen sie den Irrsinn des Völkermordens im Ersten Weltkrieg beschrieb, und die griffigen Formeln, die sie dafür fand: »Die Dividenden steigen, und die Proletarier fallen.«[17] In ihrer Analyse ging Rosa Luxemburg zwei Leitfragen nach: War die Zustimmung zu den Kriegskrediten das Resultat der bisherigen Entwicklung der modernen Arbeiterbewegung oder war es nur ein Versagen, ein Bruch mit den bewährten Grundsätzen im Augenblick der Verwirrung und Schwäche? Rosa Luxemburg betrachtete zunächst in der Erklärung der deutschen Partei zu den Kriegskrediten jene Passage, in der beteuert wird, daß die Partei sich mit ihrer Zustimmung im Einklang fühlte mit den Grundsätzen der Internationale, »die das Recht jedes Volkes auf nationale Selbständigkeit und Selbstverteidigung jederzeit anerkannt hat«. Sie übersetzte dies in ihre Sprache und stellte fest: »Zum ersten Male stehen wir vor der Entdeckung, daß Unabhängigkeit und Freiheit der Nationen gebieterisch erfordern, daß die Proletarier verschiedener Zungen einander niedermachen und ausrotten. Bisher lebten wir in der Überzeugung, daß Nationen und Klasseninteressen der Proletarier sich harmonisch vereinigen, daß sie identisch sind, daß sie unmöglich in Gegensatz treten können.«[18]

Wer hatte recht, die 110 sozialdemokratischen Abgeordneten oder Rosa Luxemburg? Nachgewiesen werden kann, daß die Internationale sich immer unzweideutig zum Selbstbestimmungsrecht der Nationen und das heißt auch zur Verteidigung dieser Selbständigkeit und zur Erkämpfung dieser Selbständigkeit bekannt hatte. Neben einem humanistisch-pazifistischen Antimilitarismus stand so notwendig die Unterscheidung zwischen einem Angriffs- und Verteidigungskrieg. Besonders auf dem Stuttgarter Kongreß der Internationale 1907, auf dem erbittert um die Frage gerungen wurde, wie sich die Sozialisten gegenüber einem Krieg verhalten sollten, wurde dies demonstriert. In dem Resolutionsentwurf, den die französische Mehrheitsfraktion vorlegte, hieß es: »Die bedrohte Nation und Arbeiterklasse haben die gebieterische Pflicht, ihre Unabhängigkeit und Selbständigkeit gegen diese Angriffe zu wahren, und sie haben ein Anrecht auf den Beistand der Arbeiterklasse der ganzen Welt.«[19] Der große Streit zwischen Franzosen und Deutschen ging darum, ob man die Mittel konkret festlegen sollte, die anzuwenden wären, wenn es darum ginge, einen Angriffskrieg zu verhindern. Wahr ist jedoch auch, daß die Internationale sich weigerte, zur Kenntnis zu nehmen, daß nationale Freiheit und internationale Solidarität sich im Ernstfall nicht harmonisch vereinigen lassen. Rosa Luxemburg war gegen das Prinzip der Selbständigkeit der Nationen und die Unterscheidung zwischen Angriffs- und Verteidigungskrieg immer Sturm gelaufen, und zwar immer vergeblich. Rosa Luxemburg vertrat in dieser Frage eine Außenseiterposition. Wenn sie der Sozialdemokratie nun vorhielt, daß im Zeitalter des Kapitalismus und Imperialismus das nationale Selbstbestimmungsrecht mit der Politik des Proletariats im »Krieg wie im Frieden nicht das geringste gemein habe« und daß in diesem historischen Milieu nationale Verteidigungskriege »überhaupt nicht mehr möglich sind«, dann wies sie nicht nach, daß die Fraktion sich fälschlich auf die Grundsätze der Internationale berief, sondern nur, daß die Fraktion sich nicht ihre Außenseiterposition – die Lenin als »offensichtlich theoretisch falsch« bezeichnete – zu eigen gemacht hatte. In diesem »Kardinalpunkt« ließ sich ein Bruch mit der Tradition der internationalen Sozialdemokratie nicht nachweisen. Viel überzeugender ist ihre Widerlegung der Einschätzung, Deutschland führe einen Verteidigungskrieg. Doch dieses Argument entwertete sie selbst durch die theoretische Prämisse, daß im Zeitalter des Imperialismus nationale Verteidigungskriege überhaupt nicht möglich seien.

Auch alle weiteren Versuche, die unterschiedlichen Rechtfertigungen der Kreditbewilliger aus der Geschichte der Sozialdemokratie zu widerlegen, sind wenig überzeugend. So wenn sie das Verhalten von Wilhelm Liebknecht und August Bebel im Norddeutschen Reichstag zu Beginn des Deutsch-Französischen Krieges 1870 anführte und dabei verschwieg, daß Marx und Engels die Einschätzung der beiden nicht teilten, es handele sich um einen rein dynastischen Krieg. Beide waren sehr wohl für eine Unterstützung des Krieges. Sie verschwieg weiter, daß die Sozialisten vom Allgemei-

---

19 Internationaler Sozialisten-Kongreß zu Stuttgart, 18.-24.8.1907, Protokoll, S. 86.
20 Friedrich Engels, Der Sozialismus in Deutschland, MEW, Bd. 22, S. 252.
21 Zit. n. Haupt, S. 276.
22 R.L., Junius-Broschüre, S. 144.

nen Deutschen Arbeiterverein für die Kriegskredite gestimmt hatten und erst ablehnten, als deutlich wurde, daß der Krieg von seiten Deutschlands in einen Eroberungskrieg ausartete. Oder wenn sie die Handlungsanleitung von Engels im Falle eines Zweifrontenkrieges ausklammerte, auf die sich die Kreditbewilliger vor allem beriefen: »Frankreich und Rußland hier, gegen Deutschland, Österreich, vielleicht Italien dort. Die Sozialisten aller dieser Länder, wider Willen eingestellt, müßten sich gegeneinander schlagen.«[20] Selbst die Flintenrede von Bebel, die dieser noch 1907 wiederholte und die in aller Munde war, überging sie, indem sie mit Blick auf die Revolution von 1905 behauptete, daß das Rußland von 1914 längst nicht mehr den Hort der Reaktion in Europa darstellte. Doch das aktuelle Rußlandbild war eher bestimmt von der brutal niedergeschlagenen Revolution von 1905. Karl Liebknecht sollte auf dem geplanten Internationalen Kongreß 1914 über russische Gefängnisgreuel berichten und hatte einen Resolutionsentwurf formuliert, in dem es hieß: »Der nur notdürftig verhüllte russische Absolutismus ist noch immer der stärkste Hort der internationalen Reaktion, und seine hinterhältige und beutegierige Politik bedroht den Weltfrieden ohn Unterlaß.«[21]

»Tout est perdu, sauf l'honneur«

Welche Schlußfolgerung zog Rosa Luxemburg aus ihrer Kritik, was hätte ihrer Meinung nach die Sozialdemokratie am 4. August tun sollen? »Das elementare Erfordernis der nationalen Verteidigung ist, daß die Nation die Verteidigung in die eigene Hand nimmt. Der erste Schritt dazu ist die Miliz, d.h. nicht bloß sofortige Bewaffnung der gesamten erwachsenen männlichen Bevölkerung, sondern vor allem auch die Entscheidung des Volkes über Krieg und Frieden.«[22] Rosa Luxemburg forderte die Republik. Sie präzisierte dies mit dem Vorschlag, die Sozialdemokratie hätte »das alte wahrhaft nationale Programm der Patrioten und Demokraten von 1848, das Programm von Marx, Engels und Lassalle, die Losung von der einigen großen deutschen Republik« aufstellen sollen. Sieht man davon ab, daß es nun plötzlich doch eine nationale Verteidigung geben könne, so hätte dieses Programm das Ausrufen der Revolution in Deutschland bedeutet. Daß dieser Vorschlag unrealistisch war, wußte Rosa Luxemburg, doch darauf kam es ihr nicht an: »Schlimmstenfalls wäre die Stimme der Partei ohne sichtbare Wirkung geblieben. Ja, die größten Verfolgungen wären wahrscheinlich der Lohn der mannhaften Haltung unserer Partei geworden … Im ersten Moment wäre vielleicht nichts anderes erreicht worden, als daß die Ehre des deutschen Proletariats gerettet war …«[23] Diese verzweifelte Alternative hatte sie schon vorher formuliert. Unabhängig ob für Privatmenschen, Politiker oder Völker galt für sie die Parole: »tout est perdu, sauf l'honneur! … die Ehre ist und bleibt das Höchste und das einzige und ein Unterpfand der Zukunft für die Menschen und Völker …«[24]

Dies darf bezweifelt werden. Wahrscheinlicher ist, daß eingetreten wäre, was Clara Zetkin abgehalten hatte, den Protest gegen die Fraktion zu unterschreiben: »Niemand würde diese Haltung verstehen und es wäre nur sichtbar geworden, wie klein und ohnmächtig wir sind. Wir hätten damit unsere persönliche Ehre gewahrt, aber nichts erreicht und nur für später Schwierigkeiten geschaffen.«[25] Gerade diesen Preis war Rosa Luxemburg bereit zu zahlen.

Realistisch war zunächst die Politik von Karl Liebknecht, nachdem er erkannt hatte, daß die Regierung die Sozialdemokratie und die gesamte Öffentlichkeit getäuscht hatte. Es galt in einem ersten Schritt, die anderen zu überzeugen, daß Deutschland keinen Verteidigungskrieg führte. Am 23. November 1914 verschickte Karl Liebknecht an jene Fraktionskollegen, die ebenfalls mit Nein gestimmt hatten, Thesen und einen Entwurf der Begründung einer Ablehnung weiterer Kriegskredite, über die der Reichstag am 2. Dezember befinden sollte. Er versuchte hier nachzuweisen, daß dem Krieg imperialistische Großmachtinteressen zugrunde lagen und daß es sich »vom Gesichtspunkt des Wettrüstens aus – bestenfalls um einen von der deutschen und österreichischen Kriegspartei gemeinsam hervorgerufenen Präventivkrieg« handelte. Mit Berufung auf das Selbstbestimmungsrecht der Nationen sei sowohl gegen den Überfall auf das neutrale Belgien zu protestieren als auch jegliche Eroberungspolitik abzulehnen und deshalb die Zustimmung zu den Kriegskrediten zu verweigern.[26]

---

23 Ebd., S. 150f.

24 Jürgen Rojahn, Um die Erneuerung der Internationale. Rosa Luxemburg contra Pieter Jelles Troelstra, in: International Review of Social History, Vol. XXX (1985), S. 138.

25 Zit. n. Jügen Kuczinsky, Der Ausbruch des Ersten Weltkrieges und die Deutsche Sozialdemokratie, Berlin (DDR) 1956, S. 98.

26 K.L, Zur Begründung eines Minderheitsvotums gegen die Kriegskredite, GRS, Bd. VIII, S. 160ff.

27 K.L., Brief an Hugo Haase, GRS, Bd. VIII, S. 193.

Es gelang Karl Liebknecht nicht, seine Fraktionskollegen von seinen neu gewonnenen Einsichten zu überzeugen – jedenfalls nicht in der entscheidenden Konsequenz, die Zustimmung zu verweigern. Umgekehrt scheiterten alle Versuche seiner Oppositionskollegen und sogar engerer Freunde, ihn davon abzuhalten, als einziger gegen die Kredite zu stimmen. Am 2. Dezember stimmte Karl Liebknecht im Reichstag gegen die Bewilligung der Kriegskredite. Er setzte damit ein Fanal für die Kriegsgegner im In- und Ausland. Diese Tat machte ihn zum Symbol der Antikriegsopposition.

Es gibt jedoch eine Kehrseite dieser mutigen Einzelaktion: Sein eigenwilliges Vorgehen belastete das Verhältnis zu seinen Fraktionskollegen von der Minderheit. Sie sahen nicht den Mut und den Gewissenskonflikt, sondern »Herostratentum« und »persönliche Eitelkeit«. Karl Liebknecht isolierte sich innerhalb der Opposition und wurde isoliert. Karl Liebknecht, der einzige Neinsager, entwickelte ein Bewußtsein von seiner Einzigartigkeit und trat seinen Kollegen entsprechend gegenüber. Psychologisch betrachtet entstand eine Art Teufelskreis. Er ging seiner eigenen Wege, scherte sich nicht mehr um die Argumente anderer und diese nicht mehr um die seinigen.

Am 7. Februar 1915 wurde Karl Liebknecht zum Militärdienst eingezogen. Er durfte weiter an den Sitzungen des Preußischen Abgeordnetenhauses und des Reichstages teilnehmen, untersagt wurden ihm die Teilnahme an Versammlungen und Sitzungen außerhalb der Parlamente, Agitation in Wort und Schrift und das »Ausstoßen revolutionärer Rufe.«[27]

»Kampf bis aufs Messer«

Rosa Luxemburg begriff noch im Frühjahr 1915 die Zustimmung der deutschen, französischen und englischen Sozialisten zum Krieg als beispielloses Versagen der Sozialdemokratie und als Bruch mit ihren traditionellen Grundsätzen. Eine Verratsthese expressis verbis findet sich in der Junius-Broschüre noch nicht. Ihre Analyse ist bemüht, übertriebene Polemik zu vermeiden, aufzuklären, die anders Denkenden zu überzeugen. Einen ganz anderen Ton schlug sie an in ihrem Text »Leitsätze über die Aufgaben der internationalen Sozialdemokratie«, der im Spätsommer oder wahrscheinlich erst im Herbst 1915 verfaßt wurde. Die Politik der Zustimmung zu den Kriegskrediten »bedeutet einen Verrat an den elementarsten Grundsätzen des internationalen Sozialismus, und den Lebensinteressen der Volksmassen, und den freiheitlich und demokratischen Interessen ihrer Länder«,[28] begangen von »offiziellen Parteiinstanzen«. Rosa Luxemburg begann die Hoffnung zu verlieren, durch überzeugende Argumente die Sozialdemokratie zu einer Umkehr bewegen zu können. Mit Verrätern redet man nicht, sondern bekämpft sie. Ohnmächtig mußte sie – aus dem Gefängnis – mit ansehen, daß Karl Liebknecht bei den folgenden Abstimmungen über Kriegskredite weiter allein blieb und daß auch in Frankreich und England die Sozialisten brav zur jeweiligen nationalen Fahne standen. Sie mußte weiter hinnehmen, daß die internationale Opposition sich am 8. September 1915 in der Schweiz einmütig zum Prinzip des Selbstbestimmungsrechtes der Nationen bekannte und einstimmig ein Manifest verabschiedete, in dem es hieß: »Das Selbstbestimmungsrecht der Völker muß unerschütterlicher Grundsatz in der Ordnung der nationalen Verhältnisse sein.« Entsetzt mußte sie zur Kenntnis nehmen, daß selbst ihre politischen Freunde Ernst Meyer und Bertha Thalheimer keinen Einspruch erhoben und zugestimmt hatten. Die *Zimmerwalder Konferenz* – die erste internationale Zusammenkunft von sozialdemokratischen Kriegsgegnern im Schweizer Ort Zimmerwald – hielt sie nicht nur für falsch, »sondern für einen katastrophalen Fehler, der die weitere Entwicklung der Opposition und der Internationale von vornherein auf ein falsches Geleise geschoben hat.«[29] Rosa Luxemburg schien jetzt die Geduld zu verlieren. Sie wollte eine klare Trennlinie zwischen Freund und Feind ziehen und verfaßte Thesen zum Aufbau einer »neuen Internationale«. Grundlage war nicht länger mehr das Selbstbestimmungsrecht der Nationen, sondern die Einschätzung: »In der Ära dieses entfesselten Imperialismus kann es keine nationalen Kriege mehr geben.«[30] Die Einschätzung, der 4. August sei ein Bruch mit tradierten Grundsätzen, wurde fallengelassen. Es war das Festhalten an den alten Prinzipien, die zu dieser Katastrophe geführt hatten. Ein neues Prinzip mußte gefunden werden. Die alte Internationale hatte ihrer Meinung nach nicht nur ein falsches Grundprinzip, sie hatte auch falsche Organisationsprinzipien gehabt. In der neuen Internationale sollte es keine selbständigen nationalen Parteien mehr geben:

28 R.L., Leitsätze über die Aufgaben der internationalen Sozialdemokratie, GW, Bd. 4, S. 43. Zit. als »Leitsätze«.
29 R.L. an Leo Jogiches, Dezember 1915, Briefe Bd. 5, S. 92f.
30 R.L., Leitsätze, S. 44.
31 Ebd., S. 46.
32 R.L. an Jogiches, wahrscheinlich Anfang Dezember, Briefe, Bd. 5, S. 92f.

Rosa Luxemburgs Zelle im Frauengefängnis, 1950 in Ost-Berlin rekonstruiert

»3. In der Internationale liegt der Schwerpunkt der Klassenorganisation des Proletariats. Die Internationale entscheidet über die Taktik der nationalen Sektionen im Frieden in bezug auf Fragen des Militarismus, der Kolonialpolitik, Handelspolitik, Maifeier, ferner über die gesamte im Kriege einzuhaltende Taktik.

4. Die Pflicht der Disziplin gegenüber den Beschlüssen der Internationale geht allen anderen Organisationspflichten voran.«[31]

National und international wollte Rosa Luxemburg nur noch mit Menschen zusammenarbeiten, die sich zu ihren Leitsätzen, zu ihren Prinzipien bekannten. Von vornherein hatte sie sich von der Vorstellung verabschiedet, »etwa die ganze Opposition unter einen Hut zu bringen«. Ihr Traum war nun, »einen kleinen, festen und aktionsfähigen Kern herauszuschälen.« In diesem Sinne gab sie Leo Jogiches die Regieanweisung: Die »Leitsätze« sollten ihrer Gruppe zur Abstimmung vorgelegt werden, mit der Bedingung, daß keine Änderungen vorgenommen werden können, eingedenk ihrer leidvollen Erfahrungen auf Parteitagen und internationalen Kongressen, daß dort radikale Resolutionen »durch eine widerliche Mauscherei und allerlei ›Verbesserungen‹ zu einem Brei nach jedermanns Munde gemacht werden.« Sie forderte jetzt »à prendre ou à laisser [Annahme oder Ablehnung]. Das heißt wir bleiben dabei, wenn sie auch von der Mehrheit oder meinetwegen einstimmig verworfen wird.«[32] Allerdings verbarg sich dahinter die taktische Spekulation, daß die Arbeiter, »die Massen«, immer der radikalsten Stellungnahme folgen würden. Davon konnte jedoch weder in Berlin noch im ganzen Reich die Rede sein.

Diese »unerbittliche Schärfe« dürfte auch vor dem Hintergrund formuliert sein, daß u.a. Karl Liebknecht relativ viele Änderungswünsche hatte. Karl Liebknecht war vor allem das Organisationsmodell »zu mechanistisch-zentralistisch. Zuviel ›Disziplin‹, zu wenig Spontaneität … ›Diktatur‹ der Internationale nur möglich, falls nicht Diktatur …«[33] Rosa Luxemburg war nicht bereit, hier nachzugeben. Karl Liebknecht akzeptierte dies, sei es in Anerkennung ihrer höheren theoretischen Autorität, sei es, weil es für ihn Wichtigeres gab als sich über die Prinzipien einer fernen neuen Internationale zu streiten. Am 1. Januar hatte die Gruppe Internationale die Leitsätze, wie von Rosa Luxemburg gewünscht, mit geringfügigen Änderungen angenommen und sie zu ihrer programmatischen Plattform gemacht. Wie zu erwarten war, distanzierte sich die Berliner Opposition sogleich von diesem Programm und beschloß, »mit den Teilnehmern an der Januarbesprechung und denen, die hinter den Leitsätzen und ihrer Versendung nach Bern sowie den Spartakusbriefen stehen, nicht weiter zusammenzuarbeiten.«[34] Auch international eigneten sich die »Leitsätze« hervorragend, eine Verständigung der Opposition zu hintertreiben. Lenin kritisierte den Hauptpunkt Rosa Luxemburgs, es könne keine nationalen Kriege mehr geben, als »Phrase«. Er hielt diese These für »theoretisch falsch« und praktisch für »Chauvinismus«.[35]

Karl Liebknecht hatte noch am 2. Dezember 1914 die Kriegskredite mit Berufung auf das Selbstbestimmungsrecht der Nationen verweigert, jedoch seinen Thesen zur Begründung der Kreditverweigerung auch einen Anhang mit Thesen zum Aufbau einer neuen Internationale beigelegt. Dort heißt es »1. Es kann heute, in der Ära der imperialistischen Weltpolitik … keine wirklichen nationalen Kriege mehr geben« und »2. Die – nur unter außergewöhnlichen Umständen in Frage kommende – Verteidigung des Vaterlandes kann einzig durch Einführung der Miliz und Stelle der stehenden Heere, durch Entscheidung des Volkes über Krieg und Frieden … gesichert werden.« In der Frage des Selbstbestimmungsrechts war Karl Liebknecht damit sehr nahe bei Rosa Luxemburg.

Er konnte sich nun prinzipiell von den anderen Oppositionellen in der Fraktion abgrenzen. Ausgerechnet, als diese bereit waren, öf-

33 Karl Liebknecht, Brief an Rosa Luxemburg, zit. n. Manfred Scharrer, a.a.O., S. 46.

34 In: Ernst Meyer, Einleitung zu Rosa Luxemburgs: Entweder-Oder, a.a.o., S. 949f.

35 Lenin, Brief an Henriette Roland-Holst vom 8.3.1916, in: Die Zimmerwalder Bewegung, a.a.O., Bd.2, S. 496f.

fentlich gegen die Kriegskredite zu stimmen (am 21. Dezember 1915 stimmten insgesamt zwanzig Sozialdemokraten gegen die Bewilligung der Kriegskredite), also das zu tun, was Karl Liebknecht seit einem Jahr forderte, führte er den Bruch mit der Opposition um den Parteivorsitzenden Hugo Haase herbei. Äußerer Anlaß war die Aufforderung der Minderheitsfraktion an Karl Liebknecht, er möge am Tage der Abstimmung seine Taktik nicht anwenden, über das Mittel der »Kleinen Anfrage« Redemöglichkeit zu bekommen. Karl Liebknecht weigerte sich, dieser Bitte nachzukommen, und die Opposition schloß ihn von ihren Sitzungen aus. Entscheidend war, daß die Opposition die Kredite verweigerte mit Bezug auf das Selbstbestimmungsrecht der Nationen, d.h. mit Bezug auf das Recht der Landesverteidigung. (»Unsere Landesgrenzen und unsere Unabhängigkeit sind gesichert. Nicht der Einbruch feindlicher Heere droht uns.«) Verlangt wurde deshalb von der deutschen Regierung, »den ersten Schritt zum Frieden zu tun.«

Karl Liebknecht distanzierte sich von dieser Begründung und fiel wenig später mit kaum gebremster Polemik über die »Dezembermänner« her. Er sah hier vor allem nur Halbheiten und ein »jämmerliches Ausweichen«. Will man dieses Verhalten nicht auf »persönliche Eitelkeit« zurückführen, dann bleibt als Erklärung nur, daß Karl Liebknecht sich inzwischen vorbehaltlos der Haltung Rosa Luxemburgs angeschlossen hatte. Mit dieser Auffassung konnte er sich nicht durchsetzen. Er zog es vor, aus der Minderheitenfraktion auszuscheiden und war darüber »im Grunde sehr zufrieden«.

Als die Opposition der Kriegsgegner dann von der Mehrheit der Kreditbewilliger faktisch aus der bis dahin immer noch gemeinsamen sozialdemokratischen Fraktion ausgeschlossen wurde (23. März 1916) und sich als eigene Fraktion, Sozialdemokratische Arbeitsgemeinschaft (SAG), konstituierte, hatte Karl Liebknecht mit dieser Entwicklung, die dann zur Gründung der Unabhängigen Sozialdemokratischen Partei Deutschlands (USPD) im April 1917 führte, nichts mehr zu tun. Schon vorher, am 12. Januar 1916, war er aus der Gesamtfraktion ausgeschlossen worden.

Die Spartakusgruppe, dieser Name bürgerte sich für die Gruppe um Rosa Luxemburg und Karl Liebknecht ein, nachdem die politischen Briefe der Gruppe ab Januar 1916 mit diesem Namen gezeichnet wurden, verfuhr jetzt nach dem Prinzip: »Wer nicht für uns ist, der ist wider uns«, so bei ihrem Vorschlag, mit einer Beitragssperre die »Zurückeroberung der Partei von unten auf« einzuleiten. Auch hier griff Karl Liebknecht wieder zu martialischem Vokabular: »Fort mit allen Halbheiten und Zaghaftigkeiten! Fort mit

allem Kompromiß und Sumpf! Fort mit den Lauen, den Schwach-
herzigen und Weichmütigen! Sie können heute nicht bestehen. Sie
taugen nichts, wo es hart auf hart geht.« Der Entscheidungskampf
um die Partei »muß ohne Erbarmen mit den Tempelschändern, mit
den Fahnenflüchtigen, mit den Überläufern des Sozialismus geführt
werden.« Und auch seine Lieblingsphrase fehlte in diesem Zusammenhang nicht: »Kampf bis aufs Messer!«[36] Da die Spartakusgruppe gleichzeitig an der Vorstellung festhielt, eine Parteispaltung zu
vermeiden, war dieser Vorschlag der Beitragssperre unlogisch und
wurde deshalb von der SAG abgelehnt.

Genauso wie in theoretischen Grundsatzfragen verfuhren Karl
Liebknecht und Rosa Luxemburg auch in Fragen der Taktik und Aktion. Auch hier gab es nur noch ein Entweder-Oder. Das Bemühen
der Opposition um Hugo Haase, wenigstens eine Einheitlichkeit
der Opposition zu stiften, wurde von Karl Liebknecht zurückgewiesen: »Nicht ›Einheit‹, sondern Klarheit über alles.«[37] Den Vorschlag der Spartakusgruppe, am 1. Mai 1916 eine Antikriegsde-
monstration auf dem Potsdamer Platz zu veranstalten, lehnte die
SAG ebenfalls ab. Über den Sinn einer solchen Aktion konnte man
unterschiedlicher Auffassung sein, vor allem, wenn sie unter dem
Gesichtspunkt des Erfolgs und im Abwägen der »Opfer« diskutiert
wurde. Ein solches Denken spielte für Spartakus zu diesem Zeitpunkt keine Rolle mehr. Da Karl Liebknecht und Rosa Luxemburg
über die eigene Isoliertheit Bescheid wußten, da sie mit ihren Vorstellungen nicht einmal in der Opposition mehrheitsfähig waren,
von der Gesamtpartei ganz zu schweigen, konnte es nur darum gehen, Zeichen zu setzen und zu hoffen, diese würden von den »Massen« verstanden – wenn nicht gleich, dann vielleicht später. So
sahen sie auch in der Ablehnung der SAG, am 1. Mai zu demonstrieren, keinen Hinderungsgrund und riefen zu einer Demonstration auf dem Potsdamer Platz auf. Wieviel Teilnehmer diese Kundgebung hatte, darüber gehen die Zahlen weit auseinander. Laut
Karl Liebknecht sollen es zehntausend gewesen sein. Die Polizei
sprach von ein paar hundert. Folgt man der Schilderung Rosa Luxemburgs, dann können es tatsächlich nicht sehr viele gewesen sein.
Karl Liebknecht wurde verhaftet, als sie beide »in der Menge pro-
menierten« (Rosa Luxemburg war am 22. Januar 1916 aus ihrer

36 K.L., Politische Briefe Nr. 16, vom 20.3.1916, in GSR, Bd. VIII, S. 565.
37 K.L., Politische Briefe Nr. 14, vom 3.2.1916, ebd., S. 479.
38 R.L. an Clara Zetkin vom 12.5.1916, Briefe, Bd. 5, S. 118.
39 K.L., Brief an Sophie Karl Liebknecht vom 27.7.1915, GRS, Bd. VIII, S. 265.

einjährigen Haft entlassen worden). Außer ihr scheint sich niemand gefunden zu haben, die Verhaftung von Karl Liebknecht verhindern zu helfen: »Ich suchte ihn ja mit aller Kraft meiner Fäuste zu befreien und zerrte an ihm und den Schutzleuten bis in die Wache, wo man mich unsanft auswies.«[38] Wenn man will, kann man sich der Auffassung des Spartakusbundes anschließen, die Aktion sei »vollauf gelungen«, jedoch nur, wenn man auch die Begründung teilt: Die Verhaftung Karl Liebknechts habe den »unschätzbaren Wert der moralischen Wirkung«. Karl Liebknecht wußte um seine Gefährdung, wenn er sich außerhalb der Parlamente politisch und noch dazu öffentlich äußerte. Er nahm diese bewußt in Kauf, wenn er sie nicht sogar provozierte. Schon im Juli 1915 schrieb er seiner Frau: »Die ganze Sauerei ist aber kaum erträglich. Jedes Zuchthaus wäre Erlösung. Könnte man sich nur wenigstens opfern.«[39] Die Aktion entsprach der Logik einer symbolischen Handlung: Im Sinne seines Verständnisses, Zeichen zu setzen, im Sinne seiner Glaubwürdigkeit, der Übereinstimmung von Reden und Handeln, war es konsequent. Ob sein Opfer die erhoffte Wirkung zeigte, die »Massen« zu Antikriegsaktionen zu ermutigen, scheint fraglich. Es gab zwar anläßlich der ersten Verhandlung im Prozeß gegen Karl Liebknecht den ersten politischen Massenstreik, der Krieg wurde aber nicht von revolutionären Massen – nach weiteren zweieinhalb Jahren – beendet, sondern durch die militärische Niederlage des Deutschen Reiches. Ob der Preis nicht zu hoch war, ist fraglich: Fast sämtliche Mitglieder des engeren Kreises der Führung des Spartakusbundes wurden verhaftet – Rosa Luxemburg am 10. Juli 1916.

Trotnow, der Biograph von Karl Liebknecht, meint, daß sich Ende August 1914 zwei Menschen trafen, deren Unterschiede »nicht größer hätten sein können.« Dieses Urteil unterschätzt die Gemeinsamkeiten. Rosa und Karl hatten gemeinsam, sachliche politische Differenzen als persönlich-charakterliche Unterschiede zu interpretieren. Dies trat umso schärfer in den Vordergrund, je größer die Isolierung sowohl in der Partei als auch gegenüber den abstrakt verehrten Massen wurde. Innerparteiliche Gegner vertraten keine andere Meinung, sondern sie mußten als Feiglinge, Drückeberger oder Verräter diffamiert werden.

Die Kriegsopposition begann sich um die SAG und spätere USPD zu sammeln. Der Spartakusbund blieb mit seinen speziellen Ansichten eine einflußlose Gruppierung – selbst als Sekte zu klein – und mußte sich aus Einsicht in die eigene Schwäche schließlich doch der verachteten und gehaßten USPD anschließen.

Der Gedanke, daß es am Spartakusbund selbst, seinen Grundsätzen und seinen speziellen Vorschlägen zu einer Anti-Kriegspolitik gelegen, daß er seine isolierte Situation in der Opposition auch selbst verschuldet haben könnte, kam Rosa Luxemburg und Karl Liebknecht nie. Im Gegenteil, diese Isolierung wurde von ihnen rationalisiert und sogar glorifiziert. Einmal läge die eigene betrübliche Bedeutungslosigkeit an dem Unverstand der Massen und deren »Kadavergehorsam« gegenüber den Verrätern, und ohnehin käme es nicht auf die »Macht der Zahl« an: »Nicht in der Zahl liegt die Kraft, sondern in dem Geiste, in der Klarheit, in der Tatkraft, die uns beseelt.«[40] Rosa Luxemburg und Karl Liebknecht traten ihren Adressaten, den engsten Freunden, den nahestehenden Oppositionellen und erst recht den politischen Gegnern innerhalb der Sozialdemokratie – der tatsächliche Gegner geriet dabei zunehmend aus dem Blickfeld –, gegenüber mit der Haltung: »Hier ist die Wahrheit, hier kniee nieder!« Besonders Karl Liebknecht hatte ein Faible für rabiate Schlagworte: »Kampf bis aufs Messer«, »Wer nicht für uns ist, ist wider uns«, usw. Hinzu kommt die Neigung, politisches Verhalten durchgängig auf eine Entweder-Oder-Entscheidung zuzuspitzen. Im Grunde, bedeutete diese Haltung den Verzicht auf jede Politik im Sinne einer Mehrheitsgewinnung. Wird so eine Haltung in außergewöhnlichen historischen Situationen einmal machtpolitisch relevant, dann muß sie eine putschistische, terroristische oder diktatorische Politik zur Folge haben – also das genaue Gegenteil dessen, was Rosa und Karl beabsichtigten, nämlich zum Wohle der Menschheit beizutragen. Schon Robespierre glaubte, mit der Guillotine diesem Ziel zu dienen, und auch Lenin dürfte seinen »roten Terror« in diesem Sinne verstanden haben.

»Zwischen Szylla und Charybdis«

Februar 1917. Der Krieg dauerte schon unvorstellbar lange. Ein Ende war nicht abzusehen. Jeden Tag gab es zensierte Kriegsberichte von den Heldentaten »unserer braven Feldgrauen«, Jubel über angebliche Siege, und es gab die Gefallenenlisten. Der Rausch der ersten Tage war längst verflogen, die Illusion, Weihnachten sind »wir« in Paris oder schon wieder zu Hause, verflossen, die »Wacht am Rhein« erklang viel seltener und wenn, dann gedämpfter. Immer mehr Männer mußten an die Front, immer mehr Frauen in die Fabrik. Es gab Hunger und Elend in den Familien der ärmeren Klassen, es gab viel Leid und es gab Kriegsgewinnler. Rosa Luxemburg in Wronke schrieb Briefe an ihre Freundinnen und vor allem an ihren Freund Hans Diefenbach – der im Oktober 1917 in Frankreich fällt. Sie erinnerte sich an Ferienstimmungen, schwärmte von Flora und Fauna, träumte von Musik, übersetzte Korolenko, las und rezitierte immer wieder Gedichte von Mörike und Verse aus C.F. Meyers *Huttens letzte Tage* und konnte doch nicht vollständig verbergen, wie verzweifelt sie manchmal war, selbst dann, wenn sie anderen Mut zusprach. Ihre äußeren Haftbedingungen waren vergleichsweise gut. Sie konnte sich von außerhalb des Gefängnisses verköstigen lassen, konnte Zeitungen und Zeitschriften abonnieren, Briefe schreiben und empfangen – natürlich kontrolliert, bevorzugt aber auch an der Kontrolle vorbei. Sie konnte Besuch bekommen, doch die Gespräche unter Aufsicht wurden ihr immer mehr »lästig«, so daß sie schließlich mit dem Gedanken spielte, auf Besuche ganz zu verzichten. Ihre Wut vor allem auf jene wuchs, die ihr politisch noch am nächsten standen, aber ihre speziellen Auffassungen nicht teilen wollten. Sie verhärtete, sie verbitterte: »Was mich betrifft, so bin ich in der letzten Zeit, wenn ich schon nie weich war, hart geworden wie geschliffener Stahl und werde nunmehr weder politisch noch im persönlichen Umgang auch die geringste Konzession machen.«[41] Unverdrossen setzte sie die Auseinandersetzung mit den Genossen aus Tagen verflossener Gemeinschaft fort und kommentierte das Zeitgeschehen. Dies alles bei zunehmenden gesundheitlichen Beschwerden.

Karl Liebknecht hatte es in Luckau – äußerlich betrachtet – viel schwerer. Die Haftbedingungen im Zuchthaus unterschieden sich erheblich von der Schutzhaft. Er mußte arbeiten, litt aber nicht deshalb, sondern weil er in dieser Zeit nicht lesen und nicht schreiben, nicht theoretisch arbeiten konnte. Der Briefverkehr und die Besuchserlaubnis waren eingeschränkt. Er hielt sich fit mit systematischer Gymnastik, sorgte sich um seine Frau und seine Kinder, gab pädagogische Ratschläge und versuchte, ihnen seine Weltsicht zu vermitteln: »Nur das Leben ist unmöglich, das alles laufen lassen wollte, wie es läuft. Nur das ist möglich, das sich selbst zu opfern bereit ist, zu opfern für die Allgemeinheit.«[42] Er schien die Haft besser zu ertragen als Rosa Luxemburg.

Plötzlich, im März 1917 kam Licht aus dem Osten: Revolution in Rußland. Der Zar stürzte, das zaristische System brach zusammen,

40 R.L., Die Politik der sozialdemokratischen Minderheit, GW, Bd. 4, S. 179.
41 R.L. an Mathilde Wurm vom 28.12.1916, Briefe, Bd. 5, S. 151.
42 K.L., Brief an Wilhelm Liebknecht vom 18.3.1917, in: Mitteilungen, S. 334.

eine provisorische Regierung wurde gebildet. Der St. Petersburger Arbeiter- und Soldatenrat erließ einen Aufruf an die Völker der Welt und bot einen sofortigen Verständigungsfrieden an.

Rosa Luxemburg war wie elektrisiert. »Wie mich Rußland innerlich in Aufruhr gebracht hat, können Sie sich ja denken. ... Wie mir das mein Sitzen hier erleichtert!«[43] An Luise Kautsky schrieb sie: »Du kannst Dir denken, wie mir in den Gliedern zuckt und wie mir jede Nachricht von dort wie ein elektrischer Schlag in die Fingerspitzen fährt.«[44]

Karl Liebknechts Jubel war verhaltener – soweit sich dies nach den vorhandenen Quellen beurteilen läßt. Jedoch in die Freude mischten sich sogleich Sorgen und Befürchtungen. Je mehr sie erfuhren, umso bedenklicher wurden ihnen die außenpolitischen Folgen, die sich abzuzeichnen begannen. Ihre größte Befürchtung, Rußland könne einen Sonderfrieden mit Deutschland schließen, wurde immer wahrscheinlicher.

Rosa Luxemburg erkannte zunächst an, daß für das republikanische Rußland »eine Landesverteidigung in dem einzig wahren Sinne des Wortes gegeben«[45] sei, aber die Bereitschaft zur Landesverteidigung, wie sie in dem Aufruf »An die Völker der ganzen Welt« des Petersburger Arbeiter- und Soldatenrats ausgedrückt wurde,[46] bedeute auch gleichzeitig eine Unterstützung des »Ententeimperialismus«: »Keine noch so radikale und demokratische Friedensformel vermag die faustdicke Tatsache zu beseitigen, daß jede von Rußland unternommene militärische Aktion den imperialistischen Kriegszielen Englands, Frankreichs und Italiens zugute kommt, daß also die russische Republik, indem sie die Landesverteidigung proklamiert, in Wirklichkeit an einem imperialistischen Krieg teilnimmt, und während sie das Selbstbestimmungsrecht der Nationen als Grundsatz ausruft, in der Praxis der Herrschaft des Imperialismus über fremde Nationen Vorschub leistet.«[47]

---

43 R.L. an Hans Diefenbach vom 27.3.1917, Briefe, Bd. 5, S. 192.

44 R.L. an Luise Kautsky vom 15.4.1917, ebd. S. 208.

45 R.L., Brennende Zeitfragen, GW, Bd. 4, S. 276.

46 An die Völker der ganzen Welt, Aufruf des Petersburger Arbeiter- und Soldatenrats vom 27.3.1917, in: Spartakus, Nr. 5 vom Mai 1917, Hrsg. vom IML beim ZK der SED, Berlin (DDR) 1958, S. 339 f.

47 R.L., Brennende Zeitfragen, a.a.O., S. 277.

48 Ebd.

49 Ebd.

50 Ebd., S. 278.

51 Ebd., S. 284f.

Andererseits, verteidigte Rußland sich nicht, würde es dem deutschen Imperialismus »unschätzbare Dienste« leisten, »indem es ihm gestattete, seine Hauptstreitkräfte nur gegen die westliche Front zu verwenden.« Für sie befand sich »die russische Republik zwischen Szylla und Charybdis.« Damit jedoch nicht genug, sollte sie gar versuchen, sich »durch einen Sonderfrieden aus der Schlinge des Völkermordes zu ziehen, dann verrät sie das internationale Proletariat und die eigenen Schicksale an den deutschen Imperialismus«.[48]

Vom »proletarischen Standpunkt«, d.h. von ihrem aus gesehen, gab es für Rußland keine richtige Politik, es gab für sie »einfach – so paradox es klingen mag – keine richtige Taktik, die von dem russischen Proletariat heute befolgt werden könnte: welche es wählen mag, sie wird falsch sein.«[49] Doch was sollten die Russen tun? Auf die Überlegung, daß es vielleicht eine weniger falsche Politik geben könnte, wollte sich Rosa Luxemburg nicht einlassen. Die Schlußfolgerung ihrer Analyse lautete: »Die internationale Katastrophe vermag nur das internationale Proletariat zu bändigen. Den imperialistischen Weltkrieg kann nur eine proletarische Weltrevolution liquidieren.«[50] Wollte sie den russischen Arbeitern und Bauern ernsthaft anraten, ihre Hände solange in den Schoß zu legen, bis der Aufstand des internationalen Proletariats sie aus der »tragischen Situation« befreite? Aus ihrer Sicht, von der sie glaubte, es wäre der Standpunkt des »internationalen Proletariats«, konnte keine nationale Politik für das russische Proletariat formuliert werden. Das hinderte sie nicht, den realpolitischen Versuch eines Verständigungsfriedens »ohne Annexionen, ohne Entschädigungen, auf der Grundlage des Selbstbestimmungsrechts der Nationen«, also die Politik des Petersburger Sowjets und der provisorischen Regierung in Rußland, der Bolschewiki und Menschewiki, der USPD und sogar der Mehrheitssozialdemokraten und der sozialistischen Opposition überhaupt, erbittert zu bekämpfen. Für sie hatte diese »Zauberformel« und die dahinter stehende Politik mit »sozialistischer Politik nicht das geringste zu tun.« Sie entsprach nach ihrer Einschätzung »tatsächlich in erster Linie der heutigen Lage und den Bedürfnissen des deutschen Imperialismus.« Das Selbstbestimmungsrecht der Nationen war für sie »eine hohle Phrase«.[51]

Ein Versuch des Petersburger Sowjets und auch des Internationalen Sozialistischen Büros, auf der Basis dieser Formel eine Konferenz der Sozialisten in Stockholm zu veranstalten – einschließlich der jeweiligen »Vaterlandsverteidiger«, wurde von ihr strikt abgelehnt. Ein Frieden auf Basis der bestehenden Gesellschaftssysteme interessierte sie nicht. Das Eintreten für einen Verständigungsfrieden bedeutete für sie nur, daß damit »Handlangerdienste« für die Bourgeoisie geleistet würden.[52] In diesem Sinne erklärte Käte Duncker im Namen der Gruppe Internationale in Stockholm 1917 (3. Zimmerwalder Konferenz): »Die Selbstbestimmung der Nationen ist und bleibt eine leere Phrase, solange der bürgerliche Staat besteht. Die einzige reale Verwirklichung der Selbstbestimmung der Völker ist die revolutionäre Selbstbestimmung des arbeitenden Volkes durch Kampf um politische Macht im Staate.« Ganz nach der Vorlage von Rosa Luxemburg propagierte sie als »einzigen Ausweg« die »revolutionäre Erhebung des internationalen Proletariats«.[53]

Es war dieser Standpunkt, der Rosa Luxemburg zu einer vernichtenden Kritik an der Friedenspolitik der Bolschewiki führte und gleichzeitig zur Verunglimpfung des internationalen Proletariats, das seiner »Verpflichtung« zur »Weltrevolution«, nicht nachkommen wollte. Es waren die Bolschewiki und an ihrer Spitze Lenin, die erkennen ließen, daß sie einen Sonderfrieden mit dem Deutschen Reich schließen würden, wären sie erst an der Macht. Deshalb unterstützte die deutsche Kriegsführung diese Fraktion. Sie erlaubte Lenin und seinen Freunden in einem »plombierten Wagen« die schnelle Heimreise durch Deutschland und geizte auch nicht mit erheblichen Geldzuwendungen.

Das Kalkül der Reichsleitung ging auf. Den Sieg der Bolschewiki im Oktober mit dem Resultat des Brester Friedens wertet Fritz Fischer deshalb als ihren »mittelbaren Erfolg«.[54] Daß diesem Erfolg keine Dauer beschieden war, hing damit zusammen, daß die deutsche Kriegsführung die Verstärkung, die der Sonderfrieden gebracht hatte, nicht voll nutzen konnte. Für ihre Eroberungsziele benötigte sie auch nach dem Sonderfrieden noch mehr als eine Million Soldaten im Osten. Rosenberg meinte, daß, wenn Ludendorff für seine Frühjahrsoffensive im Westen »auch nur zwanzig von den

---

52 R.L., ebd., S. 285.

53 In: Angelika Balabanoff, Die Zimmerwalder Bewegung 1914-1919, Archiv für die Geschichte des Sozialismus und der Arbeiterbewegung, Bd. 12, 1926, S. 398.

54 Fritz Fischer, Griff nach der Weltmacht, a.a.O., S. 131 und S. 306ff. Vgl. Winfried B. Scharlau und Zbynek A. Zeman, Freibeuter der Revolution – Parvus-Helphand, Eine politische Biographie, Köln 1964, bes. S. 267ff.

55 Arthur Rosenberg, Entstehung der Weimarer Republik, a.a.O., S. 191.

56 R.L., Die russische Tragödie, GW, Bd. 4, S. 389f.

57 Ebd.

58 K.L., Mitteilungen, Briefe und Notizen aus dem Zuchthaus Luckau, GRS, Bd. IX, S. 397f.

59 R.L., Die russische Tragödie, a.a.O., S. 391.

Divisionen mehr gehabt« hätte, »die er für seine Ostpolitik brauchte, so hätte er wahrscheinlich gesiegt«.[55]

Für Rosa Luxemburg war – auch ohne daß sie von der direkten Unterstützung der Bolschewiki durch den »deutschen Imperialismus« wußte – die »tragische Situation« der russischen Republik nach der Februarrevolution mit dem Sonderfrieden von Brest-Litowsk zur »russischen Tragödie« geworden. Für sie spielte es dabei keine Rolle, ob für die Bolschewiki die Möglichkeit einer revolutionären Landesverteidigung gegeben war oder nicht. Bedeutete der Sonderfrieden für sie schon einen Verrat am internationalen Proletariat, so fürchtete sie nun, daß eine noch schlimmere Entwicklung eintreten könnte, nämlich: »Ein Bündnis der Bolschewiki mit Deutschland.« Für sie wäre ein solches Bündnis »der furchtbarste moralische Schlag für den internationalen Sozialismus, der ihm noch versetzt werden könnte.«[56] Sollte sich die Alternative so stellen, daß die russische Revolution nur durch ein Bündnis mit Deutschland gerettet werden konnte, dann wäre sie bereit gewesen, die russische Revolution zugunsten der Reinheit der moralischen Grundsätze des internationalen Sozialismus zu opfern: »Jeder politische Untergang der Bolschewiki im ehrlichen Kampf gegen die Übermacht und die Ungunst der geschichtlichen Situation wäre diesem moralischen Untergang vorzuziehen.«[57] Karl Liebknecht dachte ähnlich. Er forderte von Lenin und Trotzki in die Brest-Litowsker Verhandlungen einzutreten mit dem Entschluß, »sie scheitern zu lassen, wenn sie zu keinem Frieden im sozialistischen Geiste führen, gleichviel ob ihre Regierung, die sie durch soziale Maßregeln stützen müssen, dabei zusammenbricht«. Und weiter: »Militärisch haben die Russen sowieso nichts mehr zu verlieren – alle Hoffnungen auf eine allgemeine Friedenskonferenz.« Und auch ihm ist die Moral wieder das höchste. Er fürchtet, die Bolschewiki könnten »ihre ganze Ehre« verlieren.[58]

Rosa Luxemburg lehnte eine Realpolitik, die auf Kosten moralischer Grundsätze gehen würde, ab. Für sie war proletarische Klassenpolitik »von Hause aus und in ihrem Kernwesen international« und konnte deshalb auch nur international verwirklicht werden. Sozialismus in einem Land war für sie ein Ding der Unmöglichkeit, »eine Quadratur des Zirkels«.[59] Das gleiche galt für Liebknecht. Beider Kritik an den Bolschewiki hinderten sie aber nicht daran, den wahren Schuldigen im internationalen Proletariat, besonders im deutschen zu sehen. Immer wieder richteten sie Appelle an diesen Adressaten, seiner verdammten Pflicht und Schuldigkeit nachzukommen. Besonders scharf hatte Liebknecht diesen Appell formuliert: »Alles, alles kommt auf das deutsche Proletariat an. Keine Anstrengung ist zu groß, ist groß genug. Mag das Blut unter den Nägeln herausspritzen, mögen Opfer fallen – so schwer sie nie fielen. Es gilt unser Größtes und Heiligstes.«[60]

Wie berechtigt die Kritik von Rosa Luxemburg und Karl Liebknecht immer gewesen sein mag, sie enthielt eine entscheidende Schwäche: Sie konnten keine alternative Politik vorschlagen. Für sie ergaben sich nur »tragische Situationen« und eine Hoffnung auf die revolutionäre Aktion des internationalen Proletariats. Alle ihre Überlegungen mündeten im Begriff der »Weltrevolution«. Welche Vorstellung sie mit diesem Begriff verbanden, darüber machten sie keine Angaben. Dieser Standpunkt bedeutete in letzter Konsequenz den Verzicht auf jede nationale Politik und damit auf Politik überhaupt. Rosa Luxemburgs radikaler Standpunkt des internationalen Proletariats blieb ohne Vermittlungen und erwies sich so als eine unwirkliche Konstruktion. Es scheint so, als ob Karl Liebknecht nicht durchgängig einen derart radikalen internationalistischen Standpunkt eingenommen hätte, denn es klingt wie eine direkte Kritik an die Adresse Rosa Luxemburgs, wenn er schreibt: »Ein über die imperialistischen Parteien schwebender Internationalismus mit Predigten an das Weltproletariat hat heute keine Realität.«[61]

»Freiheit ist immer«

Stieß schon die Außenpolitik der Bolschewiki bei Rosa und Karl auf Ablehnung, so brachte die Art und Weise, wie sie versuchten, den Sozialismus in Rußland in die Tat umzusetzen – zumindest Rosa Luxemburg – schier zum Verzweifeln. Bis zur politischen Machteroberung durch die bolschewistische Partei im Oktober 1917 waren die Ambivalenzen im Demokratieverständnis der Sozialisten theoretisch geblieben. Im Revisionismusstreit zeichnete sich ab, daß die gemeinsame Grundüberzeugung des Erfurter Programms (das auch den russisch-polnischen Sozialisten für ihre Programme zum Vorbild diente), daß der Sozialismus nur in Form einer demokratischen Republik verwirklicht werden könne, nicht für alle gleichermaßen verbindlich war. Bei Teilen der Linken – so bei Karl Liebknecht und besonders ausgeprägt bei Rosa Luxemburg – stand dahinter eine

---

60 K.L., Mitteilungen, S. 562.
61 K.L., ebd.
62 R.L., Was wollen wir?, GW, Bd. 2, S. 89.

Zwei-Phasen-Theorie. Die demokratische Republik war ihr nie Ziel, sondern nur Durchgangsstadium zum »eigentlichen Ziel ... zur Eroberung der politischen Macht im Staate, zur Einführung der Diktatur des Proletariats und zur Verwirklichung des Sozialismus.«[62] Dies bestimmte ihre Polemik gegen die Demokratievorstellung Bernsteins und der Revisionisten, dies war ihr Programm für die russisch-polnische Revolution 1905/06 und dieses taktische Kalkül stand auch hinter ihrer Forderung in der preußischen Wahlrechtskampagne. Diese Vorstellung konnte sie offensichtlich vereinbaren mit dem Vorschlag, daß das erste Wort einer Revolution die Einberufung einer Konstituante, einer Verfassunggebenden Versammlung sein müsse. Ganz in diesem Sinne gehörten die Bolschewiki nach der Februarrevolution 1917 zu denjenigen, die am entschiedensten die Einberufung der Konstituante forderten. Sie hielten an dieser Vorstellung auch dann noch fest, als sie bereits die politische Macht erobert hatten. Drei Wochen nach dem »Sturm auf das Winterpalais« fanden die Wahlen statt. Die Bolschewiki erhielten zu ihrer großen Enttäuschung nur 168 von insgesamt etwa 700 Sitzen. Noch am Tage des Zusammentritts jagten sie die verfassunggebende Nationalversammlung mit Waffengewalt wieder auseinander.

Aus welchen Gründen die Bolschewiki sich dafür entschieden hatten, die politische Macht nicht wieder aus den Händen zu geben, kann an dieser Stelle nicht diskutiert werden. Von einer sozialistischen Position aus gesehen waren noch andere, mehr oder weniger demokratische Konzeptionen denkbar, wie die Auseinandersetzungen selbst innerhalb der bolschewistischen Partei zeigten. Allerdings hatten sie alle den großen »Fehler«, daß sie verbunden waren mit der Bereitschaft, die politische Macht mit anderen Parteien zu teilen bzw. sogar ganz darauf zu verzichten. Auf diese Idee waren zumindest Lenin und Trotzki nicht verfallen.

Mit der Abschaffung der Konstituante vollzogen die Bolschewiki den entscheidenden Bruch mit der demokratischen Tradition der sozialistischen Bewegung in Europa. Ihr Anspruch, diese Maßnahme sei die einzig wahre und allgemeingültige Auslegung des revolutionären Marxismus, zwang die internationale sozialistische Bewegung zu einer grundsätzlichen Auseinandersetzung über die politische Verfassung einer sozialistischen Gesellschaft. In welche Schwierigkeiten die Linken dabei gerieten, läßt sich besonders deutlich an Rosa Luxemburg und Karl Liebknecht zeigen. So hatten das die Verfechter einer Zwei-Phasen-Theorie und Kritiker der parlamentarischen Demokratie nicht gemeint. Karl Liebknecht formulierte unklar und telegrammstilartig zum Problem »Diktatur des

Prol. u. Demokratie« bzw der Konstituante und der »reinen Demokratie«: »Der verzweifelte Kampf der russischen Bolschewisten gegen die Gefahren des parlamentarischen Systems – parlamentarische
Vertreter statt der Massen selbst. Der verzweifelte Versuch den Mas-
senwillen unverfälscht zu realisieren und zu erhalten. Quadratur des
Zirkels? Dafür keine Formel der Lösung. Kein Kraut gewachsen.«
Karl Liebknecht scheint dann trotz dieser Fragen den Bolschewiki
zugestimmt zu haben – zumindest für eine Übergangszeit, denn er
fügte die Einschätzung hinzu: »Und jetzt: Periode der Diktatur des
Proletariats, nicht der friedlichen Demokratie!«[63]

Die Auseinandersetzung mit den Bolschewiki wurde dadurch er-
schwert, daß Teile der Linken sie angesichts der Bedrohungen, denen die bolschewistische Herrschaft ausgesetzt war, für unangebracht hielten. Dies traf für Karl Liebknecht zu. Er bat seine Frau,
die Kritik an den Bolschewiki »niemandem« mitzuteilen. »Die russischen Freunde sind in des Teufels Küche, machen alle Anstrengungen, da mag das Vergangene ruhn.«[64] Nachweisen läßt sich
auch, daß Clara Zetkin und Franz Mehring sich vollständig unkritisch mit den Bolschewiki solidarisierten, ebenfalls Ernst Meyer, der
nach Leo Jogiches Verhaftung im März 1918 weiter die *Spartakus-
briefe* herausgab.[65] Eine Ausnahme bildete Rosa Luxemburg. Sie bestand unbeirrt auf einer öffentlichen Kritik an der bolschewistischen
Politik. In ihrem Manuskript »Zur russischen Revolution« verteidigte sie gegenüber Lenin und Trotzki das alte demokratische
Selbstverständnis der Sozialisten mit den überzeugendsten Formulierungen, die von sozialdemokratischer Seite jemals für die Prinzipien einer demokratischen Republik gefunden wurden. Allgemeines
Wahlrecht, Parteienpluralismus, Meinungs-, Vereins- und Versammlungsfreiheit sind für sie die Eckpfeiler einer politischen Verfassung, auf die auch eine sozialistische Gesellschaft nicht verzichten

---

63 K.L., Mitteilungen, S. 385.

64 K.L, Brief an Sophie Liebknecht, 6.7.1918, in: Mitteilungen, S. 545.

65 Vgl. Peter Lösche, Der Bolschewismus im Urteil der deutschen Sozialdemokratie 1903/1920, Berlin 1967, S. 122 f. und S. 155f.

66 R.L., Zur russischen Revolution, GW, Bd. 4, S. 358.

67 Vgl. zur Entwicklung des »roten Terrors« und der dazu eigens geschaffenen
Institution einer »Sonderkommission zur Bekämpfung der Konterrevolution,
der Spekulation und der Fahnenflucht« (Tscheka), vgl. Carr, The Bolshevik
Revolution 1917-1923, Bd. 1, S. 160 ff.

68 R.L., Zur russischen Revolution, a.a.O., S. 358.

69 Weber, Hermann: Einleitung, in: Der Gründungsparteitag der KPD. Protokoll
und Materialien, Franfurt/M 1969, S. 48.

70 Ebd., S. 363.

kann. Rosa Luxemburg ist gegen die Abschaffung der Konstituante, sie ist gegen die Abschaffung »der wichtigsten demokratischen Garantien eines gesunden öffentlichen Lebens und der politischen Aktivität der arbeitenden Massen« wie »der Pressefreiheit, des Vereins- und Versammlungsrechts«.[66] Sie ist auch gegen den »roten« Terror, wie er von den Bolschewiki nicht nur gegen »feindliche Agenten, Spekulanten, Plünderer, Rowdys, konterrevolutionäre Agitatoren und deutsche Spione« angewendet wurde, sondern auch gegen Menschewiki, Anarchisten, rechte und linke Sozialrevolutionäre, die ihrerseits mit Aufstandsversuchen und Attentaten sich gegen die von den Bolschewiki eingeleitete politische Unterdrükkung zur Wehr zu setzen versuchten.[67] Unübertroffen ist ihre liberale Freiheitsdefinition:

>»Freiheit nur für die Anhänger der Regierung,
>nur für Mitglieder einer Partei –
>mögen sie noch so zahlreich sein – ist keine Freiheit.
>Freiheit ist immer Freiheit der Andersdenkenden.«[68]

Im Zusammenhang mit der Verteidigung der Konstituante und des allgemeinen Wahlrechts ist es das Bekenntnis zu einer parlamentarischen Mehrparteien-Demokratie. Es ist vor allem dieser Satz, der für die Linke, die sich weder bei den Mehrheitssozialdemokraten noch bei den Bolschewiki heimisch fühlte, das Credo eines Dritten Weges, das »Motto« eines »demokratischen Kommunismus«[69] darstellte. Sollte es je einen solchen Kommunismus geben, dann würde er – bezogen auf die politische Verfassung – sich nicht von einer parlamentarischen Demokratie unterscheiden. Nimmt man nur diese Stelle, dann hat Rosa Luxemburg hier einen freiheitlich-liberalen Gegenentwurf zum Modell der Einparteien-Diktatur à la Lenin und Trotzki formuliert. Deshalb war dieser Text den marxistisch-leninistischen bzw. stalinistischen Parteien später so verhaßt. Sie lehnte damit nicht nur die bolschewistische Einparteien-Diktatur ab, sondern erteilte einer jedweden Diktatur eine strikte Absage.

Aber so eindeutig diese Aussagen klingen, so schillernd werden sie, wenn sie im Zusammenhang mit anderen Äußerungen des gleichen Textes gesehen werden. Nur wenige Zeilen nach dem eindrucksvollen Plädoyer für demokratische Prinzipien bekennt sie sich genauso emphatisch zur Diktatur des Proletariats. Das Proletariat müsse »eben sofort sozialistische Maßnahmen in energischster, unnachgiebigster, rücksichtlosester Weise in Angriff nehmen, also Diktatur ausüben …«[70] Rosa Luxemburg ist begeistert von der Parole »Alle Macht den Räten« und sie glaubt darin zu erkennen, daß die

Bolschewiki das »ganze und weitgehendste revolutionäre Programm« aufgestellt hätten: »Nicht etwa Sicherung der bürgerlichen Demokratie, sondern Diktatur des Proletariats, zum Zwecke der Verwirklichung des Sozialismus.«[71]

Rosa Luxemburg preist im einem Atemzug breiteste Demokratie und rücksichtsloseste proletarische Diktatur. Sie will gleichzeitig beides – Demokratie und Diktatur. Wie reimt sich das zusammen? Vielleicht glaubte sie die Lösung dieses Widerspruchs in folgender Formel gefunden zu haben: »Sowohl Sowjets als Rückgrat wie Konstituante und allgemeines Wahlrecht.«[72] Doch dies ist nur ein Bild und keine ernsthafte Vermittlung zwischen den Institutionen einer allgemeinen Demokratie und den Institutionen einer Klassendiktatur, zumal sie weiter an der klassischen Vorstellung der Sozialdemokratie festhielt: »Wir unterschieden stets den sozialen Kern von der politischen Form der bürgerlichen Demokratie, wir enthüllten stets den harten Kern der sozialen Ungleichheit und Unfreiheit unter der süßen Schale der formalen Gleichheit und Freiheit nicht um diese zu verwerfen, sondern um die Arbeiterklasse dazu anzustacheln, sich nicht mit der Schale zu begnügen, vielmehr die politische Macht zu erobern, um sie mit neuem sozialen Inhalt zu füllen.«[73]

Sie führt jetzt den Begriff »sozialistische Demokratie« ein, die im Moment der Machtergreifung durch die sozialistische Partei beginne, und das ist für sie gleichzeitig der Beginn der »Diktatur des Proletariats«. Diese Diktatur grenzt sie dann wieder vom Diktaturmodell Lenins ab, mit der Aussage: »Aber diese Diktatur besteht in der Art der Verwendung der Demokratie, nicht in ihrer Abschaffung.«[74] Die Verwirrung ist perfekt. Lenin und Trotzki versuchten zwar zu Beginn ihrer Parteien-Diktatur noch den Eindruck zu erwecken, sie könnten sich auf Mehrheiten in der Bevölkerung stützen, doch diese Skrupel legten sie schnell ab. Dies führte sie zu dankenswert klaren Beschreibungen ihrer »Diktatur des Proletariats«:

1. »Diktatur bedeutet nicht unbedingt die Aufhebung der Demokratie für die Klasse, die diese Diktatur über die anderen Klassen

---

71 Ebd., S. 341.
72 Ebd., S. 358.
73 Ebd., S. 363.
74 Ebd.
75 W.I. Lenin, Die proletarische Revolution und der Renegat Kautsky, a.a.O., S. 233.
76 Ebd., S. 234.
77 Ebd., S. 269.
78 W.I, Lenin, Thesen über die Konstituierende Versammlung, LW, Bd. 26, S. 381.

ausübt, sie bedeutet aber unbedingt die Aufhebung der Demokratie (oder ihre äußerst wesentliche Einschränkung, was auch eine Form der Aufhebung) ist für die Klasse, über welche oder gegen welche die Diktatur ausgeübt wird.«[75]

2. »Die revolutionäre Diktatur des Proletariats ist eine Macht, die erobert wurde und aufrechterhalten wird durch die Gewalt des Proletariats gegenüber der Bourgeoisie, eine Macht, die an keine Gesetze gebunden ist.«[76]

3. »Man hätte die konstituierende Versammlung nicht auseinander jagen sollen, heißt soviel wie: man hätte den Kampf gegen die Bourgeoisie nicht zu Ende führen, sie nicht stürzen sollen, das Proletariat hätte sich mit der Bourgeoisie aussöhnen sollen.«[77]

Diese Politik wurde von ihnen als einzig authentische Auslegung des Marxismus dargestellt und damit ideologisch abgeschirmt. Da sie der Überzeugungskraft ihrer Argumente nicht sonderlich trauten, sollten diejenigen, die an der alten demokratischen Vorstellung einer sozialistischen Gesellschaft festhielten, als Verräter exkommuniziert werden:»Jeder direkte oder indirekte Versuch, die Frage der Konstituierenden Versammlung vom formaljuristischen Standpunkt aus, im Rahmen der gewöhnlichen bürgerlichen Demokratie, unter Außerachtlassung des Klassenkampfes und des Bürgerkrieges zu betrachten, ist Verrat an der Sache des Proletariats, bedeutet Übergang zur Position der Bourgeoisie.«[78] Da die Bolschewiki schon zu Lenins Zeiten nicht gerade zimperlich mit »Verrätern« umgingen, dürfte vor allem dieses Argument eine durchschlagende Wirkung gehabt haben. Die Diktatur der Arbeiter und Bauern als Ein-Parteien-Diktatur zu definieren und mit Gewalt zu realisieren, war die originäre Schöpfung von Lenin und Trotzki. Das ideologische Monster »Marxismus-Leninismus« ging nun um in Europa – und anderswo.

»Im Nebel der Zukunft«

Luxemburgs Kritik an der Politik der Bolschewiki und dem von ihnen errichteten Herrschaftssystem bezog sich nicht nur auf die politische Verfassung. Genauso deutlich ist ihre Ablehnung der bolschewistischen Wirtschaftspolitik. Die Abschaffung demokratischer Verkehrsformen im politischen Bereich fand ihre Entsprechung im unmittelbaren Bereich der Produktion, also an dem Ort, an dem das Proletariat sich durch die Abschaffung der »Diktatur der Bourgeoisie«, durch die Vertreibung der »Ausbeuter« einige positive Veränderungen erhoffen durfte. Sie war entsetzt darüber, daß die Bolschewiki die von den Arbeitern in der Revolution geschaffenen Selbstverwaltungsorgane in den Fabriken zerschlagen, daß die Betriebe der »diktatorischen Gewalt der Fabrikaufseher« unterstellt und die Arbeiter mit drakonischen Strafen, mit Terror und Geheimpolizei gezwungen wurden, nach der Pfeife der Parteiführung zu tanzen. Die Diktatur des Proletariats wurde im allumfassenden Sinne eine Diktatur über das Proletariat. Der von Lenin theoretisch versprochenen Abschaffung des Staates in *Staat und Revolution* folgte seine entgegengesetzte realpolitische Konkretisierung: »Wir brauchen den Staat, wir brauchen den Zwang. Das Organ des proletarischen Staates, das diesen Zwang ausübt, müssen die sowjetischen Gerichte sein. Und ihnen fällt die gewaltige Aufgabe zu, die Bevölkerung zur Arbeitsdisziplin zu erziehen.«[79] Nach Rosa Luxemburg vergriff sich Lenin hier »völlig im Mittel«. Es waren dann nicht nur die sowjetischen Gerichte, die für die notwendige Arbeitsdisziplin sorgten, sondern vor allem die »Außerordentliche Kommission« (Tscheka). Diese arbeitete ohne Gerichte.

Rosa Luxemburg konnte sich denken, welche Entgegnungen sie auf ihre Kritik erhalten würde und versuchte, die Einwände vorwegnehmend zu entkräften. Es geschieht nun etwas Erstaunliches, vielleicht sogar Einmaliges in der Ideengeschichte sozialistischer Theoretiker. Rosa Luxemburg läßt erkennen, daß sie etwas nicht weiß. Sie gesteht, daß die bisherige sozialistische Theorie keine konkrete Vorstellung entwickelt habe, wie eine sozialistische Gesellschaft aussehen könnte, und stellt die zentrale These auf, daß eine solche Vorstellung gar nicht als Kopfgeburt von Intellektuellen oder Parteiführern möglich sei, denn »die praktische Verwirklichung des Sozialismus als eines wirtschaftlichen, sozialen und rechtlichen Systems« sei eine Sache, »die völlig im Nebel der Zukunft« liege.[80]

Dieser – erkenntnistheoretische – Standpunkt »by trial and error«, daß eine sozialistische Gesellschaft nur aus der »Schule der Erfahrung« der Menschen entwickelt werden könne, zwang Rosa Luxemburg, demokratische Prinzipien so vehement zu verteidigen. Denn nur unter einer politischen Verfassung, in der »unbeschränkte politische Freiheit« und »uneingeschränkte breiteste Demokratie, öffent-

79 W.I. Lenin, Entwurf des Artikels »Die nächsten Aufgaben der Sowjetmacht«, LW, Bd. 27, S. 206.
80 R.L., Zur russischen Revolution, a.a.O., S. 359.
81 Ebd., S. 362.
82 Ebd.
83 R.L., Zur russischen Revolution, GW, Bd. 4, S. 365.

liche Meinung«[81] garantiert ist, ist ein Lernprozeß in Richtung einer gerechten Gesellschaft vorstellbar, für die sich die Bezeichnung Sozialismus eingebürgert hatte: »Ohne allgemeine Wahlen, ungehemmte Presse und Versammlungsfreiheit, freien Meinungskampf erstirbt das Leben in jeder öffentlichen Institution, wird zum Scheinleben, in der die Bürokratie allein das tätige Element bleibt. Das öffentliche Leben schläft allmählich ein, einige Dutzend Parteiführer von unerschöpflicher Energie und grenzenlosem Idealismus dirigieren und regieren, unter ihnen leitet in Wirklichkeit ein Dutzend hervorragender Köpfe, und eine Elite der Arbeiterschaft wird von Zeit zu Zeit zu Versammlungen aufgeboten, um den Reden der Führer Beifall zu klatschen, vorgelegten Resolutionen einstimmig zuzustimmen, im Grunde also eine Cliquenwirtschaft – eine Diktatur allerdings, aber nicht die Diktatur des Proletariats, sondern die Diktatur einer Handvoll Politiker, d.h. Diktatur im rein bürgerlichen Sinne.«[82]

Dem Verbot der Konstituierenden Versammlung folgte konsequenterweise das Verbot der Parteien, nicht nur der bürgerlichen, sondern auch der nach Lenin »halbsozialistischen« Parteien der Sozialrevolutionäre und Menschewiki. Da das Verbot einer Partei auch den Ausschluß ihrer Vertreter aus den Räten bedeutete, gab es auf dem 5. Allrussischen Sowjetkongreß (10. Juli 1918) nur noch Bolschewiki als Delegierte. Nur die Vertreter dieser Partei stimmten über die neue Verfassung ab. Aus der von Lenin propagierten Form der »höheren« Sowjetdemokratie war zu diesem Zeitpunkt endgültig eine Ein-Parteien-Diktatur geworden, oder sogar schon, wie es Rosa Luxemburg vermutete, die »Diktatur einer Clique von Parteiführern.« Alle Macht den Räten, die Parole der Doppelherrschaft, war ab diesem Zeitpunkt nur noch Staffage.

Die Entwicklung des bolschewistischen Sozialismus-Versuches konnte vorausgesagt werden und wurde vorausgesagt. Rosa Luxemburgs Kritik fasziniert noch heute wegen ihrer hellsichtigen Prognosen. Zunächst brauchten die Bolschewiki jedoch um die theoretische Rechtfertigung ihrer Politik gar keine große Angst zu haben, denn international zählte letztlich die welthistorische Tat der Oktoberrevolution. Die Faszination bei Teilen der Arbeiterschaft und Teilen der Sozialdemokratie scheint vor allem daher zu rühren, daß es gerade einer so kleinen Partei, wie den Bolschewiki, gelungen war, die politische Macht zu erobern und zu halten. Rosa Luxemburg war alleine von der Tatsache begeistert, daß sie es überhaupt gewagt hatten, nach der politischen Macht zu greifen. Sie sah darin das »Wesentliche und Bleibende der Bolschewiki-Partei«.[83]

»Ehrliche Demokraten«

Die Konfrontation mit dem ersten praktischen Versuch, eine sozialistische Gesellschaft aufzubauen, hatte vor der deutschen Novemberrevolution 1918 die deutschen Sozialdemokraten – rechte wie linke –
gezwungen, ihre eigenen Vorstellungen über eine sozialistische Gesellschaft zu überdenken und zu präzisieren. Trotz unterschiedlicher
Akzentuierungen und Konsequenzen und trotz tiefgehender Gegensätze über die Frage aktueller Politik ist allen Richtungen gemeinsam die Ablehnung des bolschewistischen Modells, das mit der
Abschaffung der Konstituante und der demokratischen Freiheiten
überhaupt identifiziert wurde. Vor allem die Mehrheitssozialdemokraten waren über die Abschaffung der Konstituante entsetzt. Ihre
anfängliche Sympathie gegenüber der russischen Revolution und
den Bolschewiki, die auf deren Bereitschaft beruhte, einen Sonderfrieden abzuschließen –, schlug in strikte Ablehnung um. Dies
führte zu dem nicht nur demagogischen Kampfbegriff »Bolschewismus«, mit dem die innerlinke Auseinandersetzung maßgeblich
bestritten wurde.[84]

Der Spartakusbund lehnte in seinen Flugschriften die Übernahme des russischen Modells implizit dadurch ab, daß er weiter an der
demokratischen Republik als Programmforderung festhielt und dies
selbst dann noch, als die Mehrheitssozialdemokraten in die Regierung eintraten und die Demokratisierung des Reichs »von oben«
angeordnet wurde (September 1918). Die Linke bekam jetzt etwas
geschenkt, das sie als politisches Hauptziel ihres Kampfes lange Zeit
noch nicht einmal offen auszusprechen wagte. Spartakus wollte dieses Geschenk nicht annehmen: »Jetzt, da das Volk aufsteht, Rechenschaft zu fordern, weichen die Herren Generäle, die bedenkenlos
Tausende in den Tod des Sturmangriffs schickten, feige zurück hinter den blanken Schild der Demokratie. Doch sie sollen ihn trotz
des Verrats der Regierungssozialisten nicht besudeln.«[85]

Rosa Luxemburg forderte auch nach dem Eintritt der Sozialdemokraten Gustav Bauer und Philipp Scheidemann in die Regierung

84 Vgl. dazu bes. Peter Lösche, a.a.O., S. 132 f.
85 Flugblatt der Spartakusgruppe vom Oktober 1918, Dok. und Mat. II, Bd. 2, S.
    244.
86 Vgl. Rosa Luxemburg, Die kleinen Lafayette, GW, Bd. 4, S. 396.
87 K.L., Mitteilungen, S. 567.
88 Ebd., S. 568.
89 R.L., Organisationsfragen der russischen Sozialdemokratie, GW, Bd. 1/2, S. 444.

des Prinzen Max von Baden im Oktober 1918 als erste Etappe der proletarischen Revolution weiter die deutsche Republik.[86] Liebknecht appellierte an die Arbeiter: »Euer Ziel ist die Republik und der Sozialismus – die sozialistische Republik!«[87] Gegenüber den »grundsatzlosen« Mehrheitssozialdemokraten, die sogar in eine kaiserliche Regierung eingetreten waren, beteuerte er: »Wir aber, die wir ehrliche Demokraten sind und Sozialisten – wir rufen: Nieder mit diesen Verrätern der Arbeiterklasse!«[88]

»Erhebt Euch, Ihr Schläfer!«

Die abstrakt-radikale Position des internationalen Proletariats, die zur Ablehnung einer jeden nationalen Politik unter den Bedingungen des imperialistischen Weltkrieges führen mußte, wurde ergänzt durch eine Revolutions- und Organisationstheorie, die in der gleichen Richtung wirkte. Zugrunde lag ihr – sowohl bei Rosa Luxemburg als auch bei Karl Liebknecht – ein mystischer Begriff von den »Massen« oder der »Arbeiterklasse«, dem »Proletariat«. Bei Rosa Luxemburg scheint die eigene Erfahrung, ihre politische Sozialisation in den sozialistischen Emigrantenzirkeln der Schweiz eine wichtige Rolle für diese Begriffsbildung gespielt zu haben. Die bösen Intrigen, das unablässige Fraktionieren von Kleinstgruppen, losgelöst vom »Mutterboden« einer proletarischen Klasse, ließen ihr »die selbständige Aktion der Masse« und deren »revolutionärer Klasseninstinkt« in umso hellerem Lichte erscheinen. Vor allem die »kosakische Art« eines Lenin, mit der dieser die innerparteiliche Auseinandersetzung führte und die sie hautnah als Mitglied der SDKPiL erlebte, machte sie mißtrauisch, insbesondere gegen eine Organisation, die straff zentralistisch aufgebaut war. Lenins »ultrazentralistischer Richtung«, seinem »rücksichtslosen Zentralismus«, der ihr von einem »Nachtwächtergeist« geprägt schien, setzte sie das »Massen-Ich der Arbeiterklasse« entgegen, »das sich partout darauf versteift, eigene Fehler machen und selbst historische Dialektik lernen zu dürfen.« Im Gegensatz zu Lenin lautete ihr Credo: »Fehltritte, die eine wirklich revolutionäre Arbeiterbewegung begeht, sind geschichtlich unermeßlich fruchtbarer und wertvoller als die Unfehlbarkeit des allerbesten ›Zentralkomitees‹.«[89] Diese Kritik am Leninschen Organisationstypus weckte immer wieder die Begeisterung von Minderheiten in organisationspolitischen Auseinandersetzungen. Mehrheiten haben sich darauf nie berufen.

Rosa Luxemburgs Kritik verfehlte ihren Gegenstand weit. Die Alternative zu einer undemokratischen Organisationsstruktur wäre der Vorschlag einer demokratischen gewesen, und nicht die Berufung auf ein imaginäres Massen-Ich der Arbeiterklasse. Dieses 1904 entwickelte Verständnis von Organisation und Masse oder Klasse, behielt Rosa Luxemburg zeit ihres Lebens bei. Es bestimmte auch die nächste Runde der Auseinandersetzung über den Massenstreik 1905/06. Gegen die Weigerung der Partei- und Gewerkschaftsführung, über Massenstreik auch nur zu diskutieren, setzte Rosa Luxemburg das »eherne Muß« der geschichtlichen Prozesse. Der Massenstreik, d.h. die revolutionäre Massenorganisation hing für sie nicht von irgendwelcher Organisationsführung ab, sondern war »spontanes« Resultat einer revolutionären Situation. Je länger der Krieg dauerte, desto klarer wurde ihr, daß nicht nur die Führer versagten, sondern auch die Massen, ja, daß das eigentliche Problem sogar das Verhalten der Massen war. Doch die gleichen Massen, die mit »unerschütterlichem Stumpfsinn« im Interesse des Imperialismus sich gegenseitig »abschlachteten« und die deshalb in den Spartakusbriefen mit einer »Hammelherde« verglichen wurden, diese gleichen Massen konnte sie so immer wieder auffordern, den großen Aufstand endlich zu beginnen: »Der deutsche Arbeiter wird also – und sehr bald und erst recht nach einem ›deutschen Siege‹ – zur Revolution greifen müssen, ob er sich noch so sträubt und totstellt und die Stimme der Zeit nicht hören will. Der Henker fremder Freiheit, der Gendarm der europäischen Reaktion wird gegen sein eigen Werk sehr bald rebellieren müssen, weil eherne geschichtliche Gesetze ihrer nicht spotten lassen.«[90]
Nur wer von einem unerschütterlichen Glauben an die objektive historische Notwendigkeit erfüllt ist, kann in dem Augenblick, wo alles durch die Schuld dieser Massen der »Katastrophe«, d.h. einem Sieg des deutschen Imperialismus entgegenzugehen schien, noch die Hoffnung auf dieselben Massen aufrechterhalten: »Die Arbeiterklasse sträubt sich, sie schreckt immer wieder vor der unbestimmten Ungeheuerlichkeit ihrer Aufgabe zurück. Aber sie muß, sie muß. Die

90 R.L., Der Katastrophe entgegen, GW, Bd. 4, S. 383.
91 R.L., Fragment über Krieg, nationale Fragen und Revolution, ebd., S. 373.
92 R.L., Brennende Zeitfragen, a.a.O., S. 289. Vgl. auch Junius-Broschüre, S. 148f.
93 K.L., Mitteilungen, a.a.O., S. 498.
94 K.L., Mitteilungen, S. 385.
95 R.L., Brennende Zeitfragen, a.a.O, S. 290.
96 Ebd., S. 289.

Geschichte schneidet ihr alle Ausflüchte ab, um aus Nacht und Graus die geschundene Menschheit ins Licht der Befreiung zu führen.«[91]

Dem Vertrauen in die Geschichte entsprach auch die Vorstellung von der Aufgabe und der Funktion einer revolutionären Partei. Diese hatte in erster Linie dafür zu sorgen, daß dem Proletariat bekannt gemacht wird, was die Geschichte ihm aufgetragen hat. Die Aufgabe der Partei ist primär eine aufklärerische, d.h. Aufgabe und »Pflicht ist nur, jederzeit unerschrocken ›auszusprechen, was ist‹, d.h. den Massen klar und deutlich ihre Aufgaben im gegebenen geschichtlichen Moment vorzuhalten, das politische Aktionsprogramm und die Losungen zu proklamieren, die sich aus der Situation ergeben.«[92] Die Gruppe Internationale sollte und brauchte deshalb nicht mehr zu sein als eine Propagandavereinigung. Da durfte Karl Liebknecht auch einmal persönlich werden: »Erhebt euch, ihr Schläfer! Kurzsichtiges Volk.«[93] Karl Liebknechts Ideal »der reinen Demokratie« kannte im Unterschied zu Rosa Luxemburg das Problem der Vermittlung. Ihm ging es darum, wie der »wirkl. Wille der Volksmassen unverfälscht zur Ausprägung« kommen konnte. Der wirkliche Willen war einer, der den »wirklichen Interessen der Volksmassen« entsprach, aber diese »wirklichen« Interessen waren bei ihm nur wirklich als objektive, von der Geschichte definierte, d.h. gedachte und nicht die wirklich subjektiv artikulierten Interessen der Arbeiter. Seine Schwierigkeit war, wie ein diesen Interessen entsprechender Wille »weder durch mangelnde Einsicht in diese Interessen noch durch mangelnde Tatkraft, sie zu verfolgen, weder durch Irreführung der eigenen Erkenntnis der Massen noch durch die Unzuverlässigkeit, Betrug, Schwäche, mangelnde Einsicht, Irreführung ihrer Vertreter«[94], realisiert werden konnte. Eine Lösung des Problems fand er nicht, aber er wußte, daß es »im Rahmen eines traditionellen Wahl- und Parlamentssystems« wohl unlöslich bliebe.

Es könnte so scheinen, als wollte Rosa Luxemburg, wenn sie von einem politischen Aktionsprogramm sprach, sich dem Problem der Vermittlung stellen und einer Realpolitik das Wort reden. Unter einem Aktionsprogramm verstand sie jedoch die Alternative: »Krieg oder Revolution! Imperialismus oder Sozialismus!«[95] Auf die Einwände ihrer Gegner, daß dies doch kein Vorschlag für eine praktische Politik sei, antwortete sie wieder mit dem Hinweis auf das Subjekt Geschichte: »Die Sorge, ob und wann die revolutionäre Massenbewegung sich daran [an die Losung der Revolution] knüpft, muß der Sozialismus getrost der Geschichte selbst überlassen.«[96] Von dieser Position aus läßt sich im Zweifelsfalle immer die Geschichte verantwortlich machen, besonders bei Niederlagen.

REVOLUTION

»Revolutionäre Gymnastik«

Am 23. Oktober 1918 wurde Karl Liebknecht aus der Haft entlassen. Vorzeitig. Die Reichsregierung, genauer die Sozialdemokraten, die am 3. Oktober in diese Regierung eingetreten waren, fanden es opportun, Karl Liebknecht frei zu bekommen. Sie hofften, damit ein positives Zeichen für ihre Politik zu setzen und beschwichtigend auf die immer kriegsmüder und unzufriedener werdende Bevölkerung einzuwirken. Daß sie keine größere Anstrengung für die Freilassung von Rosa Luxemburg unternahmen, verweist auf die politische Bedeutung, die sie der Freilassung von Karl Liebknecht im Unterschied zu der von Rosa Luxemburg zumaßen. Als Karl Liebknecht mit Frau Sophie und Sohn Robert, die ihn im Zuchthaus Luckau abgeholt hatten, am Anhalter Bahnhof eintraf, wurde er von einer großen Menschenmenge begeistert empfangen: »Die Menge bedeckt die den Bahnhof umgebenden Straßen. Über die Rasenplätze strömt sie hinweg. Jeder will den Mann sehen, dessen Name der Arbeiterschaft in diesen Jahren ein Banner war. Karl Liebknecht zieht wie ein Triumphator ein.«[1] So sah es der Berichterstatter der *Leipziger Volkszeitung*. Karl Liebknecht erfuhr jetzt vielleicht jene Anerkennung, auf die er so lange gehofft hatte. Sogar seine alten Widersacher aus dem USPD-Vorstand, die er in seinen Reden und Schriften nicht gerade freundlich bedacht hatte, boten ihm jetzt (25. Oktober 1918) einen Sitz im Vorstand an. Dies wahrscheinlich auch nicht gerade aus Sympathie, sondern eher aus dem Kalkül, Karl Liebknecht und die Spartakusgruppe politisch einzubinden. Sich von irgendjemanden einbinden zu lassen, davon war Karl Liebknecht jedoch weiter entfernt denn je zuvor. Den Kurs, den er mit seinem Alleingang im Dezember 1915 eingeschlagen und den er am 1. Mai 1916 fortgesetzt hatte, behielt er bei. Konsequenz ist ihm dabei nicht abzusprechen. Persönlich betrachtet war dies verständlich, politisch ein Verhängnis. Karl Liebknecht lehnte das Angebot ab. Er wolle dieser »Berufung« nur dann folgen, »falls die USP auf einem sofort einzuberufenden Parteitag ihr Programm und ihre Taktik im Sinne der Gruppe Internationale ändern und durch entsprechende Gestaltung ihrer Leitung sichern würde.«[2] Angesichts des Kräfteverhältnisses zwischen der USPD und der Gruppe Internationale – letztere war eine kleine geschlossene Propagandavereinigung innerhalb der USPD, der es versagt geblieben war, für ihre jeweils speziellen Ansichten nennenswerten Anhang zu finden – ist es schwer vorstellbar, daß Karl Liebknecht seine Forderung ernst gemeint haben könnte – obwohl die Tagebuchnotizen diesen Eindruck vermitteln. Wenn doch, dann wäre das ein Indiz mehr, welch wirklichkeitsfremde Züge Karl Liebknechts Denken angenommen hatte. Eher wahrscheinlich war aber wohl, daß er jede Gemeinsamkeit mit der USPD vermeiden wollte und absichtlich eine unerfüllbare Forderung stellte, um den Schwarzen Peter einer gescheiterten Einigung der USPD zuschieben zu können.

Karl Liebknecht suchte nun Kontakt zu dem Kreis der »Revolutionären Obleute«, jenen Industriearbeitern, meist ehrenamtlichen Funktionären des Metallarbeiterverbandes, die sich in Opposition zur offiziellen Gewerkschaftspolitik des Burgfriedens zusammengefunden und bei der Organisation der politischen Streiks unter illegalen Bedingungen des Krieges Erfahrungen mit Massenaktionen gesammelt hatten. Sie hatten ein praxisnahes Modell für Streikaktionen entwickelt und sich in konkreten Aktionen als informelle Führung der Metallarbeiter Berlins etabliert. Bis zum November standen sie politisch überwiegend der USPD nahe und nicht dem Spartakusbund. Zum Zeitpunkt von Karl Liebknechts Haftentlassung waren sie dabei, den bewaffneten Aufstand gegen die Regierung und zur Beendigung des Krieges zu planen. Nach der Schilderung von Richard Müller, dem maßgeblichen Führer dieser Gruppierung, scheint Karl Liebknecht im Kreise dieser Männer mit dem gleichen Gestus aufgetreten zu sein wie gegenüber dem USPD-Vorstand, nämlich: ich alleine kenne den Weg und ich alleine weiß, welche Taktik eingeschlagen werden muß. Schon auf der ersten Sitzung, an der er teilnahm (26. Oktober), »gab er seine Unzufriedenheit mit der Tätigkeit der revolutionären Obleute sehr lebhaft und nicht gerade schmeichelhaft kund.«[3]

Vordergründig ging es nur um den Streit über den Termin des »Losschlagens.« Die Obleute zögerten, sie waren mit den »technischen Vorbereitungen« noch nicht fertig, sie wollten die Mentalität der Arbeiter berücksichtigen und ihren Erfahrungen vertrauen. Für sie war es unpraktisch, am Donnerstag oder Freitag, also an den Zahltagen, zu streiken und damit die Lohnauszahlung zu gefährden. Der 9. November war ein Samstag. Karl Liebknecht waren solche Überlegungen fremd. Er glaubte es genüge, der Eigendyna-

1 Leipziger Volkszeitung vom 24.10.1918.
2 K.L., Tagebuch, GRS, Bd. IX, S. 580.
3 Richard Müller, Vom Kaiserreich zur Republik, Nachdruck, Berlin 1974, S. 129.

mik einer einmal durch eine Parole gestarteten Aktion zu vertrauen. Er drängte auf den Beginn der Aktion. Seine Vorstellungen von einer revolutionären Massenaktion unterschieden sich himmelweit von denen der revolutionären Obleute. Emil Barth – neben Müller und Däumig einflußreichster Obmann – gibt eine plastische Schilderung des Szenarios, mit dem Karl Liebknecht die revolutionären Obleute zu gewinnen versuchte: »Und nicht nur Straßendemonstrationen, sondern Straßendemonstrationen mit der Parole der allgemeinen Bewaffnung! Es wird zu Zusammenstößen kommen, es wird Blut fließen, es werden Verhaftungen erfolgen! Dies wird Proteststreiks auslösen! Die Soldateska, die Ludendorffs und Scheidemänner werden sie zu unterdrücken suchen! Neues Blutvergießen und neue Verhaftungen, neue Solidaritätskundgebungen, größere Streiks, Streiks in neuen Orten, neue Demonstrationen, brutalere Unterdrückung, gewaltigere Ausdehnung des Kampfes, Anschwellung der revolutionären Energie, der revolutionären Tatkraft, revolutionärer Straßenkampf, Desorganisation im Heere und zuletzt Revolution! So und nur so allein erfolgt revolutionäre Schulung, erfolgt der revolutionäre Sieg.«[4]

Diese, als wörtlich wiedergegebenen Ausführungen decken sich mit ähnlichen Schilderungen von Richard Müller und Karl Liebknechts eigenen Tagebuchnotizen. Die Obleute verspotteten das ungeduldige, in ihren Augen verantwortungslose Modell der revolutionären Massenaktion, wie Karl Liebknecht sie vorschlug, als »revolutionäre Gymnastik«. Umgekehrt machte sich Karl Liebknecht über die »grob-mechanische Auffassung« von »superklugen Revolutionsfabrikanten«[5] lustig. Karl Liebknecht entfremdete sich sowohl in seiner Art des Auftretens wie in seinen Vorstellungen gerade von jenen Leuten, die er politisch gewinnen wollte. Es ist schon erstaunlich, wie er die große Autorität, die er als Symbol der Antikriegsbewegung gewonnen hatte, zu verspielen begann, sobald er wieder in die praktische Politik eingriff. Nur zähneknirschend, weil die Handvoll Spartakusleute in Berlin weitgehend ohne Einfluß auf die oppositionelle Industriearbeiterschaft geblieben war und über keine eigene organisatorische Basis verfügte, mußte er sich dem Willen der Obleute fügen, die schließlich für Berlin den 11. November als Tag des Aufstandes ins Auge faßten.

---

4 Emil Barth, Aus der Werkstatt der deutschen Revolution, Berlin 1919, S. 37f.

5 K.L., Tagebuch, a.a.O., S. 581.

6 K.L., Meinungsverschiedenheiten und Klassengegensätze, GRS, Bd. IX, S. 299 f.

Karl Liebknechts Isolierung war teilweise selbstverschuldet. Gerade in Kontakt mit den Industriearbeitern zeigte sich, daß hier zwei unterschiedliche Kulturen aufeinander stießen: auf der einen Seite Arbeiter, genauer Facharbeiter, selbstbewußte Gewerkschaftsfunktionäre, die praktisch gelernt hatten, wie mühselig Aktionen zu organisieren sind, die vor allem eines aus der Praxis wußten, daß Aktionen ein Erfolgskriterium brauchen und die Anführer hohe Verantwortung haben. Auf der anderen Seite ein Intellektueller, der seine Aufgabe darin sah, nur die Parole zur Aktion auszugeben, alles andere dann der Spontaneität der »Massen« überlassen wollte. Karl Liebknecht, der nicht müde wurde, an ein abstraktes revolutionäres Proletariat zu appellieren, überwarf sich augenblicklich mit den wirklichen Vertretern der radikalen, revolutionär eingestellten Berliner Arbeiterschaft. Wenn er noch nicht einmal in diesem Kreis jenes Proletariat zu finden glaubte, das er in seinen Reden immer beschwor, wo wollte er es dann finden?

Als er – noch in Haft – sich Gedanken machte über die Spaltung der alten Sozialdemokratie und nach Erklärungen für ihre Ursache suchte, kam er zu dem Ergebnis, daß nur die »besitzlose Masse der ungelernten Arbeiter, das Proletariat im eigentlichen, engen Sinn« sei. Ganz in der Tradition von Marx spekulierte er darauf, daß diese elendste soziale Schicht »wirklich ›kein Vaterland‹ … und wirklich nichts zu verlieren (habe) als ihre Ketten«. Ihnen schrieb er alle jene guten und schönen Eigenschaften zu, die seinem Ideal entsprangen: »Nur sie sind Internationale der Gesinnung, des Willens der Tatbereitschaft, nicht der Phrase oder imbezilen Hoffnung.« Und nahm für Spartakus selbstverständlich in Anspruch: »Diese Massen, das Proletariat, vertreten wir.«[6]

Die Schicht der ungelernten Arbeiter, das moderne Industrieproletariat gab es zwar, und es mußte am meisten unter den Folgen des Krieges leiden, jedoch wollte es von Spartakus und der Revolution nichts wissen. Wenn, dann waren es die qualifizierten Facharbeiter, von den Marxisten gerne als Arbeiteraristokratie apostrophiert, die in Opposition zur offiziellen Kriegspolitik der Gewerkschaften und der MSPD gingen und schließlich den bewaffneten Aufstand vorbereiteten. Doch auch diese fühlten sich nicht bei Spartakus, sondern eher bei der USPD zuhause. Das Proletariat, das Karl Liebknecht suchte, war auch jetzt offenbar weder in Deutschland noch sonstwo auf der Welt zu finden – jedenfalls nicht in der Wirklichkeit. Karl Liebknechts Proletariat war ein Wunschgebilde.

»Die Bruderhand liegt offen«

Als, beginnend mit der Matrosenmeuterei in Wilhelmshaven und Kiel Ende Oktober/Anfang November, die alte staatliche Ordnung des Kaiserreiches zusammenbrach und überall die politische Macht an Arbeiter- und Soldatenräte überging, war zunächst bemerkenswert, daß diese Arbeiter- und Soldatenräte wie selbstverständlich paritätisch aus USPD- und MSPD-Leuten zusammengesetzt wurden. Es entstand eine spontane, d.h. nicht von den Parteiführungen gesteuerte Einigungsbewegung bei den Anhängern der über die Kriegsfrage tief zerstrittenen beiden sozialdemokratischen Parteien. Als in Berlin am 9. November »nach der Frühstückspause« die Fabriken sich »in unglaublich schnellem Tempo« leerten, die Strassen sich mit »gewaltigen Menschenmassen« füllten, riesige Demonstrationszüge von den Außenbezirken sich in Richtung Stadtmitte bewegten, waren alle Planungen der Obleute, der USP- und MSPD-Führungen, jedoch auch der Machthaber des Kaiserreiches Makulatur. Immerhin war noch soviel Vernunft bei der politischen und militärischen Führung, daß sie das Elementare des Zusammenbruchs erkannte und den Befehl gab, keine Waffengewalt anzuwenden. Auch in Berlin brach die alte Ordnung fast ohne Blutvergießen zusammen. Der Kaiser »wurde« von seinem Reichskanzler – verfassungswidrig – abgedankt, und Prinz Max von Baden übergab Friedrich Ebert seine Amtsgeschäfte. Philipp Scheidemann konnte vom Reichstag, Karl Liebknecht vom Balkon des Schlosses aus die Republik ausrufen. Doch das waren nur Proklamationen von Personen, die allerdings der revolutionären Umbruchstimmung geschickt Rechnung trugen. Die Führung der MSPD handelte. Sie handelte in den entscheidenden Stunden in Berlin sogar erstaunlich »kaltblütig« (Winkler) und entschlußstark: Die Mehrheitssozialde-

---

7   Kolb, Eberhard: Arbeiterräte in der deutschen Innenpolitik 1918-1919, Düsseldorf 1962, S. 34.

8   Zit. n. Heinrich August Winkler, Von der Revolution zur Stabilisierung. Arbeiter und Arbeiterbewegung in der Weimarer Republik 1918 bis 1924, Berlin-Bonn 1984, S. 39.

9   K.L., Bedingungen zum Eintritt in die Regierung, GRS, Bd. IX, S. 593.

10 Die Regierung der Volksbeauftragten, Quellen zur Geschichte des Parlamentarismus und der politischen Parteien, Düsseldorf 1969, S. 20f. Hier auch die Antwort der USPD, auf die man sich dann einigte. Vgl. ebenda, S. 30f.

11 K.L., Rede auf dem Parteitag der SPD Preußens, Berlin 1910, GRS, Bd.II, S. 364.

12 Mathilde Jacob, Von Rosa Luxemburg und ihren Freunden in Krieg und Revolution 1914-1918, IWK 4/88, S. 492.

mokraten, die sich mit der von oben verordneten Parlamentarisie-
rung des Reiches (die Regierung war seit dem 29. September faktisch dem Parlament verantwortlich und nicht mehr dem Kaiser)
schon fast am Ziele ihrer kühnsten Vorstellungen wähnten, schaff-
ten es mit einer »taktischen Meisterleistung«[7], sich an die Spitze
der revolutionären Bewegung zu stellen; einer Bewegung, die zu
verhindern sie nichts unversucht gelassen hatten. Friedrich Ebert
hatte noch am 7. November dem Reichskanzler glaubhaft versi-
chert, er wolle die Revolution nicht, er hasse sie sogar »wie die Sün-
de«[8]. Die MSPD bot der USPD-Führung die Bildung einer gemeinsamen, paritätisch besetzten Koalitionsregierung an. Auch
gegen eine Teilnahme von Karl Liebknecht hatte sie nichts einzuwenden.

Karl Liebknecht war an den Koalitionsverhandlungen beteiligt
und zunächst bereit, den ihm angebotenen Platz in einer solchen
Revolutionsregierung anzunehmen. Völlig überraschend verband
er diese Zusage aber mit der Forderung, »daß die gesamte legislative, exekutive und jurisdiktionelle Macht ausschließlich in den Händen von gewählten Vertrauensmännern der gesamten werktätigen
Bevölkerung und der Soldaten«[9] liegen müsse. Die MSPD wies besonders diese Forderung strikt zurück mit Verweis auf ihre demokratischen Überzeugungen: »Ist mit diesem Verlangen die Diktatur eines Teils einer Klasse gemeint, hinter dem nicht die Volksmehrheit
steht, so müssen wir diese Forderung ablehnen, weil sie unseren demokratischen Grundsätzen widerspricht.«[10] Karl Liebknecht verzichtete deshalb – nach eigenen Angaben – auf einen Sitz in der Regierung. Für ihn war allerdings schon immer die »Trennung der
Gewalten … keineswegs das Ideal.«[11]

Strittig ist trotzdem die Frage, warum er letztendlich seine Bereitschaft, in eine Revolutionsregierung einzutreten, zurückzog. Seine
eigene Erklärung klingt nicht überzeugend. Er schob sie zu einem
Zeitpunkt nach, als die Alternative zwischen Rätediktatur und De-
mokratie längst zu einer Entweder-Oder-Entscheidung geworden
war. Mit ziemlicher Sicherheit machte Karl Liebknecht nach einer
Diskussion mit seinen Gesinnungsgenossen und unabhängig von der
Antwort der MSPD seine Zusage wieder rückgängig. Von Mathilde
Jacob ist überliefert, daß Leo Jogiches ihn »nur mit Mühe« hatte
zurückhalten können, in die Revolutionsregierung einzutreten.[12]
Entscheidend scheinen dabei die Gründe, die Jogiches vorbrachte:
»Wir haben es nicht nötig, den Bürgerlichen und Regierungssozia-
listen das undankbare Geschäft der Liquidierung des Krieges abzu-
nehmen und wir können das umso weniger tun, als diese Regierung

mit Naturnotwendigkeit vor einer unlösbaren Aufgabe steht. [Sie] kann nur vor dem Entente-Imperialismus kapitulieren.«[13]

Überraschend an den von Karl Liebknecht vorgebrachten Bedingungen ist allerdings, daß er überhaupt die Frage der Gewaltenteilung aufwarf. Eine Diskussion über die Aufhebung der Gewaltenteilung im Zusammenhang mit einer politischen Klassendiktatur in Form von Arbeiter- und Soldatenräten läßt sich weder bei Spartakus noch bei den Obleuten vor dem 9. November nachweisen. Rosa Luxemburgs Kritik am bolschewistischen Sozialismus- und Diktaturmodell dürfte nur wenigen bekannt gewesen sein und wich deutlich von der Liebknechtschen Forderung ab. Sowohl bei ihr als auch bei Karl Liebknecht und der Gruppe insgesamt stand bis unmittelbar vor der Novemberrevolution die allen Sozialdemokraten gemeinsame Forderung einer demokratischen Republik auf Grundlage des allgemeinen Wahlrechts und einer Konstituante im Mittelpunkt. Die damit verbundene klassische Gewaltenteilung war nie in Frage gestellt worden. Und überhaupt: Der Sturz des alten Kaiserreiches ging einher mit dem Entstehen einer revolutionären Ordnung in der Form von Arbeiter- und Soldatenräten. Zum Zeitpunkt, als die Koalitionsverhandlungen liefen, war schon entschieden, daß die Mehrheitssozialdemokraten mit ihrem Bestreben, einen revolutionären Umbruch zu verhindern, gescheitert waren. Die rein sozialistische Regierung konnte erst einmal nur eine Regierung qua revolutionären Rechts sein und mußte eine souveräne Diktatur ausüben, die ebenso notwendig legislative und exekutive Gewalt vereinte.[14] Die Forderung von Liebknecht entsprach zu diesem Zeitpunkt weitgehend der Wirklichkeit. Die Bedingung des USPD-Vorstandes, daß die politische Gewalt in den Händen der Arbeiter- und Soldatenräte liegen müsse, »die zu einer Vollversammlung aus dem ganzen Reiche alsbald zusammenzuberufen« seien, wurde vom Vorstand der MSPD erfüllt. Weiter hieß es: »Die Frage der Konstituierenden Versammlung wird erst nach einer Konsolidierung der durch die Revolution geschaffenen Zustände aktuell und soll deshalb späteren Erörterungen vorbehalten bleiben.«[15] Es bestand von daher keinerlei Anlaß für Karl Liebknecht und für die Spartakus-

13 Zit. n. Susanne Miller, Die Bürde der Macht, Düsseldorf 1978, S. 95.
14 Vgl. Ernst Rudolf Huber, Deutsche Verfassungsgeschichte seit 1789, Bd. 5, Stuttgart 1978, S. 727.
15 Die Regierung der Volksbeauftragten, a.a.O., S. 30.
16 Richard Müller, Die Novemberrevolution, Nachdruck, Berlin, o.O., o.D., S. 34f.
17 Zit. n. ebd.

gruppe, die Chance einer Beteiligung an der wichtigsten revolutionären Führungsinstitution nicht zu nutzen.

Die revolutionären Obleute ergriff angesichts der Entwicklung, daß die Mehrheitssozialdemokraten sich an die Spitze der revolutionären Bewegung stellten und sich mit der Führung der USPD über eine gemeinsame Regierung verständigten, das helle Entsetzen. Mit der spontanen Idee, zu einer Vollversammlung von Arbeiter- und Soldatenräten am Sonntag, den 10. November aufzurufen, wollten sie das Heft wieder in die Hand bekommen. Bei den Delegiertenwahlen in den Kasernen und vor allem Fabriken zeigte sich, daß es die Mehrheitssozialdemokraten waren, die die Stimmung »der Massen« aufzugreifen vermochten. Die Arbeiter und erst recht die Soldaten waren nicht nur kriegsmüde, sondern hatten den Streit der verfeindeten sozialistischen Brüder satt. Die Einigungsstimmung unter ihnen war spontan und vielleicht von der Einsicht getragen, daß nur eine geeinte Arbeiterschaft die Folgen der Niederlage schultern könnte. Der Aufruf des *Vorwärts*: »Kein Bruderkampf!« und das Bündnisangebot: »Die Bruderhand liegt offen – schlagt ein!« zeigte durchschlagenden Erfolg. In den Fabriken regte sich ein »unbeschreiblicher Jubel über den Sturz des alten Regimes und über – die Einigung der beiden sozialistischen Parteien ... Der *Vorwärts* war an diesem Tage die Zeitung, die sich jeder Arbeiter zu verschaffen suchte«.[16] Die *Rote Fahne*, die Zeitung des Spartakusbundes, vom gleichen Tag liest sich angesichts dieser Stimmung eher wie eine Anleitung zur Selbstisolierung: »Es darf kein Scheidemann mehr in der Regierung sitzen; es darf kein Sozialist in die Regierung eintreten, solange ein Regierungssozialist noch in ihr sitzt. Es darf keine Gemeinschaft geben mit denen, die euch vier Jahre lang verraten haben. Nieder mit dem Kapitalismus und seinen Agenten!«[17]

Am Spätnachmittag des 10. November (17 Uhr) trafen sich im Zirkus Busch die Berliner Arbeiter- und Soldatenräte, um eine »provisorische Regierung zu wählen« – wie es im Aufruf hieß. Faktisch jedoch, um der Einigung der beiden sozialdemokratischen Parteien über die Bildung einer gemeinsamen, paritätischen Revolutionsregierung, genannt »Rat der Volksbeauftragten«, ihre Zustimmung zu geben – oder zu verweigern. Als Friedrich Ebert erklärte, daß die großen Aufgaben jetzt vor allem verlangen, »daß der alte Bruderstreit begraben wird«, erhielt er »stürmischen Beifall«. Als er weiter berichtete, daß eine Verständigung zwischen USPD und MSPD über die Bildung einer gemeinsamen Regierung zustande gekommen sei, erhielt er wieder »stürmischen Beifall«. Hugo Haase, der

Führer der USPD, bestätigte diese Einigung und erhielt ebenfalls »stürmischen Beifall«. Im Protokoll ist nach Nennung der Redner-namen bei Ebert nichts vermerkt. Bei Haase: »lebhaft begrüßt« und bei Karl Liebknecht: »mit großem Beifall begrüßt.« Diese Vor-schußlorbeeren verspielte Karl Liebknecht mit wenigen Sätzen: Er müsse Wasser in den Wein der Begeisterung über die Einigung gie-ßen, erklärte er den Versammelten, er warnte vor der MSPD und beschwor die Gefahr von jenen, »die heute mit der Revolution ge-hen und vorgestern noch ihre Feinde waren.« Im Protokoll ist fol-gende Reaktion der zirka 3000 Arbeiter- und Soldatenräte ver-merkt: »stürmische Unterbrechungen: Einigkeit, Einigkeit! – Nein! – Rufe: Abtreten!«[18] Wilhelm Pieck zufolge haben Liebknecht und »seine Freunde« die Versammlung vorzeitig verlassen.

Der Versuch der Obleute, die Mehrheitssozialdemokraten wenig-stens vom zu bildenden »Vollzugsrat der Berliner Arbeiter- und Sol-datenräte« auszuschließen – einem Gremium, das provisorisch die Revolutionsregierung kontrollieren sollte, dessen Kompetenzen je-doch ungeklärt waren und das sich alleine schon deshalb in Kompe-tenzstreitereien mit der Regierung aufrieb – scheiterte vollständig.

Statt den Triumph des Mannes zu erleben, der so mutig gegen den Krieg aufgetreten war, provozierte Karl Liebknecht das Gegenteil von dem, was er beabsichtigte: Die Veranstaltung wurde zu einem »überwältigenden Vertrauensbeweis« für Friedrich Ebert.[19] Die von den Parteiführungen ausgehandelte paritätische Revolutionsregie-rung und ihre Personen wurden bestätigt und der »Vollzugsrat der Berliner Arbeiter- und Soldatenräte« ebenfalls paritätisch besetzt.

Karl Liebknecht hatte freilich aus seiner Sicht nicht ganz Unrecht, Wasser in den Wein jener zu schütten, die von der Einigung begei-stert waren. Er wußte genau, welche Welten ihn z.B. von Ebert und auch von Haase trennten, er hatte Recht, als er den Delegierten sagte, daß Ebert und die Führung der Mehrheitssozialdemokraten die Revolution verhindern wollten und er hatte auch nicht Unrecht mit der Warnung, daß die Mehrheitssozialdemokraten sich nur des-halb an die Spitze der revolutionären Bewegung gestellt hatten, um sie in den Griff zu bekommen – doch das gleiche wollte natürlich

18 Vollversammlung der Arbeiter- und Soldatenräte im Zirkus Busch (10.11.1918), in: Groß-Berliner Arbeiter- und Soldatenräte in der Revolution 1918/19: Doku-mente der Vollversammlungen und des Vollzugsrates, vom Ausbruch der Revolution bis zum 1. Reichsrätekongreß, Hg. vor Gerhard Engel u.a., Berlin 1993, S. 17f.
19 Susanne Miller, a.a.O., S. 98.
20 R.L. an Rechtsanwalt vom 1.11.1918, Briefe, Bd. 6, S. 250.

auch er. Er hatte Unrecht, als er den Mehrheitssozialdemokraten un-
ehrenhafte Motive unterstellte. Ebert und seine politischen Freunde
handelten aus der Verantwortung heraus, wie die Katastrophe der
Kriegsniederlage bewältigt, konkret, wie die Bedingungen der Ka-
pitulation erfüllt, wie Chaos und vor allem Bürgerkrieg vermieden
werden könnten. Ebert und die Mehrheitssozialdemokratie handelten in weitgehender Übereinstimmung mit dem Programm und der
Tradition der Sozialdemokratie, als sie die demokratische Republik
anstrebten. Karl Liebknecht und die Spartakusgruppe schon nicht
mehr.

»Entweder-Oder«

Wie anders gestalteten sich Haftentlassung und Heimkehr für Rosa Luxemburg. Nachdem Karl Liebknecht freikam, hoffte auch sie
darauf, jede Stunde freigelassen zu werden. Vorsorglich hatte sie alles für diesen Augenblick vorbereitet. Am 1. November schrieb sie
ihrem Rechtsanwalt: »In der Annahme, daß ich bald freikommen
würde, habe ich meine Bücher etc. schon verpackt, vernagelt und
sitze nun in ziemlich ungemütlicher Umgebung da.«[20] Am 8. November konnte sie schließlich das Breslauer Gefängnis verlassen.
Sie beteiligte sich zunächst – mehr notgedrungen – an den Kund-
gebungen der Breslauer Sozialdemokratie, weil die Zugverbindun-
gen nach Berlin nicht funktionierten. Die Versuche von Leo Jogiches – der am 8. November von Paul Levi aus dem Moabiter
Gefängnis geholt wurde – und von Mathilde Jacob, sie mit einem
Auto nach Berlin zu holen, scheiterten. Auf eigene Faust reiste sie
dann am 10. November im Zug nach Berlin und kam gegen 22 Uhr
auf dem Schlesischen Bahnhof an. Niemand empfing sie, mutter-
seelenallein stand sie auf dem Bahnsteig. Sie fuhr zur Mutter von
Mathilde Jacob und wartete darauf, bis ihre Freunde sich meldeten.
Dies geschah auch. Die Versammlung im Zirkus Busch war zu diesem Zeitpunkt längst vorbei. Mathilde Jacob führte sie sogleich in
die Redaktion des *Berliner Lokalanzeigers*, die von Spartakusleuten
besetzt worden war, und in der die ersten zwei Ausgaben der *Roten
Fahne – Organ der Spartakus-Richtung –* erschienen waren. Hier traf
sie auch Karl Liebknecht und Leo Jogiches nach langer Zeit wieder.
Am nächsten Tag (11. November) konstituierte sich die Spartakusgruppe offiziell als »Spartacusbund.« Sie blieb jedoch, was sie schon
seither war, eine »geschlossene Propagandavereinigung« (Pieck) innerhalb der USPD. Diesem Selbstverständnis entsprechend schlug

Rosa Luxemburg vor, sich auf publizistische Aufgaben zu konzentrieren: »Herausgabe einer Tageszeitung als Zentralorgan, einer wissenschaftlichen Wochenschrift *Die Internationale*, einer Jugendzeitung, einer Frauenzeitung, eines Soldatenblattes und einer Zeitungskorrespondenz.«[21] Viel mehr als eine Propagandavereinigung konnte die Spartakusgruppe auch nicht sein. Nach den wenigen Angaben über die zahlenmäßige Stärke des Spartakusbundes in Berlin, scheinen über den engen Kreis der Genossen, die sich am 11. November als »Zentrale« von dreizehn Mitgliedern konstituierten, nur weitere achtzehn Genossen als feste Kader gewonnen worden zu sein. Dies entspricht ungefähr der Angabe von Karl Radek, der, nachdem er am 20. Dezember in Berlin eingetroffen war, auf die Frage nach der zahlenmäßigen Stärke des Spartakusbundes die Antwort erhalten hatte: »Wir sammeln gerade erst die Kräfte. Als die Revolution begann, hatten wir in Berlin nicht mehr als fünfzig Mann.«[22] Mit dieser kleinen Schar war selbst die Herausgabe einer Tageszeitung schon eine gewaltige Aufgabe.

Trotz der ungeheuren Belastung durch die Waffenstillstandsbedingungen, der Probleme, die sich aus der Rückführung der Armeen und der Umstellung der Kriegs- auf Friedensproduktion ergaben, vor allem jedoch durch die Flucht der bisherigen Machthaber aus ihrer Verantwortung, entstand die einmalige historische Chance, das politische Ziel der alten Sozialdemokratie, eine demokratische Republik, zu verwirklichen. Wie schon die Bolschewiki in Rußland, forderten auch sie die Einberufung einer Konstituante, einer verfassunggebenden Versammlung.

Als Scheidemann die Republik »ausrief«, hatte Friedrich Ebert ihn zurechtgewiesen mit dem Hinweis, die Frage der zukünftigen Staatsform werde von einer verfassungsgebenden Versammlung entschieden und nicht durch wilde Fenster-Reden. Dieser Überzeugung folgend, stellte die MSPD die schleunige Einberufung einer verfassungsgebenden Nationalversammlung an die Spitze ihrer Forderungen einer gemeinsamen Koalitionsregierung. Mit der gesetzgeberischen Entscheidung vom 12. November, daß von nun an

---

21 Wilhelm Pieck, Erinnerungen an die Novemberrevolution in Berlin, Gesammelte Reden und Schriften, Bd. 1, S. 438, Berlin (DDR) 1959.

22 Karl Radek, Eine Seite aus meinen Erinnerungen, in: Archiv für Sozialgeschichte, 11. Band, 1962, S. 132.

23 Richard Müller, zit. n. Groß-Berliner Arbeiter- und Soldatenräte in der Revolution 1918/19, a.a.O., S. 154.

24 Emil Barth, zit. n. ebd., S.75.

das allgemeine, gleiche Wahlrecht für alle Personen gleich welchen Geschlechtes über zwanzig Jahre gelte, und mit dem Versprechen einer Konstituante ging die sozialdemokratische Revolutionsregierung an die konkrete Umsetzung dieses Ziels.

In der gleichen Zeit, als Mehrheitssozialdemokraten und Unabhängige Weichen für den Aufbau einer demokratischen Republik stellten, hatten sich Teile der organisierten Arbeiterschaft, wie die revolutionären Obleute in Berlin und Teile des linken Flügels der USPD, zu dem auch die Spartakusgruppe zählte, von diesem Ziel verabschiedet und sich darauf verständigt, in Anlehnung an das bolschewistische Revolutions- und Gesellschaftsmodell die Diktatur des Proletariats in Form eines Rätesystems anzustreben. Am Tage, als die Mehrheitssozialdemokraten die Einberufung der Nationalversammlung forderten, erklärten sich die radikalen Gruppen zu den schärfsten Gegnern der Demokratie. Die Alternative, Nationalversammlung (parlamentarische Demokratie) oder Diktatur des Proletariats (Rätediktatur) wurde zur überragenden Streitfrage der Revolution. Richard Müller, der Vorsitzende des Vollzugsrats der Berliner Arbeiter- und Soldatenräte prägte den Spruch, der »Weg zur Nationalversammlung geht über meine Leiche.«[23] Und Emil Barth als Mitglied der Revolutionsregierung erklärte freimütig: »Bolschewismus ist Sozialismus.«[24]

Für die Schärfe dieses Streits, für dessen äußerste Zuspitzung kann der Beitrag, den Rosa Luxemburg und Karl Liebknecht dazu leisteten, kaum überschätzt werden. Sie waren die entschiedenen intellektuellen und propagandistischen Wortführer derjenigen, die das Heil des Sozialismus in einer Diktatur des Proletariats sahen. Umgekehrt konnten sich die Mehrheitssozialdemokraten gerade durch diese Zuspitzung zu entschiedenen Verfechtern einer parlamentarischen Demokratie profilieren. Die Ambivalenzen im Demokratieverständnis der alten Vorkriegssozialdemokratie mußten aufgegeben werden, als die Einführung der Demokratie kein theoretisches Problem mehr war, sondern sich als eine praktische Aufgabe stellte. Karl Kautsky, der in der Vorkriegszeit genauso zwischen Demokratie und Diktatur des Proletariats schwankte wie Rosa Luxemburg, schlug sich nun angesichts der russischen Erfahrung und der deutschen Revolution eindeutig auf die Seite der Demokratie, Rosa Luxemburg und Karl Liebknecht ebenso eindeutig auf die Seite der Diktatur.

Bei Karl Liebknecht bahnte sich die Wendung zum Diktaturmodell im Unterschied zu Rosa Luxemburg relativ früh an. Schon Ende 1917 findet sich in seinen Gefängnisnotizen die Bemerkung zur

Politik der Bolschewiki: »Und jetzt: Periode der Diktatur des Prol. – nicht der friedlichen Demokratie!«[25] In seinem Grußschreiben an den IV. Allrussischen Sowjetkongreß vom 6. November 1918 steht als abschließende Parole: »Es lebe die Diktatur des internationalen Proletariats.« Die Bedingungen für seinen Regierungseintritt wiesen in die gleiche Richtung. Als Karl Liebknecht nach seiner Haftentlassung am 23. Oktober sogleich direkten Kontakt mit russischen Genossen bekam, sollen auch seine letzten Zweifel an der bolschewistischen Politik gewichen sein. Karl Radek behauptet: »In der Nacht nach seiner Befreiung teilte uns Bucharin durch Fernschreiber mit, Karl sei mit uns vollkommen einig.«[26] Mit einer negativen Wertung bestätigt dies Mathilde Jacob – die vertraute Sekretärin Rosa Luxemburgs. Nach ihrer Darstellung hätte sich Karl Liebknecht, im Unterschied zu Rosa Luxemburg, von den russischen Genossen »sofort einfangen lassen ... Karl war vollständig von den Russen eingewickelt und ging mit ihnen durch dick und dünn.«[27]

Als Rosa Luxemburg am 10. November in Berlin eintraf und den harten Kern der Gruppe nachts in der Redaktion des *Lokalanzeigers* traf, hatte die Gruppe um Karl Liebknecht bereits Fakten geschaffen. Wenn es stimmt, was Ernst Meyer, der spätere, zeitweilige KPD-Vorsitzende, berichtet, dann wurde erst nach dem 4. November »die Forderung der Rätediktatur der Zentralpunkt der Spartakusorganisation.«[28] Über einen Dissens in der Gruppe ist nichts bekannt. Wir wissen nicht, wie die Diskussionen geführt wurden. Wir wissen jedoch, daß Rosa Luxemburg publizistisch erst am 18. November in das politische Geschehen eingreifen konnte, als es dem Spartakusbund gelungen war, die *Rote Fahne* wieder erscheinen zu lassen. Es war ein Paukenschlag: Rosa Luxemburg, die noch wenige Wochen vorher die bürgerliche, die parlamentarische Demokratie so eindrucksvoll gegen Lenin und Trotzki verteidigt hatte, wollte davon jetzt nichts mehr wissen. Aus ihrer Kompromißfor-

---

25 K.L., Mitteilungen, Briefe und Notizen aus dem Zuchthaus Luckau, GRS, Bd. IX, S. 385.

26 Karl Radek, Rosa Luxemburg, Karl Liebknecht, Leo Jogiches, Hamburg 1921, S. 35.

27 Brief von Mathilde Jakobs an del Vago vom 5.3.1928, Levi Nachlass P 50-5.

28 Ernst Meyer, Einleitung zu: Spartakus im Kriege, a.a.O., S.20.

29 R.L., Der Anfang, GW, Bd. 4, S. 398f.

30 R.L., Die Nationalversammlung, ebenda, S. 409.

31 Ebd.

32 R.L., Der Parteitag der Unabhängigen SP, ebd., S. 427.

mel, sowohl bürgerliche Demokratie (Konstituante) als auch Diktatur (Räte) war jetzt eine Entweder-Oder Entscheidung zugunsten der Diktatur geworden. Wer jetzt die Einberufung einer konstituierenden Nationalversammlung fordere, der schaffe »ein bürgerliches Gegengewicht zur Arbeiter- und Soldatenvertretung, verschiebt damit die Revolution auf das Geleise einer bürgerlichen Revolution, eskamotiert die sozialistischen Ziele der Revolution.«[29] Zwei Tage später behauptete sie, daß die Nationalversammlung ein »überlebtes Erbstück bürgerlicher Revolutionen« sei, »eine Hülse ohne Inhalt, ein Requisit aus den Zeiten kleinbürgerlichen Illusionen vom ›einigen Volk‹, von der ›Freiheit, Gleichheit, Brüderlichkeit‹ des bürgerlichen Staates.«[30]

Ebenso wie Lenin Menschen, die wie Rosa Luxemburg gegen die Abschaffung der Konstituante protestiert hatten, als Konterrevolutionäre betrachtete, genauso beschimpfte jetzt Rosa Luxemburg diejenigen, die die Einberufung einer Nationalversammlung forderten. Wer für die Nationalversammlung eintrat, war für sie nun »ein verkappter Agent der Bourgeoisie oder ein unbewußter Ideologe des Kleinbürgertums.«[31] Die Frage der Nationalversammlung war für sie jetzt eine »Prinzipienfrage«.

Damit hatte Rosa Luxemburg zu ihrem alten Denk- und Agitationsmuster des Entweder-Oder zurückgefunden. Die radikale Trennungslinie zur USPD konnte nun wieder neu und tiefer gezogen werden: »Zwei Standpunkte sind in dieser Frage wie in allen anderen Fragen möglich. **Entweder** will man die Nationalversammlung als ein Mittel, das Proletariat um seine Macht zu prellen, seine Klassenlage zu paralysieren, seine sozialistischen Endziele in blauen Dunst aufzulösen, **oder** man will die ganze Macht in die Hand des Proletariats legen, die begonnene Revolution zum gewaltigen Klassenkampf um die sozialistische Gesellschaftsordnung entfalten und zu diesem Zwecke die politische Herrschaft der großen Massen der Arbeitenden, die Diktatur der Arbeiter- und Soldatenräte errichten. Für oder gegen den Sozialismus, gegen oder für die Nationalversammlung, ein Drittes gibt es nicht.«[32]

»Die wahre Demokratie«

Die Ursachen für diesen Meinungsumschwung bei Rosa Luxemburg sind nicht bekannt – jedenfalls hat sie selbst darüber nie eine Zeile verlauten lassen, es sei denn, man akzeptiert ihre Bemerkung, daß es die Geschichte war, die nun Nationalversammlung und Rätesystem einander unversöhnlich gegenübergestellt hatte, als eine solche Erklärung.[33] Diese metaphysische Erklärung für den eigenen Meinungsumschwung ist wenig überzeugend. Von einigen ihrer Freunde und Geschichtsschreibern wurden deshalb auch andere Deutungen entwickelt. Die einfachste Erklärung lautete, daß Rosa Luxemburg nach ihrer Haftentlassung neue Informationen bekommen und dazu gelernt hätte.

Wie begründete sie selbst ihre »Wende« gegen die Demokratie? Zunächst betrachtete sie die bürgerlichen Revolutionen in Frankreich und England. Diese lehrten, daß demokratische Verfassungen schon ungeeignet waren, die sozialen Widersprüche zwischen Bourgeoisie und Feudalherren zu lösen – sie wurden deshalb durch Diktaturen beseitigt –, wie viel weniger könnten sie dann den Widerspruch zwischen Proletariat und Bourgeoisie lösen? Der Gegensatz von Kapital und Arbeit könne nicht in einem bürgerlichen Parlament aufgehoben werden, sondern nur durch Klassenkampf und Bürgerkrieg. Es sei eine »bürgerliche Illusion«, den Sozialismus durch Mehrheitsbeschluß in einem Parlament einführen zu wollen, denn sobald »die famose Nationalversammlung wirklich beschließt, den Sozialismus voll und ganz zu verwirklichen, die Kapitalherrschaft mit Stumpf und Stiel auszurotten, beginnt auch der Kampf.«[34]

Sie unterstellte, Mehrheitssozialdemokraten und Unabhängige hingen dieser Vorstellung an. Für diese war jedoch ebenso wie für Rosa Luxemburg klar, daß der Sozialismus »nicht im Handumdrehen durch ein paar Dekrete von oben herab vollbracht« werden könne. Ob eine Nationalversammlung oder nur ein Arbeiter- und Soldatenkongreß sozialistische Dekrete erläßt, spielt für die Frage ihrer Verwirklichung erst einmal keine entscheidende Rolle. Es besteht jedoch ein wesentlicher Unterschied, ob die Sozialdemokratie durch die Mehrheit einer demokratisch gewählten Versammlung des ganzen Volkes legitimiert würde, die rechtlichen Voraussetzungen für einen Sozialismus – immer unterstellt, Rosa Luxemburg wüßte, was das bedeute – zu schaffen, oder ob die Legitimation nur auf die Mehrheit eines Arbeiterrats gestützt wäre. Im ersten Fall müßte die Bourgeoisie den Bürgerkrieg gegen die Demokratie füh-

33 R.L., Der Weg zum Nichts, ebd., S. 424.
34 R.L., Die Nationalversammlung, a.a.O., S. 408.
35 Karl Kautsky, Die Diktatur des Proletariats, Wien 1918, S. 22.
36 R.L., Die Nationalversammlung, a.a.O., S. 409.
37 R.L., Was will der Spartakusbund?, ebd., S. 447.
38 Vgl. Trotnow, a.a.O., S. 258.

ren und die Sozialdemokratie würde Gewalt nur anwenden, »um die Demokratie zu schützen und nicht, um sie aufzuheben.«[35] Umgekehrt könnte die Bourgeoisie ihren Widerstand gegen die Entscheidung eines Rätekongresses im Namen der Demokratie führen. Rosa Luxemburg ließ diese unterschiedliche Legitimationsbasis völlig außer acht.

Im Unterschied zu der Position, die sie noch in der Kritik an den Bolschewiki vertreten hatte: **sowohl** Demokratie **als auch** Diktatur, verkündet sie nun die Alternative: **entweder** »bürgerliche Demokratie **oder** sozialistische Demokratie.« Diktatur des Proletariats ist ihr nicht mehr die »Verwendung der Demokratie«, sondern »das ist Demokratie im sozialistischen Sinne.«[36] Im Spartakusprogramm bringt sie diesen Positionswechsel in programmatische Form und treibt das begriffliche Verwirrspiel auf die Spitze mit der Formulierung, die Diktatur des Proletariats sei »die wahre Demokratie«.[37] Karl Liebknecht hat diese Sprachregelungen übernommen.

Bei der Ablehnung der Nationalversammlung ging es Rosa Luxemburg nicht um die Verneinung einer bestimmten Form der Demokratie, es ging ihr z.B. nicht um Fragen von repräsentativer oder direkter Demokratie – und bekanntlich hatten die Räte in der Novemberrevolution mit direkter Demokratie wenig zu tun –, sondern um die prinzipielle Beseitigung der Demokratie im Verständnis der politischen Gleichheit und Freiheit aller Staatsbürger, also um den Ausschluß einer bestimmten sozialen Klasse von der politischen Willensbildung. Sie bezeichnet diese Herrschaftsform zutreffend als Diktatur des Proletariats. Ihre Aussage jedoch, daß Spartakus nur mit Zustimmung der großen Mehrheit der Arbeiterklasse die politische Macht erobern wolle, liegt bereits jenseits des Reiches einer Demokratie, da sie hier nur das Mehrheitsprinzips innerhalb der politischen Herrschaft einer bestimmten sozialen Klasse anzuerkennen bereit ist.

Das gleiche gilt für Karl Liebknecht. Wenn Trotnow glaubt, Liebknecht hätte sich von den Mehrheitssozialdemokraten und ihrer Ablehnung einer Diktatur nicht unterschieden, dann verkennt er diesen einen entscheidenden Unterschied. Liebknecht mag zwar seine Forderung nach einer Klassendiktatur nur als Diktatur der »Mehrheit über die Minderheit«[38] verstanden haben, aber eben innerhalb nur einer sozialen Klasse. Warum die Anerkennung des Mehrheitsprinzips als Diktatur bezeichnet werden müsse, scheint unerfindlich, wenn es um nichts anderes gegangen wäre. Karl Liebknecht und Rosa Luxemburg formulierten in diesem Zusammenhang – wohlwollend interpretiert – allgemein-antiputschistische

Überzeugungen, und alle eingeweihten Zeitgenossen wußten, daß zumindest Rosa Luxemburg sich damit von den bolschewistischen Methoden distanzieren wollte.

Demokratie nur für die Angehörigen einer sozialen Klasse, ist keine Demokratie. Demokratie – im modernen, zeitgenössischen Verständnis – bedeutete immer politische Gleichheit aller Staatsbürger. Der Demokratiebegriff war in diesem Sinne eindeutig, wobei die politische Gleichberechtigung der Frauen in Deutschland erst noch erkämpft werden mußte. Klassenherrschaft begrifflich in eins zu setzen mit Volksherrschaft, Proletariat in eins zu setzen mit dem gesamten Staatsvolk war eine gefährliche Irreführung. Wird heute die Legende von der »demokratischen Rosa« gepflegt, dann wird entweder die Fahne der Freiheit der Andersdenkenden geschwenkt und nicht wahrgenommen, daß sie selbst diese Überzeugung in der Novemberrevolution preisgegeben hatte, oder ihre Wortschöpfungen, die Diktatur des Proletariats sei »sozialistische Demokratie«, »proletarische Demokratie« oder »wahre Demokratie« werden unkritisch für bare demokratische Münze genommen.[39] Noch verwegener wäre, tatsächlich zu glauben, die Diktatur des Proletariats sei eine höhere Form von Demokratie. Der Einschätzung von Jürgen Rojahn, es läge zwischen der Bejahung der Konstituante (in der Kritik an den Bolschewiki) und der Ablehnung der Konstituante (in der Novemberrevolution) kein »Meinungsumschwung« vor, stimmt nicht.[40] Peter Nettl glaubte, Rosa Luxemburgs Abkehr von der Forderung nach einer Nationalversammlung als eine »unwichtige Detailfrage« abtun zu können.[41] Hält man sich vor Augen, welch überragende Rolle der Prinzipienstreit über Nationalversammlung und Räte in den ersten Monaten der Novemberrevolution gespielt hat, dann kann auch solchen Interpretationen nicht gefolgt werden. Treu bleibt Rosa Luxemburg ihren antidemokratischen, untreu wird sie ihren demokratischen Überzeugungen.

Was immer die Gründe für Rosa Luxemburgs Gesinnungswandel gewesen sein mögen, die Abkehr von der demokratischen Republik,

---

39 Vgl. z.B.: Ottokar Luban, Demokratische Sozialistin oder »blutige Rosa?« Rosa Luxemburg und die KPD-Führung im Berliner Januaraufstand 1919, in IWK, 2/99, S. 176.

40 Vgl. Jürgen Rojahn, Parlamentarismus-Kritik und demokratisches Ideal. Wies Rosa Luxemburg einen »dritten Weg«? in: Theo Bergmann u.a. (Hrsg.), Die Freiheit der Andersdenkenden, Hamburg 1995, S. 23.

41 Nettl, a.a.O., S. 483.

42 Ettinger, a.a.O., S. 286. (Mit gegenteiliger Wertung.)

43 R.L., Die Nationalversammlung, ebd., S. 408.

von der Konstituante und der Freiheit der Andersdenkenden bedeutete – wie schon bei den Bolschewiki – den grundsätzlichen Bruch
mit der demokratisch-sozialistischen Arbeiterbewegung. Sie bestätigte damit den Bolschewismus-Vorwurf in einem entscheidenden
Punkt und wandte damit »den Zielen und Werten der westlichen
Sozialisten«[42] den Rücken, obwohl es zu den Bolschewiki immer
noch genug Trennendes gab und von einer Ein-Parteien-Diktatur
bei ihr nirgends die Rede ist. Die Forderung nach einer politischen
Klassendiktatur stellte die Spaltung der Arbeiterbewegung auf eine
neue Grundlage, die alle Hoffnungen, nach dem Kriegsende wieder
zur alten Einheit zurückkehren zu können, zunichte machte. Die
Spaltung der Arbeiterbewegung beginnt mit diesem Bruch unversöhnlich zu werden.

»Auf zum letzten Gefecht« – »Heilig die letzte Schlacht«

Der Widerstand der Mehrheitssozialdemokraten und der Unabhängigen gegen eine politische Klassenherrschaft war nicht allein auf das
Festhalten an demokratischen Vorstellungen zurückzuführen, sondern auch auf die Erfahrungen der russischen Revolution. Den Sozialisten aller Richtungen war die Einschätzung gemeinsam, daß mit
der Abschaffung der Konstituante, mit der Abschaffung einer allgemeinen Volksvertretung und der Errichtung einer vorgeblichen
Klassendiktatur notwendig ein Bürgerkrieg verbunden sei. Sie unterschieden sich nur in den Konsequenzen, die sie daraus zogen:
Mehrheitssozialdemokraten und große Teile der Unabhängigen waren auch deshalb für die Nationalversammlung, weil sie unter allen
Umständen einen Bürgerkrieg vermeiden wollten. Rosa Luxemburg und Karl Liebknecht hingegen bejahten emphatisch den Bürgerkrieg. Rosa Luxemburg bezeichnete die Nationalversammlung
als »feigen Umweg« derjenigen, die aus Mangel an Mut sich um den
unvermeidlichen Bürgerkrieg herumdrücken wollten. Damit diese
Haltung so richtig lächerlich erscheinen konnte, verwischte sie den
Unterschied zwischen Klassenkampf und Bürgerkrieg, indem sie
behauptete: »Denn Bürgerkrieg ist nur ein anderer Name für Klassenkampf.«[43] Diese Verniedlichung des Bürgerkriegs machte es ihr
umgekehrt möglich, die Angst vor einem Bürgerkrieg bzw. den Versuch, ihn zu vermeiden, als »Verrat am Klassenkampf« zu bezeichnen. Das modifizierte Argument, es käme sowieso zum Bürgerkrieg,
wenn das Proletariat ernsthaft versuche, die Eigentumsfrage zu stellen, war rein hypothetisch.

Im Spartakusprogramm geht es in kaum zu überbietender Klarheit im selben Tenor weiter: Der Widerstand der Bourgeoisie gegen ihre politische und soziale Entmachtung müsse »mit eiserner Faust, mit rücksichtsloser Energie« gebrochen werden. Rosa Luxemburg forderte die »Bewaffnung des Volkes und Entwaffnung der herrschenden Klassen«, sie war überzeugt, daß der Sieg des Proletariats nur in einem Bürgerkrieg erkämpft werden könne. »Der Kampf um den Sozialismus ist der gewaltigste Bürgerkrieg, den die Weltgeschichte gesehen, und die proletarische Revolution muß sich für diesen Bürgerkrieg das nötige Rüstzeug bereiten, sie muß lernen, es zu gebrauchen – zu kämpfen und zu siegen.«[44] Und in diesem Zusammenhang steht der Satz: »Eine solche Ausrüstung der kompakten arbeitenden Volksmasse mit der ganzen politischen Macht für die Aufgaben der Revolution, das ist die Diktatur des Proletariats und deshalb die wahre Demokratie.«

Damit keine Zweifel bleiben, wie das gemeint sein könnte, fügte sie hinzu, daß nicht im Parlament, sondern »dort, wo die millionenköpfige Proletariermasse die ganze Staatsgewalt mit schwieliger Faust ergreift, um sie wie Gott Thor seinen Hammer den herrschenden Klassen aufs Haupt zu schmettern, dort allein ist die Demokratie, die kein Volksbetrug ist.«[45] Der letzte Satz des Spartakusprogramms lautet: »... dem Feinde das Wort: Daumen aufs Auge und Knie auf die Brust!«

Es läge nahe, in solchen Sätzen radikale Rhetorik zu sehen, die nicht wortwörtlich genommen werden dürfe. Wenn sie in ihren öffentlichen Reden diese Sprache führte, dann hatte dies offensichtlich (und unfreiwillig) einen solchen Effekt. Als sie auf der Verbandsgeneralversammlung der USPD am 15. Dezember erklärte: »... Sozialismus bedeutet für uns Niederwerfung der herrschenden Klassen mit der ganzen Brutalität«, erntete sie »großes Gelächter«. Doch korrespondierten solche Sätze mit den Aufrufen zur Bewaffnung des Proletariats, Bildung einer Roten Garde, demonstrativer Verteilung von Waffen und militanten bewaffneten Aufzügen von Arbeitern. Die Schilderung der *Roten Fahne* von der Demonstration des Spartakusbundes am 7. Dezember zeigt, daß die Sprüche, keineswegs harmlos gemeint waren. Unter dem Titel »Die Maschinengewehre der Arbeiter« heißt es: »Eine Tafel mit der Aufschrift D.W.M. (Deutsche Waffen- und Munitionsfabriken) wurde vorausgetragen.

[44] R.L., Was will der Spartakusbund? a.a.O., S. 446.
[45] R.L., ebd., S. 447.
[46] Rote Fahne, Nr. 23 vom 8.12.1918.

Demonstration Berlin, Straße Unter den Linden, 9. November 1918

Zu Anfang des Zuges rollten schwere Lastautos heran, bestückt mit mehreren schweren und leichten Maschinengewehren. Die Maschinengewehre wurden entlang der Siegesallee verteilt ...«[46]

Es ist Rosa Luxemburgs origineller Beitrag zur Demokratiediskussion, die wahre Demokratie in der Diktatur des Proletariats und zudem noch im Bürgerkrieg zu erblicken. Aus der Geschichte ist kein Beispiel eines Bürgerkrieges bekannt, der sich auch nur annähernd in diesem Sinne interpretieren ließe. Bürgerkriege zeichneten sich vor allem durch scheußlichste Gewaltanwendung und Gewaltverbrechen aus, durch Recht- und Gesetzlosigkeit – und dem Elend gerade der Ärmsten.

»Die Millionenmasse des Volkes«

Auch im Spartakusprogramm stehen die widersprüchlichsten Gedanken, offensichtlich Unsinniges und verblüffend Hellsichtiges, unvermittelt nebeneinander – meist blendend formuliert. Neben den eindeutigen Passagen zur Gewalt eines offensiv geführten Bürgerkrieges stehen Aussagen, die pazifistisch anmuten: »Die proletarische Revolution bedarf für ihre Ziele keines Terrors, sie haßt und verabscheut den Menschenmord. Sie bedarf dieser Kampfmittel nicht, weil sie nicht Individuen, sondern Institutionen bekämpft, weil sie nicht mit naiven Illusionen in die Arena tritt, deren Enttäuschung sie blutig zu rächen hätte. Sie ist kein verzweifelter Versuch einer Minderheit, die Welt mit Gewalt nach ihrem Ideal zu modeln, sondern die Aktion der großen Millionenmasse des Volkes, die berufen ist, die geschichtliche Mission zu erfüllen und die geschichtliche Notwendigkeit in Wirklichkeit umzusetzen.«[47]

Es mag sein, daß Rosa Luxemburg für sich unterscheiden konnte zwischen einer Klassengewalt und terroristischer Gewalt von Minderheiten, die erstere bejahte, die letztere ablehnte. Doch gibt sie keine Hinweise, wie sie sich diese Klassengewalt vorstellte. Was immer »Klassengewalt« sein mag, sie kann nur vermittels Institutionen ausgeübt werden. Sie hilft sich hingegen wieder mit einem schönen Bild: Wie Thor und sein Hammer.

Mit der Ablehnung des Terrors im Spartakusprogramm ist keine absolute Gewaltlosigkeit gemeint, sondern die Ablehnung des Terrors, wie ihn die Bolschewiki angewendet hatten. Es geht um die Absage an Terror, ausgeübt von einer Partei mittels staatlicher Machtmittel gegen andere Parteien. Die Anti-Terror-Aussagen des Spartakusprogrammes sind gegen die Bolschewiki gerichtet, obwohl diese nicht beim Namen genannt werden. Für alle nur halbwegs Eingeweihten war dies auch kein Geheimnis: So begann Paul Frölich seinen Diskussionsbeitrag auf dem Gründungsparteitag zu dem Grundsatzreferat von Rosa Luxemburg mit einer Kritik an diesen Sätzen: »Genossen, gegen diese Fassung habe ich Schwerwiegendes einzuwenden. Zunächst bedeutet diese Fassung eine scharfe Kritik an der Taktik der Bolschewiki (Widerspruch), die ganz offen erklärt haben: jawohl, wir müssen zu Terror greifen.«[48]

Auch die folgenden Kernsätze des Programms entschlüsseln sich nur im Zusammenhang einer Kritik an den Bolschewiki: »Der Spartakusbund wird es auch ablehnen, zur Macht zu gelangen, nur weil sich die Scheidemann-Ebert abgewirtschaftet haben und die Unabhängigen durch die Zusammenarbeit mit ihnen in eine Sackgasse geraten sind. Der Spartakusbund wird nie anders die Regierungsgewalt übernehmen als durch den klaren unzweideutigen Willen der großen Mehrheit der proletarischen Masse in ganz Deutschland, nie anders als Kraft ihrer bewußten Zustimmung zu den Aussichten, Zielen und Kampfmethoden des Spartakusbundes.«[49]

47 R.L., Was will der Spartakusbund?, a.a.O., S. 445.
48 Der Gründungsparteitag der KPD – Protokoll und Materialien, Hg. Hermann Weber, Frankfurt/M. 1969, S. 202. (zit. als Gründungsparteitag.)
49 R.L., Was will der Spartakusbund? a.a.O., S. 450.

Verläßt man die Hochebene der Abstraktion und begibt sich in die Niederungen praktischer Fragen, dann stellte sich mit der Parole »Diktatur des Proletariats« und »Alle Macht den Arbeiter- und Soldaten-Räten« spätestens am 10. November die Frage, wer alles zum Proletariat zu zählen sei und somit an der politischen Entscheidung und Herrschaft teilnehmen dürfe – und wer nicht. Deshalb wurde auf dieser Versammlung auch eine Kommission gebildet, die Vorschläge zur Beantwortung dieser Frage erarbeiten sollte, das hieß zu klären, wer sich an den Wahlen zu den Arbeiterräten beteiligen dürfe. Im Vollzugsrat (24. November) kam es zu einer lebhaften Debatte, ob z.B. Ärzte, Rechtsanwälte, Gelehrte und Künstler und sogar kleine Haus- und Grundbesitzer wahlberechtigt seien. Ein ähnliches Problem stellte sich bei den Soldaten – denn in die Soldatenräte waren viele Offiziere gewählt worden.

Solange die Welt in der philosophischen Spekulation von Karl Marx in zwei Klassen: Bourgeoisie und Proletariat, eingeteilt werden konnte, war die Parole der Diktatur des Proletariats eine propagandistische Vereinfachung. »Proletarier aller Länder vereinigt euch« war die sozialistische Variante von »Alle Menschen werden Brüder«. Hatte Schiller die Menschheit als Ganzes im Sinn, so ging es Marx nur noch um eine soziale Klasse, das Proletariat. Natürlich wollte auch Marx nicht auf das höchste, »die Menschheit«, verzichten und machte deshalb die Sache der Menschheit zur Sache des Proletariats. Alles Gute und Edle des Menschen, sollte aus der Emanzipation dieser Klasse entstehen. Jedoch: Schillers Ode an die Freude war ein humaner Menschheitstraum, das Kommunistische Manifest war ein Aufruf zum Klassenkampf und zum Klassen- bzw. Bürgerkrieg. »Proletarier aller Länder vereinigt euch« war ein Aufruf zur Vereinigung gegen die Bourgeoisie, nicht national, sondern international, weltumspannend. Es ging um die Weltrevolution und um die politische Herrschaft des Proletariats. Es bedurfte nicht erst der historischen Erfahrung des Bolschewismus, um zu erkennen, daß der Begriff des Proletariats eine Definitionsfrage ist und daß im Begriff der Diktatur des Proletariats schon immer ein Ausgrenzungskonzept gegen andere soziale Klassen und Schichten enthalten war. Bereits Lenin und Trotzki hatten daraus schließlich sogar ein Ausrottungskonzept gemacht. Diese Konsequenz konnte vor 1917 allenfalls geahnt werden.

Doch die einen – wie z.B. die Revisionisten um Bernstein und Jaurès – haben bei dieser Utopie Gänsehaut bekommen, andere glänzende Augen. Karl Liebknecht und Rosa Luxemburg gehörten zu letzteren.

Als die Bolschewiki daran gingen, die »Diktatur des Proletariats« zu verwirklichen und – im Besitz der staatlichen Gewaltinstrumente – definierten, wer zum Proletariat zählte, wurde aus einem Begriff blutiger Ernst. Rosa Luxemburg war sich des Problems in ihrer Kritik an den Bolschewiki bewußt. Viel weniger als in Rußland war in Deutschland 1918 die soziale Differenzierung so schlicht, daß auf der einen Seite einer winzigen Minderheit der Bourgeoisie die überwältigende Mehrheit des Volkes in Gestalt des Proletariats gegenüber gestanden hätte. Kautsky war dieser Frage nachgegangen und hatte festgestellt, daß die Klasse der Lohnabhängigen zirka 35 Millionen (mit Familienangehörigen) und die Kategorie der Selbstständigen 17 Millionen umfaßten.[50] Wollte man also die entscheidende Trennlinie zwischen Selbständigen und Lohnabhängigen ziehen, dann wäre die »Diktatur des Proletariats« eine gewaltige Unterdrückungsaufgabe gewesen. Karl Liebknecht, der sich auf Seiten des Spartakusbundes ebenfalls konkrete Gedanken über die Möglichkeit einer Klassendiktatur gemacht hatte, wollte vielleicht deshalb auch noch den »scheinbar selbständigen Mittelstand« mit an der Diktatur des Proletariats beteiligen.[51] Auf den Gedanken, daß selbst diejenigen, die nach seiner Definition zum Proletariat gerechnet werden können, politisch unterschiedliche politische Meinungen haben könnten, ohne deshalb Gegenrevolutionäre, verführte Dummköpfe oder dergleichen sein zu müssen, kam er nicht.

Wesentlich andere Vorstellungen über die soziale Basis einer Diktatur des Proletariats als Karl Liebknecht hatten die Bremer Linksradikalen entwickelt, die seit dem 23. November unter dem Namen »Internationale Kommunisten Deutschlands« eine eigene Partei gegründet hatten und sich mit dem Spartakusbund auf dem Gründungsparteitag der KPD vereinigten. Sie wollten der bisherigen Diktatur der Bourgeoisie die »Diktatur des politisch reifsten und ökonomisch mächtigsten Teiles der Arbeiterschaft, des industriellen Proletariats entgegenstellen.«[52] Mit »politisch reifsten Teil« meinten sie nur sich selbst und die Anhänger ihrer Vorstellungen – diese ließen sich an einer Hand abzählen.

In den gesamten Klassen-Diskussionen ist von den Bauern fast nie die Rede. Auch nicht von den Frauen, die keiner Erwerbsarbeit

---

50 Karl Kautsky, Die Diktatur des Proletariats, a.a.O., S. 33.
51 K.L., Leitsätze, GRS, Bd. IX. S. 631.
52 Der Kommunist, Nr. 4 vom 30. 11.1918.
53 R.L., Was will der Spartakusbund?, a.a.0., S. 450.
54 Ebd., S. 450.

nachgingen. Im Modell der Arbeiter- und Soldatenräte war demnach die überwältigende Mehrheit der Frauen und auch der proletarischen Hausfrauen nicht vorgesehen. Die von der sozialdemokratischen Revolutionsregierung verfügte politische Gleichberechtigung der Frauen wäre hier nolens volens wieder rückgängig gemacht worden. Käte Duncker hat auf dem Gründungsparteitag der KPD die Frage an die Delegierten gestellt: »Glauben Sie, daß die Frauen, nachdem man ihnen Jahrzehnte hindurch gesagt hat, ihr müßt dieses Recht (das politische Wahlrecht) erkämpfen, daß sie uns jetzt folgen werden, wenn wir ihnen sagen, jetzt benutzt es nicht?« Doch mit solchen Fragen, wollten diejenigen, die einer Diktatur des Proletariats das Wort redeten, sich nicht belasten. Rosa Luxemburg und Karl Liebknecht hatten längst vergessen, daß sie einmal zu den Agitatoren für das allgemeine Wahlrecht gehört hatten.

Es gibt noch einen Satz, der die Gemüter bewegt hat und der auch nur als Reflex auf das Russische Lehrstück verstanden werden kann: »Der Spartakusbund ist keine Partei, die über Arbeitermasse oder durch die Arbeitermasse zur Herrschaft gelangen will. Der Spartakusbund ist nur der zielbewußteste Teil des Proletariats, der die ganze breite Masse der Arbeiterschaft bei jedem Schritt auf ihre geschichtlichen Aufgaben hinweist, der in jedem Einzelstadium der Revolution das sozialistische Endziel und in allen nationalen Fragen die Interessen der proletarischen Weltrevolution vertritt.«[53]

Diese aufklärerische Bestimmung, im Sinne des *Kommunistischen Manifests*, erlaubte Luxemburg auch, Partei und Klasse identisch zu setzen: »Der Sieg des Spartakusbundes steht nicht am Anfang, sondern am Ende der Revolution: Er ist identisch mit dem Siege der großen Millionenmassen des sozialistischen Proletariats.«[54]

Dies klingt, sieht man davon ab, daß sich das Ganze bereits im Rahmen einer Klassendiktatur bewegte, demokratisch; der Anspruch hingegen, den Rosa Luxemburg für den Spartakusbund stellte, nämlich der zielbewußteste Teil des Proletariats zu sein, läßt wenig Demokratisches ahnen. Es besser zu wissen als alle anderen, hatte schon Marx für sich und die Kommunisten reklamiert und damit eine unheilvolle Tradition begründet.

Wenn nach der alten sozialistischen Auffassung der Sozialismus nur das freiwillige und bewußte Werk der Produzenten sein kann, der Sozialismus historisch erst dann auf der Tagesordnung stünde, wenn das Proletariat die überwiegende Mehrheit der Bevölkerung ausmache und die Frage der Dekrete ohnehin sekundär sei, dann sprach prinzipiell nichts gegen eine allgemeine Demokratie bzw. eine Nationalversammlung und es gab so gesehen keinen Grund, einen Prinzipienstreit über die Alternative Räte oder Nationalversammlung zu entfachen. Nur wenn man die Hoffnung aufgegeben hat, für seine spezielle Auffassung von Sozialismus die Zustimmung der großen Mehrheit der Bevölkerung, bzw. der »großen Millionenmasse des Proletariats« zu finden, nur dann macht es Sinn, den Sozialismus als Erziehungsdiktatur zu denken und ins Werk zu setzen.

Der Bolschewismus-Vorwurf konnte überhaupt nur wirksam gegen die Spartakusgruppe und speziell gegen Rosa Luxemburg und Karl Liebknecht erhoben werden, weil diese durch ihre prinzipielle Verneinung der Nationalversammlung diesen Vorwurf in einem wesentlichen Punkte bestätigten. Die Vertreibung der Konstituante durch die Bolschewiki und ihre anschließende theoretische Rechtfertigung war im Bewußtsein der Sozialdemokratie und erst recht bei den Bürgerlichen die originäre Schöpfung der russischen Revolutionäre und schlechthin identisch mit Bolschewismus. Die immer noch bestehenden großen Unterschiede zwischen dem Spartakusbund und den Bolschewiki wurden dabei nicht mehr gesehen. Rosa Luxemburgs Versuch, die politische Herrschaft einer Klasse, die Diktatur des Proletariats als die wahre Demokratie darzustellen, war nicht geeignet, diesen Eindruck zu verwischen. Im Verständnis der Sozialdemokratie des Erfurter Programms bedeutete Demokratie immer die politische Freiheit und Gleichheit aller Bürger. Das Maß der Französischen Revolution sollte nicht unterschritten, sondern erweitert werden um die soziale Freiheit und Gleichheit, also ganz wie es Rosa Luxemburg in ihrer Kritik an den Bolschewiki formuliert hatte. Mit der Berufung auf dieses Programm setzten sich nun Mehrheitssozialdemokraten und Unabhängige gegen Spartakus zur Wehr: »Die Sozialdemokratische Partei Deutschlands kämpft nicht für neue Klassenprivilegien und Vorrechte, sondern für die Abschaffung der Klassenherrschaft und der Klassen selbst, und für gleiche Rechte und Pflichten aller ohne Unterschied des Geschlechts und der Abstammung. Von diesen Anschauungen ausgehend bekämpft sie in der heutigen Gesellschaft nicht bloß die Ausbeutung und Unterdrückung der Lohnarbeiter, sondern jede Art der Ausbeutung und Unterdrückung, richte sie sich gegen eine Klasse, eine Partei, ein Geschlecht oder eine Rasse.«[55]

55 Zit. n. Friedrich Ebert, Demokratie und Sozialismus, in: Vorwärts, Nr. 331 vom 2. 12.1918.
56 R.L., Die Akkumulation des Kapitals, GW, Bd. 5, S. 410.
57 K.L., »Klarheit über Weg und Ziel«, GRS, Bd. IX, S. 621.

Der alles beherrschende Prinzipienstreit über die zukünftige Herr-
schafts- und Regierungsform erweckte den Anschein, als ob mit einer politischen Klassendiktatur die Kernfrage einer sozialistischen
Gesellschaft gelöst werden könnte. Dem entsprach ein in der alten
Sozialdemokratie weitverbreiteter Glaube, daß mit der politischen
Machteroberung die Hauptarbeit für den Sozialismus getan wäre.
Maßgeblich genährt wurde diese Ansicht von Theoretikern wie Rosa Luxemburg und Karl Kautsky, die einen breiten Trennungsstrich
zwischen Politik und Ökonomie gezogen hatten, der Politik dabei
eine überragende Bedeutung zumaßen, aber den Bereich der Produktion mit einer phantastisch anmutenden Geringschätzung behan-
delten. Dem entsprach ihre Fehleinschätzung der gewerkschaftlichen
Arbeit und der Gewerkschaften, die mit der Metapher »Sisyphusarbeit« weite Aufmerksamkeit erregt hatte.

Rosa Luxemburg und Karl Liebknecht hatten sich nie Gedanken gemacht, wie eine sozialistische Wirtschaftsordnung aussehen
und verwirklicht werden könnte. Rosa Luxemburgs ökonomisches
Hauptwerk »Die Akkumulation des Kapitals« ist eine Untersu-
chung über allgemeine Entwicklungstendenzen der kapitalistischen
Produktionsweise. Sie erhält als Ergebnis dieser umfangreichen Arbeit jedoch nur, was sie schon vorher zu wissen glaubte, nämlich daß
»die Bedingungen der Akkumulation auf einer gewissen Höhe in
Bedingungen des Untergangs für das Kapital« umschlagen.[56] Karl
Liebknechts unvollendeter Versuch, das Geheimnis der »Bewegungsgesetze der Gesellschaftlichen Entwicklung« zu lüften, liegt
auf einer ähnlichen Abstraktionsebene.

Es gibt einige wenige verstreute Äußerungen von Liebknecht
zum Problem, wie die Sozialisierung praktisch anzugehen sei:
»Gewiß, die Sozialisierung der Gesellschaft ist ein langer, schwie-
riger Prozeß. Aber die ersten Eingriffe sind sofort möglich ... Die
Rüstungsindustrie wollte schon 1913 der Reichstag verstaatlichen
... Und die Kriegswirtschaft bietet technisch brauchbare Handhabe
zur Sozialisierung.«[57] Mit dieser Vorstellung ist Liebknecht sehr nahe bei »rechten« Sozialdemokraten angelangt, die angesichts der
beginnenden Kriegswirtschaft verzückt ausriefen: »Sozialismus wohin wir blicken.« Auch Lenin sah in der staatlichen Deutschen Post
das Modell eines sozialistischen Musterbetriebes.

Das ist jedoch alles andere als ein Konzept zum Aufbau einer sozialistischen Wirtschaft, und mit ihrer Ratlosigkeit in Fragen sozialistischer Produktion standen die Spartakusleute nicht allein, son-

dern fanden sich in trauter Gemeinschaft mit allen anderen Richtungen des Sozialismus. Obwohl sie immer erklärt hatten, daß sie schon wüßten, wie Sozialismus zu machen sei, vorausgesetzt, sie wären erst einmal an der Macht. Jetzt galt es das Versprechen einzulösen, daß sie ihren Anhängern und der Arbeiterschaft unermüdlich gemacht hatten, daß nur die sozialistische Gesellschaft Freiheit, Glück und Wohlstand für sie bereithielte, und da es so schien, als wäre die Sozialdemokratie alleine im Besitz der politischen Macht, schienen auch für ihre Anhänger die Tage der Ausbeutung und des Elends gezählt. Es war nicht erkenntlich, was die sozialistische Revolutionsregierung jetzt noch abhalten sollte, das alte Versprechen einzulösen. Wenigstens eine anständige Lohnerhöhung durfte man sich wohl erwarten. Und da nutzte es nicht viel, wenn selbst einer der ihren, Emil Barth, auf die besonderen Umstände hinwies: »Sieben bis acht Millionen Menschen kehren in den Produktionsprozess zurück. Neben dem Frieden müssen wir Arbeit und Brot bringen, sonst können wir uns nicht behaupten. Experimente einzelner Gruppen können nicht geduldet werden.«[58] Er forderte dazu auf, die Revolution nicht mit einer Lohnbewegung zu verwechseln und vor allem mit dem unverantwortlichen Streiken aufzuhören, besonders im Bergbau und im Transportwesen. Die Revolutionsregierung war in der Verantwortung, alle Erwartungen wurden und konnten auf sie gerichtet werden. Sie wurde damit in besondere Verlegenheit gebracht. Natürlich wollten weder die Regierung noch die Opposition eingestehen, daß sie vor schier unlösbaren Aufgaben standen. Die Regierung der Volksbeauftragten löste dieses Dilemma klassisch. Sie gründete erst einmal eine Sozialisierungskommission. Die USPD und Spartakus hingegen stellten Forderungen nach Enteignung des Großgrundbesitzes, der Banken und der Großindustrie und suggerierten auf diese Weise, daß sie wüßten, was die nächsten Schritte seien. Mit einer Enteignung der Privateigentümer war jedoch nicht die Frage beantwortet, welche positive Eigentumsform an die Stelle des privaten Eigentums treten solle. Liebknecht und Luxemburg wollten eine Verstaatlichung zumindest für die Großindustrie. Bei Liebknecht findet sich für den Mittelstand auch noch

---

58 Emil Barth, zit. n. Groß-Berliner Arbeiter- und Soldatenräte in der Revolution 1918/19, a.a.O., S. 403.

59 K.L., Leitsätze, GRS, Bd. IX, S. 632.

60 Ernst Däumig, in: Allgemeiner Kongreß der Arbeiter- und Soldatenräte Deutschlands. Vom 16. bis 21. Dezember 1918 im Abgeordnetenhaus zu Berlin, Stenographische Berichte, S. 235.

61 K.L., Leitsätze, a.a.O., S. 633.

der Hinweis auf das bereits existierende sozialdemokratische Genossenschaftswesen. Doch eine Verstaatlichung wurde von großen Teilen der Linken abgelehnt. Im Spartakusprogramm steht die Formulierung, an die Stelle der Lohnarbeit solle die »genossenschaftliche Arbeit« treten. Karl Liebknecht umschrieb das Problem noch unbestimmter als »Überführung der Arbeitsmittel, Vorräte und aller gesellschaftlichen Reichtümer aus dem Privatbesitz in den Besitz, die Verwaltung und Nutznießung der Gesamtheit.«[59] Solange mit der Forderung nach Enteignung des Privatkapitals nicht gleichzeitig angegeben werden konnte, wer die Betriebe übernehmen und wie der gesellschaftliche Zusammenhang der Arbeit hergestellt werden sollte, solange mußte die Forderung nach Enteignung eine scheinradikale Parole bleiben.

Wie schwierig das Problem des Aufbaus einer sozialistischen Produktion wirklich war, wird noch am ehesten bei denen sichtbar, die der Produktion am nächsten standen und gewiß auch von revolutionärem Eifer erfüllt waren, so z.B. den Revolutionären Obleuten. Für die Obleute kam eine radikale Sozialisierung zunächst ebenfalls nicht in Frage. So erklärte Ernst Däumig auf dem Rätekongreß im Dezember: »... daß jetzt in dieser unsäglich traurigen Situation, in der sich unser Volk und Land befinde, man nicht darauflos experimentieren kann (Zuruf. – Na also!) – Ja solche Narren sind wir auch nicht. Das Sozialisieren muß natürlich nach einem großen einheitlich angelegten Plane vor sich gehen. Es kann auch nur erfolgreich, wirksam und durchgreifend vor sich gehen, wenn wir Frieden haben.«[60]

Sie entwarfen statt dessen ein weitgehendes Kontroll- und Mitbestimmungsmodell, das die Eigentumsfrage noch nicht aufwarf. Die Obleute wußten genau, daß sie die Betriebe im großen Maßstab gar nicht übernehmen konnten, weil es bei den Arbeitern nicht genug qualifiziertes Personal für die Leitung der Betriebe gab. Nur weil Karl Liebknecht von diesen Dingen wenig Ahnung hatte, konnte er folgende Patentlösung vorschlagen: »Die Unterlegenheit an Wissen und Schulung kann das Proletariat in revolutionären Zeiten durch verzehnfachten Eifer und von Begeisterung und gutem Willen erzeugte Intuition weit schneller wettmachen, als nach dem Schneckentempo des alltäglichen Schulbetriebs zu gewärtigen ist.«[61] Das wußten die Arbeiter und ihre Vertretungen besser. Sie entschieden sich dafür, eine Räteschule zu gründen, in der neben politischer Bildung vor allem betriebswirtschaftliches Wissen vermittelt werden sollte. Welche Schwierigkeiten entstanden, eigene Leute für die beabsichtigte Mitbestimmung und Produktionskontrolle auszubilden, schildert der Leiter der Schule Fritz Fricke. Er sah eine Hauptschwierigkeit der Ausbildung in der mangelnden Fähigkeit der Teilnehmer, den Stoff aufzunehmen und zu verarbeiten. Diese Schwierigkeit mußte zuerst überwunden werden: »Der größte Teil der Arbeiter ist nur ausgerüstet mit einer kleinen Summe von mechanischen Fertigkeiten im Lesen, Schreiben und Rechnen. Zu selbständigem Denken, zu kritischem Lesen und Beobachten, zu der Fähigkeit, Schlüsse zu ziehen, ist er nicht erzogen worden. All das muß nachgeholt, muß im Laufe des Unterrichts planmäßig geweckt werden.«[62]

Schreckten schon die linken Gewerkschafter vor radikalen Sozialisierungsforderungen zurück, so erst recht die mehrheitssozialdemokratischen. Sie lehnten sogar das vergleichsweise gemäßigte Programm einer betrieblichen Mitbestimmung und Produktionskontrolle ab. Die Gewerkschaften klammerten sich an ihre gewohnten Aufgaben der Verbesserung der Lohn- und Arbeitsbedingungen. Sie weigerten sich, auf ein Gebiet gezogen zu werden, das zu bearbeiten sie sich nicht zutrauten. Außerdem befürchteten sie in den Betriebsräten eine Konkurrenzorganisation. Sie waren hoch zufrieden, daß die Revolution ihnen einen vorher nicht für möglich gehaltenen Erfolg bescherte. Nun wurden sie von den Unternehmern – dem Klassenfeind – plötzlich als die legitime Vertretung der Arbeiterschaft anerkannt. Im »Stinnes-Legien-Abkommen«, in der Zentralarbeitsgemeinschaft (ZAG), erfüllte sich ihr Traum von der Gleichberechtigung von Arbeit und Kapital, von der Demokratie in den Betrieben. Riesengroß war ihre Enttäuschung, als sie ihr Versprechen hielten und sozialistischen Experimenten eine Absage erteilten, aber die Unternehmer gar nicht daran dachten, den »Herr-im-Hause-Standpunkt« aufzugeben, die Herrschaft in den Betrieben zu teilen – schon gar nicht gleichberechtigt.

Die Wut der Linken auf die Gewerkschaften kannte bald keine Grenzen mehr – gemeint waren bei ihnen immer nur die sozialdemokratischen Gewerkschaften. Von den christlichen und liberalen Gewerkschaften war eine sozialistische Politik von vornherein nicht zu erwarten. Sie blieben außerhalb des Denkrahmens der Linken – wie überhaupt der große Teil der gewerkschaftlich nicht organisierten Arbeiter.

---

62 Fritz Fricke, Die Rätebildung im Klassenkampf der Gegenwart, Berlin 1920, S. 15.
63 K.L., Mitteilungen, a.a.O., S. 374.
64 R.L., zit. n. Gründungsparteitag, a.a.O., S. 162.
65 Ebd., S. 163.

Im Krieg gehörten die meisten führenden Gewerkschaftsfunktionäre mit ihrer Burgfriedenspolitik zum harten Kern der Durchhaltepolitiker in den Reihen der Mehrheitssozialdemokratie. Liebknecht hatte deshalb den Kampf gegen die Unternehmer auf eine Ebene mit dem Kampf gegen die Gewerkschaftsführungen gestellt: »Der Kampf gegen Kirdorf ist nur möglich bei gleichzeitiger Bekämpfung Legiens.«[63] Nun weigerten sich diese Gewerkschaften, die von den Linken gewünschte Sozialisierung in Angriff zu nehmen. Auf dem Gründungsparteitag der KPD waren die Delegierten sich weitgehend einig, daß diese Gewerkschaften zerschlagen gehörten. Für Rosa Luxemburg war gar die »Frage der Befreiung … identisch mit der Frage der Bekämpfung der Gewerkschaften.«[64] Sie wollte vorher nur noch die Frage geklärt haben, wie man in Besitz der »kolossalen Mittel« dieser Organisationen kommen könne. An die Stelle von Gewerkschaften wollte sie eine Betriebsräteorganisation setzen. Damit glaubte sie, »eine vollständige Aushöhlung aller Funktionen der Gewerkschaften (Beifall)«[65] bewerkstelligen zu können. Das Ganze hatte weder Hand noch Fuß, und die Parteitagsregie vertagte die Entscheidung, indem sie eine Kommission zu dieser Frage einrichtete. Während die Teilnehmer des Gründungsparteitages sich die Köpfe heiß redeten, welches Mittel wohl das beste zur Zerschlagung der Gewerkschaften sei, strömten die von Luxemburg und Liebknecht beschworenen Millionenmassen des Proletariats in diese Gewerkschaften hinein. Betrug die Zahl ihrer Mitglieder noch im Juni 1918 nur 1.369.799, so stieg diese Zahl bis Ende des Jahres auf 2.863.742 und im Verlauf des Jahres 1919 bis auf fast 8 Millionen Mitglieder.

Rosa Luxemburg hatte in ihrer Kritik an der bolschewistischen Politik in einer Sternstunde intellektueller Redlichkeit zugegeben, daß sie kein Modell für den Aufbau einer sozialistischen Gesellschaft habe (»Im Nebel«). Sie war jedoch felsenfest davon überzeugt, daß nach der Vertreibung der Unternehmer sich schon alles finden würde. Geradezu rührend muten ihre Überlegungen an, die sie in ihrer einzigen ausführlicheren Stellungnahme dem Problem der »Sozialisierung der Gesellschaft« widmete. Von der Annahme ausgehend, daß eine sozialistische Produktion nur für Großbetriebe in Industrie und Landwirtschaft in Frage käme, kam sie auf den subjektiven Faktor oder, wie sie sich ausdrückte, auf das einer sozialistischen Produktion »entsprechende Menschenmaterial« zu sprechen. Ihre Hauptsorge war dabei, wie die Leistung und Disziplin der Arbeiter aufrechterhalten werden könne. Was vorher von der »Hunger-Peitsche« des Unternehmers bewirkt wurde, müsse nun von den Arbeitern freiwillig, aus Einsicht geleistet werden. Sie entfaltete das Idealbild eines sozialistischen Arbeiters, wie es in den Wunschvorstellungen zukünftiger sozialistischer Betriebsleiter nicht schöner existieren konnte: »Jede sozialistische Unternehmung braucht natürlich ihre technischen Leiter, die die Sache genau verstehen, die das Nötigste anordnen, damit alles klappt, damit die richtige Arbeitsteilung und die höchste Leistungsfähigkeit erzielt wird. Da heißt es nun, diesen Anordnungen willig und voll und ganz zu folgen. Disziplin und Ordnung halten, keine Reibungen, kein Durcheinander herbeiführen … Mit faulen, leichtsinnigen, egoistischen, gedankenlosen und gleichgültigen Menschen kann man keinen Sozialismus verwirklichen.«[66]

Mit ähnlichen Formulierungen wurden im Spartakusprogramm die Tugenden der zukünftigen Arbeiter umschrieben. Wesentlich ist jedoch hier wieder die Einsicht, daß die »sozialistischen Bürgertugenden« zusammen mit Kenntnissen und Befähigungen zur Leitung sozialistischer Betriebe »die Arbeitermasse nur durch eigene Betätigung, eigene Erfahrung erwerben« kann.[67] Rosa Luxemburg und Karl Liebknecht hatten kein Rezept für eine sozialistische Produktion.

»Die Verbrecher«

Daß Spartakus als Vertreter des bolschewistischen Revolutionsmodells in Deutschland gesehen und bekämpft wurde, lag nicht nur an der alles andere in den Schatten stellenden prinzipiellen Ablehnung der Nationalversammlung, sondern auch daran, daß Rosa Luxemburg – im Unterschied noch zu den Spartakusbriefen vor dem November 1918 – nun jede offene Kritik an den Bolschewiki vermied und der Spartakusbund bei jeder Gelegenheit solidarische Brudergrüße nach Moskau übermittelte.

Rosa Luxemburg und Karl Liebknecht waren davon überzeugt, daß alleine sie die richtige Politik verfolgten, den Weg und das Ziel kannten. Vor allem in der Polemik gegen die Mehrheitssozialdemokraten und die Unabhängigen spielte die moralische Denunziation eine bestimmende Rolle. Sie blieben dabei: Wer nicht ihre Vorstellungen teilte, vertrat nicht einfach eine andere Politik, sondern war entweder ein Feigling oder ein Verräter. Dabei schreckten sie auch vor haltlosen Spekulationen nicht zurück.

Ein deutliches Beispiel hierfür war die Reaktion des Spartakusbundes auf den von rechtsgerichteten Militärs und Mitgliedern des

Auswärtigen Amts versuchten Putsch am 6. Dezember 1918. Ohne Beweis wurden »Ebert-Scheidemann-Wels« als die Drahtzieher des Putsches denunziert: Nicht die Soldaten, die sich nur mißbrauchen ließen, sondern die »wahren Verbrecher sind die Hetzer, die dahinter stehen, die den Anschlag im Geheimen angestiftet haben. Diese Verbrecher sind Wels und Genossen, die Scheidemann-Ebert und Kumpane … Arbeiter! Soldaten! Genossen! 14 Leichen liegen auf dem Pflaster Berlins! Wehrlose, friedliche Soldaten, durch feigen Meuchelmord niedergemacht! Zieht zur Verantwortung die Schuldigen dieses blutigen Verbrechens! Fegt hinweg von der Regierung die wahren Schuldigen, die infamen Hetzer, die Verführer der unaufgeklärten Soldatenmasse, die Wels, Ebert und Scheidemann mit Genossen!«[68]

Die Sprache der *Roten Fahne*, Rosa Luxemburg und Karl Liebknecht waren deren Schriftleiter, begann sich zu überschlagen: »Revolution oder Ebert-Scheidemann! Sozialismus oder Ebert-Scheidemann! Freiheit oder die blutbesudelten Staatsstreichler Ebert-Scheidemann! Ein Drittes gibt es nicht!«[69]

Diese Sprache wäre auch dann ungerechtfertigt gewesen, wenn die Spartakusleute geahnt hätten, daß Ebert von Plänen der Heeresleitung doch etwas erfahren hatte.[70] Der Putsch scheiterte in dem Augenblick, als Ebert es ablehnte, sich zum Präsidenten ausrufen zu lassen, und sich vor den Vollzugsrat stellte, der gleichzeitig verhaftet werden sollte.«[71] Die Behauptung des Spartakusbundes, Ebert sei der Drahtzieher des Putsches gewesen, war aus der Luft gegriffen.

Die Agitation von Rosa und Karl gegenüber den Mehrheitssozialdemokraten wird nur verständlich vor dem Hintergrund, daß sie den Mehrheitssozialdemokraten von vornherein das Recht abgesprochen hatten, sich an der Revolution zu beteiligen. Dem Sturz dieser Regierung glaubte Spartakus dadurch näher zu kommen, daß er alles tat, um die Koalition der Unabhängigen mit den Mehrheitssozialdemokraten zu sprengen. Sein bevorzugtes Mittel dazu war der Versuch, die Mehrheitssozialdemokraten so zu diskreditie-

---

66 R.L., Die Sozialisierung der Gesellschaft, GW, Bd. 4, S. 435.
67 R.L., Was will der Spartakusbund?, a.a.O., S. 445.
68 Die Rote Fahne, Nr. 22 vom 7.12.1918.
69 Die Rote Fahne, Nr. 23 vom 8.12.1918.
70 Vgl.: Ulrich Kluge, Soldatenräte und Revolution, Göttingen 1975, besonders die insgesamt detaillierte Schilderung um die Ereignisse des 6.12., S. 222ff.
71 Ebd., S. 233.

ren, daß ein Verbleiben der Unabhängigen in einer gemeinsamen Regierung unmöglich werden würde. Mit dieser Absicht wurde auch nach dem 6. Dezember polemisiert. War die Koalition der USPD mit der MSPD schon vor dem 6. Dezember eine »politische Prinzipienlosigkeit«, so wurde sie jetzt eine »politische Ehrlosigkeit«. Spartakus drohte jetzt wieder, die Massen gegen die Führer der USPD zu mobilisieren: »Brechen die Haase-Dittmann nicht sofort alle Brücken zwischen sich und der blutbesudelten Korruption der Scheidemänner ab, dann muß die Masse der Partei die Brücken zwischen sich und den Haase-Leuten abbrechen.«[72] Die Unabhängigen blieben weiter in der Regierung, nachdem beim besten Willen kein Putschplan bei den Mehrheitssozialdemokraten nachgewiesen werden konnte.[73]

Nach dem 6. Dezember waren laut Rosa Luxemburg und Karl Liebknecht die Mehrheitssozialdemokraten nur noch »Gegenrevolutionäre« und die Unabhängigen ihr »Feigenblatt«. Die Massen riefen sie auf, die Unabhängigen zu zwingen, aus der Regierung auszutreten, doch der Appell wurde formuliert, obwohl sie wußten, daß gerade die so häufig beschworenen Millionenmassen hinter diesen Führungen standen. Aber diese Massen waren nur »die moles iners, die träge Masse, die noch nicht in Bewegung geraten ist«. Die kleine Schar der Anhänger des Spartakusbundes hingegen wurde zum wahren Proletariat stilisiert.

»Eberts Mamelucken«

Das Spartakusprogramm wurde am 14. Dezember in der *Roten Fahne* veröffentlicht. Am nächsten Tag fand die Verbandsgeneralversammlung der Groß-Berliner USPD statt. Auch hier sollte über die zentrale Streitfrage, entweder Nationalversammlung oder Rätediktatur, entschieden werden. Es kam zu einem Rededuell zwischen Hugo Haase, der für die Nationalversammlung sprach, und Rosa Luxemburg als Korreferentin. Die Resolution des Vorstandes pro Nationalversammlung erhielt 485 Stimmen, die Resolution von Rosa Luxemburg 195 Stimmen. Hugo Haase, der den Spartakusbund aufforderte, den Worten seines Programms zu entsprechen und sich der Mehrheit der sozialistischen Arbeiter zu fügen, entgegnete Rosa Luxemburg: »Haase hat uns den Vorwurf machen wollen, daß wir uns der Meinung der Massen unterordnen, weil wir die Regierung nicht anders als mit Zustimmung der Massen übernehmen werden. Wir ordnen uns nicht unter, wir warten auch nicht ab ... Auf Diskussionen, auf Mehrheitsbeschlüsse kommt es nicht mehr an.«[74]

In seiner Antwort prophezeite Haase: »Wenn die Spartakusleute den Kampf gegen die Nationalversammlung auf ihre Fahnen schreiben, so wird aus dieser Parole nicht ein Kampf des Proletariats gegen die Bourgeoisie entbrennen, sondern vielmehr ein Bruderkampf zwischen Proletariat und Proletariat. (Lebhafte Zustimmung.)«[75]

Rosa Luxemburg hingegen stellte die Delegierten vor die Alternative: »Ihr steht jetzt vor der Entscheidung, welchen Weg ihr gehen wollt, entweder mit uns oder mit Scheidemann. Es gibt jetzt kein Ausweichen mehr, nur ein Entweder-Oder.«[76]

Wie das Bekenntnis zum Mehrheitsprinzip innerhalb des proletarischen Lagers gemeint war, demonstrierte Rosa Luxemburg auch am Beispiel des Rätekongresses. Dieses »Parlament der Arbeit«, vom Spartakusbund von Anfang an stürmisch gefordert, trat zwei Tage später, am 16. Dezember in Berlin zusammen, um vor allem über die alles beherrschende Streitfrage: Nationalversammlung (allgemeine Demokratie) oder Rätesystem (Klassendiktatur des Proletariats) zu entscheiden. Rosa Luxemburg hatte von dem Kongreß u.a. gefordert: »1. Er muß das Nest der Gegenrevolution, er muß die Stelle, an der alle Fäden der gegenrevolutionären Verschwörung zusammenlaufen, er muß das Kabinett Ebert-Scheidemann-Haase beseitigen ... 4. Er muß die Nationalversammlung als ein Attentat auf die Revolution und die Arbeiter- und Soldatenräte ablehnen.«[77]

Der Kongreß entschied sich mit der überwältigenden Mehrheit von 344 Stimmen für die Nationalversammlung (nur 98 stimmten für den von Däumig begründeten Antrag eines Rätesystems). Rosa Luxemburg beschimpfte die Delegierten deshalb als »williges Werkzeug der Gegenrevolution« und als »Eberts Mamelucken«[78]. (Mamelucken, arabischer Begriff für Sklaven, ursprünglich ein Volksstamm, der im 9. Jahrhundert die Herrschaft in Ägypten eroberte. Letzteres dürfte Rosa Luxemburg damit nicht gemeint haben.)

72   Rote Fahne, Nr. 24 vom 9.12.1918.

73   Vgl. dazu bes. die Diskussion in der gemeinsamen Sitzung des Rats der Volksbeauftragten mit dem Vollzugsrat, in: Die Regierung der Volksbeauftragten, 1. Teil, a.a.O., S. 28 ff.

74   R.L., Rede auf der Verbandsgeneralversammlung, GW, Bd. 4, S. 458f.

75   Hugo Haase, Schlußwort, in: Freiheit, Nr. 59 vom 17.12.1918.

76   R.L., Rede auf der Verbandsgeneralversammlung, a.a.O., S. 461.

77   R.L., Auf die Schanzen, ebd., S. 455.

78   R.L., Eberts Mamelucken, ebd., S. 466ff.

Um so über die Delegierten des Kongresses herziehen zu können, griff Rosa Luxemburg zu der Konstruktion, daß die Delegierten mit ihrer Entscheidung für die Nationalversammlung das ihnen von der »revolutionären Masse« angetragene Mandat »verraten« hätten. Und an diese Behauptung knüpfte sie die folgende Spekulation: »Sie [die Arbeiter- und Soldatenräte] werden das gegenrevolutionäre Werk ihrer ungetreuen Vertrauensmänner für null und nichtig erklären und werden die Kraft und den Mut finden, in dieser entscheidenden Stunde wie einst Luther zu erklären: Hier steh' ich, ich kann nicht anders!«[79]

Rosa Luxemburg und Karl Liebknecht wußten, daß im Reich die Mehrheitssozialdemokraten in der Arbeiterschaft und in den Räten noch wesentlich stärker waren als in Groß-Berlin. Sie wußten, daß auch in der USPD die große Mehrheit für die Nationalversammlung eintrat und konnten nicht vergessen haben, daß sie auf der Berliner Verbandsgeneralversammlung der USPD eine Schlappe hatten einstecken müssen. Sie wußten auch, wie die Delegiertenwahlen zur Vollversammlung der Berliner Arbeiterräte ausgegangen waren, auf der wiederum die Berliner Delegierten für den Rätekongreß gewählt worden waren. Die Mehrheitssozialdemokraten konnten 349 Stimmen auf sich vereinigen und erhielten 7 Delegierte, die Unabhängigen 281 Stimmen und 5 Delegierte, die Liste freier Berufe 79 Stimmen und 1 Delegierten. Bei den Soldatenratswahlen erhielt die MSPD gar 204 Stimmen und 4 Delegierte gegenüber der USPD mit 121 Stimmen und 2 Delegierten.[80] Sie mußten zur Kenntnis genommen haben, daß sie in der USPD auch als Personen nicht mehrheitsfähig waren und deshalb nicht auf die Liste der USPD für die Delegation zum Rätekongreß kamen. Eine eigene Liste »Spartakusbund« aufzustellen, hatten sie nicht gewagt. Nicht einmal der Antrag auf dem Rätekongreß, sie »beide als Gäste mit beratender Stimme« zuzulassen, fand eine Mehrheit.[81] Die Spekulation auf eine radikale Masse, die die Nationalversammlung verhindern sollte, im Unterschied zu den Delegierten des Rätekongresses, die sich gerade für die Nationalversammlung entschieden

---

[79] Ebd., S. 468.

[80] Vgl. Vorwärts, Nr. 344 vom 15.12.1918.

[81] Vgl. Kongreß der Arbeiter- und Soldatenräte, a.a.O., S. 12.

[82] Rote Fahne, Nr. 33 vom 18.12.1918.

[83] Vgl. Einschätzung von Richard Müller, a.a.O., S. 208ff.

[84] Rote Fahne, Nr. 37 vom 17.12.1918.

[85] Ebd.

hatten, war eine Selbsttäuschung oder reine Propaganda. Für letzteres sprechen die Zeilen in der *Roten Fahne* vom 18. Dezember, wo realistisch erkannt wurde: »Die Reichskonferenz ist die erste gemeinsame Vertretung der Arbeiter- und Soldatenräte ganz Deutschlands. Die Schichten des Volkes, die die Revolution des 9. Novembers gemacht haben, spontan, lokal, zersplittert, wie die Revolution war, haben zum erstenmal einen zusammenfassenden Ausdruck gefunden. In der Reichskonferenz hat sich die Revolution zum erstenmal als Ganzes konstituiert – mit all ihren Schwächen, Unklarheiten, Unzulänglichkeiten, Widersprüchen.«[82]

Für eine Selbsttäuschung über das politische Kräfteverhältnis in Berlin und im Reich lieferte die Zusammensetzung des Rätekongresses keinerlei Anlaß: Von den 489 stimmberechtigten Delegierten gehörten 298 der MSPD und 101 der USPD an (25 Delegierte rechneten sich zu den Demokraten und der Rest machte keine Angaben). Nur zehn Spartakusanhänger waren über die USPD zum Kongreß delegiert worden und bildeten dort innerhalb der USPD eine eigene Fraktion.[83] Über seinen Einfluß innerhalb der USPD brauchte sich der Spartakusbund auch keinen Illusionen hinzugeben. Anlaß für eine Selbstüberschätzung könnte einzig die Demonstration geboten haben, die Spartakus zur »Begrüßung« des Rätekongresses veranstaltet hatte. Nach eigenen Angaben folgten »dem Ruf der verfemten, gehetzten, verleumdeten Spartakusleute« 250.000 Demonstranten.[84] Spartakus scheint nicht nur die Zahlen maßlos übertrieben zu haben (wie umgekehrt der *Vorwärts* mit seiner Angabe von einigen hundert Teilnehmern untertrieb), ähnlich überzogen erscheint auch die Bedeutung dieser Demonstration: »Das war die Stimme des arbeitenden Volkes Berlins! … Das war eine Aktion, eine revolutionäre Tat, das war politischer Kampf, politische Schule der Massen. Sie lernen, stets auf dem Posten zu sein, Gewehr im Anschlag, ihr ganzes Gewicht in die Waagschale der Ereignisse werfend.« Spartakus glaubte, jetzt endlich die Massen erblickt zu haben, die er immer gerufen hatte. »Auf einen einzigen Ruf, ohne jede Vorbereitung, ohne jeden Instanzenapparat kamen die Massen, um ihren revolutionären Willen kundzutun.«[85]

Diesen Teil der Berliner Arbeiter und Arbeitslosen, die vor dem Rätekongreß demonstriert hatten, gegenüber den Delegierten des Kongresses zur »Stimme des arbeitenden Volkes« hochzustilisieren, war Demagogie. Die These vom Verrat der Delegierten erlaubte jedoch, die Mißachtung der Entscheidungen des Rätekongresses vor sich selbst und gegenüber der Öffentlichkeit zu rechtfertigen. Die Schlußfolgerung, die Rosa Luxemburg im Namen »des« Proletariats zog, war eine Aufforderung zum Putsch: »An den wenigen Tagen seiner Beratungen hat er [der Rätekongreß] dem Proletariat wie der Soldatenmasse den Kampf bis aufs Messer gegen die Regierung der Gegenrevolution als unausweichliche Lebensfrage vordemonstriert.«[86]

Rosa Luxemburg ignorierte die Entscheidung des Kongresses und agitierte unbeirrt weiter gegen die Nationalversammlung und die Regierung der Volksbeauftragten. Die Beschlüsse zur Neuregelung der Kommandogewalt und zur Sozialisierung des Bergbaus – gegen den ausdrücklichen Willen der Führer der MSPD gefaßt –, wurden von Rosa Luxemburg und Karl Liebknecht nicht beachtet. Eine revolutionäre Realpolitik hätte diese Beschlüsse zur Geschäftsgrundlage nehmen müssen und hier zeigen können, was sie vermag. Statt dessen begrüßte Rosa Luxemburg die bisher größte politische Dummheit der USPD-Linken,[87] keine Mitglieder in den »Zentralrat der deutschen sozialistischen Republik« zu entsenden, als eine Rettung der Ehre dieser USPD-Linken. Der Aufruf zum Sturz der gerade erst vom Rätekongreß mit überwältigender Mehrheit bestätigten Regierung Ebert-Haase wurde anläßlich der Beerdigung der Toten vom 6. Dezember, zu der die Obleute aufgerufen hatten und an der sich zirka 300.000 Menschen beteiligten, in schärferer Form wiederholt: »Ein Volksgericht wars, ein Schrei der Entrüstung, ein Vernichtungsurteil, ein Wald erhobener geballter Fäuste, ein Schwur des Trotzes und der Kampfbereitschaft: Euch, gemordete Brüder, werden wir rächen! Durch unerschütterlichen Willen zum Kampfe gegen die Verräter der Arbeiterideale, die Ebert-Scheidemänner und ihre Helfershelfer, zum Kampfe um den vollen Sieg der Revolution und des Sozialismus, für die Euer Blut geflossen ist – so werden wir Euch rächen. Kein Laut, kein Wort weckt heute in der Berliner Arbeitermasse ein so elementares, donnergleiches Echo, wie der Ruf – Nieder mit Ebert-Scheidemann! Die gestrige Massenkundgebung war eine Antwort auf den 6. Dezember, auf alle Machenschaften der Gegenrevolution, auf den Mameluckenkongreß der Arbeiter- und Soldatenräte. Die proletarische Revolution, die Revolution der Straße lebt, sie denkt nicht daran abzurüsten, sie wächst und erstarkt.«[88]

86 R.L., Ein Pyrrhussieg, GW, Bd. 4, S. 472.
87 R.L., Eberts Mamelucken, a.a.O., S. 469.
88 Rote Fahne, Nr. 37 vom 22.12.1918.
89 Jürgen Rojahn, a.a.O., S. 24.
90 R.L., Auf die Schanzen, a.a.O., S. 454.

Wie wenig Rosa Luxemburg und Karl Liebknecht sich an ihre eigenen Prinzipien hielten, ist verblüffend. Sie akzeptierten weder die Mehrheitsbeschlüsse der USPD, der sie ja formal angehörten, noch der Arbeiter- und Soldatenräte. Rosa Luxemburg verneinte nicht nur die Legitimität der Mehrheit im Rahmen demokratischer Verfassungen, sie war auch nicht gewillt – wie Jürgen Rojahn annimmt – »die Herrschaft einer sozialistischen Mehrheit als legitim« anzuerkennen.[89] Wenn sozialistische oder proletarische Mehrheiten festgestellt werden konnten, dann auf dem Allgemeinen Kongreß der Arbeiter- und Soldatenräte. Die große Mehrheit des Rätekongresses alleine deshalb auf die Seite der Konterrevolution zu stellen, weil sie sich für die demokratische Republik aussprach, zeigt, daß sie keine andere Meinung als die ihre anerkennen wollte. Im Augenblick, in dem sie zu ahnen begannen, wie die Mehrheitsverhältnisse in den Räten aussehen würden, war sie auch schon bereit, die Räte fallenzulassen: »Man soll sich darüber nicht täuschen: Ginge die Revolution vor sich in jenen revolutionären Organen, die die ersten Tage geschaffen haben, in den Arbeiter- und Soldatenräten, wäre deren Stand und Bedeutung Gradmesser für den Stand und die Bedeutung der Revolution, so wäre es um die Revolution schlimm bestellt.«[90]

Bedenkt man, daß die Entscheidung für eine Nationalversammlung alten sozialistischen Überzeugungen entsprach, die bis zum Tage vor der Revolution auch von Teilen des Spartakusbundes, wenigstens von Rosa Luxemburg geteilt wurden, dann ist die Polemik unangebracht (abgesehen noch von der Frage, ob eine Diktatur des Proletariats in Form eines Rätesystems überhaupt politisch durchsetzbar war, selbst wenn die Arbeiter in ihrer großen Mehrheit für eine Diktatur gestimmt hätten.) Die Mehrheitssozialdemokraten und die Unabhängigen, die für die Nationalversammlung eintraten, auf die Seite der Gegenrevolution zu stellen ist eine politische Verblendung, die nur durch blinden Haß und Verzweiflung erklärt werden kann: Rosa Luxemburg und Karl Liebknecht war es nicht gelungen, für ihre Vorstellungen relevanten Anhang zu finden. Dabei suchten sie die Schuld nicht bei sich selbst, sondern schoben sie den anderen zu. Die Denunziation der Mehrheitssozialdemokraten und der Unabhängigen als Gegenrevolutionäre hatte die verhängnisvolle Wirkung, daß die tatsächliche Gegenrevolution nicht mehr benannt wurde und aus dem Blickfeld von Liebknecht und Luxemburg verschwand. Folgerichtig widmeten sie sich immer ausschließlicher dem Kampf gegen die eigenen sozialdemokratischen Genossen.

AUFSTAND

»Gebot der Reinlichkeit«

Die Gruppe Internationale hatte sich 1915/16 von der Opposition um Eduard Bernstein, Hugo Haase und Karl Kautsky getrennt, angeblich wegen unüberbrückbarer Differenzen in der Frage einer zukünftigen Internationale.

Obwohl die Meinungsverschiedenheiten unvermindert weiter bestanden, trat sie 1917 der USPD bei. Der Grund war die eigene zahlenmäßige Schwäche. Mit der weitgehenden Übernahme der innenpolitischen Forderungen der USPD und nachdem diese auch politisch die Verantwortung für die außerparlamentarischen Aktionen der April- und Januarstreiks übernommen hatte, konnte es zeitweilig so scheinen, als wären die Unterschiede zwischen Spartakus und der USPD für beide Seiten erträglich geworden.

Nach dem November verflogen diese Gemeinsamkeiten sehr schnell. Spartakus – Rosa Luxemburg und Karl Liebknecht – lehnten im Unterschied zur Mehrheit in der USPD eine Zusammenarbeit mit der MSPD strikt ab und verabschiedeten sich von der alten Forderung der Sozialdemokratie nach einer demokratischen Republik.

Spätestens nach der außerordentlichen Generalversammlung der USPD von Groß-Berlin am 15. Dezember 1918, auf der die Spartakusgruppe mit ihrem Programm eine herbe Niederlage erlitten hatte, blieb nur noch die Trennung von der USPD, sollte das großgesprochene »Entweder-Oder« von Rosa Luxemburg nichts als eine leere Drohung gewesen sein.

Leo Jogiches soll sich bis zu der nichtöffentlichen Sitzung vor dem Gründungsparteitag am 29. Dezember 1918 gegen eine organisatorische Abspaltung von der USPD gesträubt haben. Doch sein Argument, daß Spartakus weiter das »schützende Dach« der USPD benötige, überzeugte seine Gesinnungsgenossen nicht mehr.[1] Rosa Luxemburg und Karl Liebknecht hatten sich durch maßlose, persönlich-diffamierende Polemik in eine Feindschaft gegen die Führung der USPD hineingesteigert, die es auch aus diesem Grunde unzumutbar erscheinen ließ, weiter in der USPD zu bleiben. Die eigenständige Parteigründung war jedoch hauptsächlich die unausweichliche organisatorische Konsequenz des vollzogenen Kurswechsels. Rosa Luxemburg und Karl Liebknecht waren die treibenden Kräfte.

Am 30. Dezember trafen sich 127 Delegierte, vormittags 10 Uhr, im Festsaal des Preußischen Abgeordnetenhauses, um die Kommunistische Partei Deutschlands zu gründen.[1a] Karl Liebknecht hatte es übernommen, die Abspaltung von der USPD zu rechtfertigen. Er hielt der USPD ein ellenlanges Sündenregister vor – das, wenn es auch nur annähernd gestimmt hätte, unverständlich erscheinen ließe, warum Karl Liebknecht und Rosa Luxemburg überhaupt dieser Partei beigetreten waren. Er bezichtigte die USPD einer »Politik der Prinzipienlosigkeit, Halbheit, Unentschlossenheit, der Politik des heimlichen Verrats« von Anfang an. Mit ihrem Eintritt in die Revolutionsregierung habe sie »in die Massen der Arbeiter Verwirrung getragen« und dies sei »ein Verbrechen« usw. Der Gipfel dieser Untaten sei schließlich ihre Entscheidung für die Nationalversammlung und für die parlamentarische Demokratie gewesen. »In dieser Frage kann es Meinungsverschiedenheiten nicht geben in einer proletarischen Partei. Hier scheiden sich die Wege schlechthin. Rätesystem heißt Diktatur des Proletariats ... Nationalversammlung heißt Wiederherstellung des bürgerlichen Parlamentarismus, Wiedereinsetzung der Klassenherrschaft, Erdrosselung der sozialen Revolution.«[2]

Und deshalb lautete sein Schluß: »Genossen, wir stehen vor der Tatsache, daß ein weiteres Verbleiben im Verband der USP geradezu bedeutet eine Solidarisierung mit der Gegenrevolution, eine Preisgabe der Ehre des Sozialismus ... Es würde geradezu eine Selbstbefleckung sein, eine Selbstbeschimpfung, wenn wir weiter der USPD unter den gegenwärtigen Umständen angehören würden. Es ist ein Gebot der Reinlichkeit, sich jetzt von der USP zu scheiden ... Die revolutionäre Lage gebietet mehr als je klare Entscheidung, unzweideutige Haltung, Lossagung von allen lauen und opportunistischen Elementen, Zusammenschluß aller ehrlichen und entschlossenen proletarisch-revolutionären Kämpfer.«[3]

Die Trennung von der USPD wurde nach dem Vorschlag des Vorsitzenden Wilhelm Pieck ohne Debatte gegen eine Stimme beschlossen. Die neue Partei gab sich den Namen »Kommunistische Partei Deutschlands (Spartakusbund)«.

---

[1] Vgl. Paul Levi, Der Parteitag der kommunistischen Partei in: Die Internationale, 2. Jg., H. 26, S. 42.

[1a] Hermann Weber, Einleitung zu: Der Gründungsparteitag der KPD, in Gründungsparteitag, a.a.O., S. 9.

[2] Gründungsparteitag, S. 58.

[3] Ebd., S. 61ff.

Der zentrale Streitpunkt auf dem Gründungskongreß war die Frage, ob die neue Partei sich an den Wahlen zur Nationalversammlung beteiligen solle oder nicht. Paul Levi referierte zum Tagesordnungspunkt Wahlbeteiligung. Er hatte die undankbare Aufgabe, den Delegierten den Vorschlag der Spartakusführung, sich an den Wahlen zu beteiligen, schmackhaft zu machen. Dies war bitter nötig. Das Argument, Spartakus sei zwar weiter grundsätzlich gegen die Nationalversammlung, aber da sie nicht mehr verhindert werden könne, wolle man sich doch an den Wahlen beteiligen, war erklärungsbedürftig. Er gab sich die größte Mühe. Doch selbst der Hinweis auf das leuchtende Vorbild der Bolschewiki, die die Nationalversammlung erst »auseinandergejagt« hätten, als diese »objektiv … überholt war«, vermochte die Delegierten nicht zu überzeugen. Sie entschieden sich mit großer Mehrheit gegen eine Wahlbeteiligung. Besonders um dieses Ereignis rankt sich die Legende von der »demokratischen Rosa«. Weite Verbreitung hat die Interpretation des Historikers Arthur Rosenberg gefunden, wonach einer demokratisch und realistisch denkenden Führung um Rosa Luxemburg und Karl Liebknecht eine fanatisch-utopische, zum Putschismus neigende Anhängerschaft gegenüber gestanden hätte. Der Beschluß des Parteitags gegen die Wahlbeteiligung ist für ihn »direkt der Aufruf zu putschistischen Abenteuern, und hatte mit dem Programm von Rosa Luxemburg nichts gemein«.[4]

Gegen Rosenberg ist einzuwenden, daß er seine Einschätzung auf Basis einer ungenauen Beobachtung trifft: Auf dem Parteitag ging es nicht um die Frage der »Stellung zur Nationalversammlung«, sondern nur um die Frage der Beteiligung an den Wahlen zur Nationalversammlung. Diese Differenz zu beachten, ist unerläßlich. In der Einschätzung der Nationalversammlung gab es nämlich zwischen Delegierten und Führung keinen Unterschied. Für Levi war die Nationalversammlung »das Panier der Gegenrevolution«. Für ihn war klar, daß hier »nicht die geringste Differenz« zwischen den Delegierten und der Zentrale bestand: »Wir wissen genau, der Weg

---

4 Arthur Rosenberg, Geschichte der Weimarer Republik, a.a.O., S. 52.
5 Gründungsparteitag, S. 89f.
6 Ebd., S. 103.
7 Ebd., S. 124.
8 Ebd., S. 195.
9 Ebd., S. 97.

des Proletariats zum Siege: er kann nur gehen über die Leiche der Nationalversammlung hinweg.«[5] Für Rosa Luxemburg galt genau das gleiche. Ihrem eindringlichen Appell für eine Wahlbeteiligung folgte die Einschätzung: »Es ist zwischen uns im Zweck und in der Absicht gar kein Unterschied, wir stehen alle auf demselben Boden, daß wir die Nationalversammlung als ein gegenrevolutionäres Bollwerk bekämpfen, daß wir die Massen aufrufen und erziehen wollen, um die Nationalversammlung zunichte zu machen.«[7] Und Karl Liebknecht, der in seinem Eröffnungsreferat ein Eintreten für die Nationalversammlung als »Hochverrat an der Revolution« gewertet hatte, stellte gleichermaßen fest, daß, wenn die Zentrale sich jetzt für eine Wahlbeteiligung aussprache, sie das nur aus Erwägungen heraus täte, »die auch nicht um Haaresbreite abweichen im Schlußresultat von den Erwägungen, die Sie [die Gegner der Wahlbeteiligung, M.S.] zu Ihrer Stellungnahme veranlaßt haben.«[8] Der Unterschied zwischen der Zentrale und der Mehrheit der Delegierten bestand also nur in der Frage, ob eine Wahlbeteiligung die KPD dem gemeinsamen Ziel, der »Vernichtung« der Nationalversammlung, näher bringe oder nicht.

Wenn man, wie Rosa Luxemburg, Karl Liebknecht und die anderen Agitatoren des Spartakusbundes, seit Beginn der Revolution die Alternative: entweder Nationalversammlung oder Rätesystem zur »Kardinalfrage« der Revolution erklärte und alle diejenigen, die eine Nationalversammlung wollten, als »Konterrevolutionäre«, »Hochverräter«, »Mamelucken« oder gar als »Zuchthäusler, die überhaupt nicht in eine anständige Gesellschaft hineingehören (stürmische Zustimmung)«[8] bezeichnete, dann war es schwer verständlich, daß die gleichen Personen sich für eine Beteiligung an den Wahlen zu dieser Nationalversammlung aussprachen. Otto Rühle brachte das Erstaunen darüber zum Ausdruck: »Noch vor wenigen Tagen war ich der Meinung, daß die Frage der Wahlbeteiligung für uns überhaupt nicht diskutabel ist. Ich wurde zu meiner großen Überraschung durch den Artikel der *Roten Fahne* eines anderen belehrt, und heute haben wir es erlebt, daß uns die Zumutung gestellt wurde, wir sollen uns an den Wahlen zur Nationalversammlung beteiligen.«[9]

Dieser Artikel von Rosa Luxemburg erschien am 23. Dezember in der *Roten Fahne*, einen Tag, nachdem Spartakus zum Sturz der Regierung Ebert-Haase aufgerufen hatte, und zwar durch eine »Revolution der Straße«. Er zeichnete sich dadurch aus, daß er gleichzeitig versuchte, die Nationalversammlung radikal abzuwerten und zu verneinen und eine Beteiligung an ihr zu begründen:

»Nach dem glänzenden ›Sieg‹ auf dem Rätekongreß glauben die Ebert-Leute, ihr Hauptstreich gegen die Macht der A.- und S.-Räte, gegen die proletarische Revolution und den Sozialismus sei gelungen. Sie werden sich irren. Es gilt, diesen Plan der Gegenrevolution zunichte zu machen, die Aktion der kapitalistischen Schutztruppe durch die revolutionäre Aktion der Massen zu durchkreuzen. Wie wir das infame preußische Dreiklassenwahlrecht ausnützten, um *im* Dreiklassenparlament *gegen* das Dreiklassenparlament zu kämpfen, so werden wir die Wahlen zur Nationalversammlung zum Kampfe gegen die Nationalversammlung verwerten ...

Jetzt stehen wir mitten in der Revolution, und die Nationalversammlung ist eine gegenrevolutionäre Festung, die *gegen* das revolutionäre Proletariat aufgerichtet wird. Es gilt also, diese Festung zu berennen und zu schleifen. Um die Massen *gegen* die Nationalversammlung mobil zu machen und zum schärfsten Kampf aufzurufen, dazu müssen die Wahlen, dazu muß die Tribüne der Nationalversammlung ausgenutzt werden.«

Diese Argumentation für eine Beteiligung wurde weiter abgeschwächt durch die Spekulation, daß es gar nicht zur Nationalversammlung kommen müsse: »Sie, die Masse, hat über die Schicksale und den Verlauf der Nationalversammlung zu bestimmen. Von ihrer eigenen revolutionären Aktivität hängt ab, was in, was aus der Nationalversammlung wird. Das Hauptgewicht liegt in der Aktion draußen, die an die Tore des gegenrevolutionären Parlaments ungestüm pochen muß!«[10]

Die Agitation der Spartakusführer zu Verhinderung der Nationalversammlung und der Sturz der Ebert-Haase-Regierung wurde zu keinem Zeitpunkt aufgegeben, auch nicht als Rosa Luxemburg begann, sich für eine Wahlbeteiligung auszusprechen. Noch am gleichen Tag erklärte Karl Liebknecht: »Noch ist das Eisen warm, jetzt müssen wir es schmieden. Jetzt oder nie! Entweder wir gleiten zurück in den alten Sumpf der Vergangenheit, aus dem wir in revolutionärem Anlauf versucht haben, uns zu erheben, oder wir set-

10 R.L., Die Wahlen zur Nationalversammlung, GW, Bd. 4, S. 474f.
11 K.L., Was will der Spartakusbund?, Rede in einer Versammlung in der Hasenheide in Berlin am 23.12.1918, GRS, Bd. IX, S. 662.
12 Ebd., S. 102.
13 Ebd., S. 101.
14 R.L., Rede auf der außerordentlichen Verbandsgeneralversammlung, a.a.O., S. 459.
15 Gründungsparteitag, S. 101.
16 Ebd., S. 103.

zen den Kampf fort bis zum Sieg und zur Endlösung, bis zur Erlösung der ganzen Menschheit von dem Fluche der Knechtschaft.

Damit wir dieses große Werk, die größte und erhebendste Aufgabe, die der menschlichen Kultur je gestellt worden ist, siegreich vollenden, dazu muß das deutsche Proletariat zur Aufrichtung der Diktatur schreiten.«[11]

Rosa Luxemburg und Karl Liebknecht gerieten auf dem Gründungsparteitag in die fatale Situation, gegen ihre eigenen radikalen Sprüche und Parolen ankämpfen zu müssen. Gerade sie waren es gewesen, die unermüdlich die Frage der politischen Verfassung als eine Entweder-Oder-Entscheidung aufgebaut und darüber die Abgrenzung zu den Mehrheitssozialisten und den Unabhängigen betrieben hatte. Mit keinem Wort hatten sie erkennen lassen, daß eine Wahlbeteiligung in Frage kommen könnte. Nun verlangten sie plötzlich einen »etwas verfeinerten Radikalismus. Nicht bloß dieses grobkörnige Entweder-Oder«.[12]

Jetzt – angesichts einer drohenden Abstimmungsniederlage durch die eigenen Anhänger – argumentierte Rosa Luxemburg realitätsnah: Die »Millionenmassen des Proletariats«, auf die sich Spartakus stützen wolle, stünden leider immer noch bei den Mehrheitssozialdemokraten und bei den Unabhängigen oder sogar noch weiter rechts und deshalb zwinge die »Unreife der Massen«, »die sozialistische Weltrevolution« zu beginnen, zu folgendem Schluß: »Unsere nächste Aufgabe ist, die Massen zu schulen, diese Aufgaben zu erfüllen. Das wollen wir durch den Parlamentarismus erreichen. Das Wort soll entscheiden.«[13] Noch zwei Wochen vorher hatte sie den Unabhängigen zugerufen: »Jetzt in der Revolution können keine Reden, keine Broschüren die notwendige Aufklärungsarbeit leisten. Jetzt kommt es auf die Aufklärung durch Taten an.«[14] Und gänzlich widersprüchlich zum Programm der Diktatur des Proletariats formulierte sie den Satz: »Des Volkes Wille ist das höchste Gesetz.«[15] Damit wies sie die putschistischen Vorstellungen von Rühle zurück und konnte hinorientieren auf »den noch weiten Weg der Erziehung der Massen«.[16]

Die Delegierten ließen sich davon nicht beeindrucken. Wenn Rosenberg schreibt, daß der Parteitag von einem »Geist eines fanatischen Utopismus« beherrscht wurde, dann mag er damit Recht haben, ebenso wenn er den Beschluß gegen eine Wahlbeteiligung als indirekten Aufruf zu putschistischen Abenteuern wertet. Unrecht hat er, Rosa Luxemburg und Karl Liebknecht als Opfer ihrer eigenen Anhänger darzustellen. Die Entscheidung der Delegierten hatte sehr viel mit dem Programm Rosa Luxemburgs und Karl Liebknechts gemein. Der Beschluß des Wahlboykotts folgte weitgehend der Logik der prinzipiellen Verneinung der Demokratie, wie sie im Spartakusprogramm festgeschrieben war.

Die Pointe von Rosa und Karl bestand darin, für eine Wahlbeteiligung einzutreten mit dem Argument, die Nationalversammlung auf diese Weise schneller beseitigen zu können. Die Wahlbeteiligung konnte also nur als eine untergeordnete taktische Frage behandelt werden. So beruhigte Karl Liebknecht die Delegierten mit den Worten:»Wir werden natürlich nicht meinen, daß unsere Auffassung eine richtigere ist als die Auffassung, die Sie in Ihrem Beschluß zum Ausdruck bringen.«[17]

Und Rosa Luxemburg spielte die drohende Entscheidung gegen die Wahlbeteiligung mit den Worten herunter:»Ob Sie so oder anders beschließen, Sie stehen auf dem gemeinsamen Boden mit uns, auf dem Boden des revolutionären Kampfes gegen die Nationalversammlung.«[18] Diejenigen, die für einen Wahlboykott eintraten, würden nur die»einfachere, die bequemere« Methode wählen, während sie eben die»etwas« kompliziertere bevorzuge. Die Taktik des Spartakusbundes gelte unverändert weiter. Sie fuße darauf, »auf der Straße die Hauptaktion« zu entwickeln.»Die Straße soll überall zur Herrschaft und zum Triumph kommen.« »Gestützt auf die Aktion von außen« wolle sie»dieses Bollwerk von innen heraus sprengen.«[19]

Nur wenn man die wesentliche Übereinstimmung aller am Parteitag Beteiligten in der Einschätzung der Nationalversammlung sieht, nur dann wird verständlich, warum die Spartakusführung die Ablehnung einer Wahlbeteiligung nicht zur»Kabinettsfrage«[20] machen konnte und warum Jogiches Vorschlag, die ganze Parteigründung wieder rückgängig zu machen, keine Zustimmung fand.[21]

Da die Führung des Spartakusbundes ihre ganze Agitation ausschließlich auf die Verhinderung der Nationalversammlung zuspitzte, war es nur folgerichtig, daß sie damit Leute um sich scharte, die diese Forderungen zu ihren eigenen machten. Auf dem Parteitag

17 Ebd., S. 129.
18 Ebd., S. 104.
19 Ebd.
20 R.L. an Clara Zetkin vom 11.1.1919, Briefe, Bd. 5, S. 426.
21 Vgl. Paul Levi, Der Parteitag der Kommunistischen Partei, a.a.O., S. 43.
22 Gründungsparteitag, S. 175.
23 Ebd., S. 181.
24 Ebd., S. 175.

fanden sich genau jene Geister, die Rosa Luxemburg und Karl Liebknecht gerufen hatten.

»Wieder bei Karl Marx«

Rosa Luxemburg hatte sich die Aufgabe reserviert, in einem Grundsatzreferat die Ortsbestimmung des Spartakusbundes in der Geschichte und Tradition der deutschen Sozialdemokratie vorzunehmen. Sie stellte nun fest, daß die Politik der Partei bei Kriegsausbruch 1914 kein Verrat oder Irrtum, sondern das Ergebnis einer langen Geschichte gewesen war. Die Konsequenz aus dieser Erkenntnis lautete für sie: »… ganz klar und bewußt eine Revision vorzunehmen, gegenüber der Auffassung, die in der deutschen Sozialdemokratie bis zum Zusammenbruch am 4. August maßgeblich war.«[22]

Im Unterschied noch zu den »Leitsätzen«, die sie als »eine Anwendung des Erfurter Programms auf die gegenwärtigen Probleme des internationalen Sozialismus« begriffen hatte, meinte sie jetzt, daß ein radikaler Bruch mit den Positionen des Erfurter Programms vollzogen werden müsse. Dies sei mit dem Spartakusprogramm geschehen. Es befände sich »im bewußten Gegensatz zu dem Standpunkt, auf dem das Erfurter Programm bisher« gestanden hätte.[23]

Die erste Revision beträfe die Unterscheidung zwischen einem Minimal- und einem Maximalprogramm. Diese Auffassung, die den Sozialismus nur als einen »Leuchtstern in der Ferne«[24] habe erscheinen lassen, wäre nun überholt, denn der Sozialismus sei selbst zur Tagesaufgabe und zum Minimalprogramm geworden. Entscheidender war für sie jedoch etwas anderes: Sie glaubte, daß mit dem Erfurter Programm die Sozialdemokratie auf den Weg des »Nurparlamentarismus« eingeschworen worden war, dies nicht so sehr den Buchstaben, sondern dem Geiste nach. Dieser Geist wiederum sei eine originäre Schöpfung von Friedrich Engels gewesen. Den Bruch mit der demokratischen Seite des Erfurter Programms begründete sie deshalb mit einer Kritik an seinen Auffassungen. Es ging ihr jedoch im Kern nicht um den vermeintlichen »Nurparlamentarismus«: Sie kritisierte den Nurparlamentarismus, verwarf aber die parlamentarische Demokratie. Es ging ihr aber nicht um eine andere Form der Demokratie, sondern um die Abkehr von der Demokratie überhaupt. Sie wollte *die* Diktatur des Proletariats.

Engels hatte in seinem berühmten Vorwort zu der Marxschen Schrift »Die Klassenkämpfe in Frankreich« ausgeführt, daß die Zeit der Barrikadenkämpfe vorbei sei, weil gegen die modernen Armeen ein militärischer Sieg notwendig schlecht bewaffneter Arbeitertruppen nicht mehr denkbar sei. Entscheidend war jedoch sein Argument, daß Barrikadenkämpfe auch nicht mehr notwendig seien, da eine proletarische Revolution im Unterschied zu allen vorangegangenen eine Majoritätsrevolution sein müsse, denn wo »es sich um eine vollständige Umwälzung der gesellschaftlichen Organisation handelt, da müssen die Massen selbst mit dabei sein, selbst schon begriffen haben, worum es sich handelt, für was sie mit Leib und Leben eintreten. Das hat uns die Geschichte der letzten fünfzig Jahre gelehrt. Damit aber die Massen verstehen, was zu tun ist, dazu bedarf es langer, ausdauernder Arbeit, und diese Arbeit ist es gerade, die wir jetzt betreiben und das mit einem Erfolg, der die Gegner zur Verzweiflung bringt.«[25]

Engels sang das Hohe Lied auf das allgemeine gleiche Stimmrecht, das besonders die deutsche Sozialdemokratie seit 1866 hervorragend auszunutzen verstanden habe. Das war für Rosa Luxemburg »der reine Nurparlamentarismus«. Nach ihrer Einschätzung befand sich Deutschland »mitten in der Revolution, in einer Straßenrevolution mit allem, was dazugehört«.[26] Für sie hatte damit die Geschichte Engels glänzend widerlegt. Die Engelsche Kritik an den Positionen des *Kommunistischen Manifests* sei daher nicht länger gültig, sondern umgekehrt, erst jetzt beginne das *Manifest* wahr zu werden. Rosa Luxemburg verschwieg oder übersah, daß zwar Engels die Hoffnung des *Kommunistischen Manifests* auf einen radikalen politischen Umsturz kritisierte, sich jedoch mit seiner Empfehlung gerade auf das *Kommunistische Manifest* stützte: »Die revolutionären Arbeiter der romanischen Länder hatten sich angewöhnt, das Stimmrecht als einen Fallstrick, als ein Instrument der Regierungsprellerei anzusehen. In Deutschland war das anders. Schon das *Kommunistische Manifest* hatte die Erkämpfung des allgemeinen Wahlrechts, der Demokratie, als eine der ersten und wichtigsten Aufgaben des Proletariats proklamiert, und Lassalle hatte diesen Punkt wieder aufgenommen.«[27]

25 Friedrich Engels, Einleitung zu Karl Marx, Klassenkämpfe in Frankreich, MEW, Bd. 22, S. 523.
26 Gründungsparteitag, S. 177.
27 Friedrich Engels, a.a.O., S. 518.
28 Karl Marx/Friedrich Engels, Das Kommunistische Manifest, MEW, Bd. 4, S. 481.
29 Gründungsparteitag, S. 179.
30 Gründungsparteitag, S. 192.
31 Ebd., S. 198.

Tatsächlich findet sich im *Kommunistischen Manifest* die Aussage, »daß der erste Schritt in der Arbeiterrevolution die Erhebung des Proletariats zur herrschenden Klasse, die Erkämpfung der Demokratie ist«.[28] Wie immer diese Gleichsetzung von proletarischer Klassenherrschaft und Demokratie einzuschätzen ist, mit dem *Kommunistischen Manifest* kann jedenfalls eine Abkehr von der Demokratie und vom allgemeinen Stimmrecht (gemeint war 1847 noch das allgemeine Männerstimmrecht) nicht begründet werden. Rosa Luxemburg konnte diesen Versuch nur deshalb machen, weil sie den eigentlichen Gegensatz zwischen ihrer Position seit dem November und der Auffassung, wie sie Engels vertreten hatte, nicht offen benannte: Dieser Gegensatz bestand nicht zwischen Nurparlamentarismus und Straßenkampf, sondern zwischen einer demokratischen Regierungsform und einer Klassenherrschaft. Engels und das Erfurter Programm können in ihren demokratischen Positionen nicht gegen das *Kommunistische Manifest* ausgespielt werden. Ihr Ausruf: »Wir sind wieder bei Marx, unter seinem Banner«[29] ist zumindest in diesem Punkte falsch. Rosa Luxemburg hätte sich auf Lenin berufen können, doch dies tat sie bezeichnenderweise nicht.

Deutlicher noch als in ihrem Redebeitrag zur Frage der Wahlbeteiligung spekulierte sie in ihrem Grundsatzreferat mit der Möglichkeit, daß die Nationalversammlung nicht zustandekommen könnte: »Wir wollen unsere Taktik gegenüber der Nationalversammlung nicht auf die Möglichkeit einstellen, die wohl eintreten kann, aber nicht muß, daß nämlich die Nationalversammlung in die Luft fliegt ...«[30] Und im direkten Widerspruch zu ihrem eindeutigen Bekenntnis zur Schulung und Aufklärung durch das »Wort« hieß es jetzt wieder: »Am Anfang war die Tat.« Die Massen brauchten jetzt gar nicht mehr geschult zu werden. »Wir sind nämlich über die Zeiten hinaus, wo es hieß, das Proletariat sozialistisch zu schulen. Diese Zeiten scheinen für die Marxisten von der Kautskyschen Schule bis auf den heutigen Tag noch zu existieren. Die proletarischen Massen sozialistisch schulen heißt: Ihnen Vorträge halten und Flugblätter und Broschüren verbreiten. Nein, die sozialistische Proletarierschule braucht das alles nicht. Sie werden geschult, indem sie zur Tat greifen.«[31]

Das hinderte sie nicht, im gleichen Atemzug weiter davon zu sprechen, daß die Arbeitermassen, ja sogar die eigenen Parteigenossen ihre Aufgabe, eine Rätediktatur zu errichten, noch nicht begriffen hätten und deshalb mit Schulung nachgeholfen werden müsse: »Wir müssen die Massen erst darin schulen, daß der Arbeiter- und Soldatenrat der Hebel der Staatsmaschinerie nach allen

Richtungen hin sein soll, daß er jede Gewalt übernehmen muß und sie alle in dasselbe Fahrwasser der sozialistischen Umwälzung leiten muß.«[32] Wie anders sollten die Massen auch zu einer Tat bewegt werden, die sie gar nicht wollten, wie der Rätekongreß eindrucksvoll demonstriert hatte. Dieses Schwanken zwischen der Tat und dem Wort könnte erklärt werden durch die unterschiedliche Stoßrichtung der Polemik: Die Tat wurde gegen die Protagonisten des Wortes und das Wort gegen die Protagonisten der Tat gewendet.

Ausschlaggebend für die Widersprüche in Rosa Luxemburgs Argumentation scheint ihre ständig zwischen Extremen wechselnde Einschätzung des Kräfteverhältnisses: Einmal ging sie von der »Unreife« der proletarischen Massen aus, und dann wieder gab sie sich der Selbsttäuschung hin, diese Massen stünden in ihrer Mehrheit schon auf Seiten der Revolution und damit auf Seiten des Spartakusbundes. Beide Einschätzungen standen auch im Grundsatzreferat unvermittelt nebeneinander: Der These von der Unreife der proletarischen Massen folgte die Behauptung, »daß nur noch Reste, traurige Reste der Proletarier«[33] hinter Ebert und Scheidemann stünden. Das »Proletariat als Masse ist bereits ihren Händen entschlüpft, die Soldaten sind gleichfalls nicht mehr als konterrevolutionäres Kanonenfutter zu gebrauchen.«[34] Von »traurigen Resten« konnte selbst im radikalen Berlin um die Jahreswende 1918/19 nicht die Rede sein.

Dem Schwanken zwischen einer realistischen Wahrnehmung der eigenen Schwäche und einer phantastischen Selbsttäuschung über die Kräfteverhältnisse entsprach eine zweideutige Haltung in der praktischen Politik: Rosa Luxemburg schwankte zwischen putschistischen Aufrufen zum Sturz der Regierung und zur Verhinderung der Nationalversammlung und der Orientierung auf eine aufklärerische Tätigkeit in einem langfristigen Prozeß der sozialen Umwälzung, an dessen Ende erst die politische Machtübernahme stehen würde. Beide Taktiken können auch aus dem Grundsatzreferat gefolgert werden. Rosa Luxemburg selbst wußte oder spürte dies: Im gleichen Atemzug, in dem sie zum Sturz der Regierung aufrief, dämpfte sie sogleich die von ihr geweckten Hoffnungen. Sie bat die

---

32 Ebd.
33 Ebd., S. 187.
34 Ebd., S. 192
35 Ebd., S. 196.
36 Ebd., S. 197.
37 Ebd., S. 209f.

Delegierten, das Augenmerk nicht »allein« auf die Spitze zu richten, sondern »nach unten«[35] und dort sähe es noch nicht danach aus, daß Ebert gestürzt werden könne. Die Revolution sei bislang nur eine städtische gewesen und es wäre ein »Wahn«, den Sozialismus ohne das Land verwirklichen zu wollen. Schon vorher hatte sie auch darauf hingewiesen, daß die Hauptaufgabe der sozialistischen Revolution gar nicht im Bereich der Politik, sondern im Bereich der Ökonomie läge. Das Fazit dieser Überlegungen lautete, daß der Sturz von Ebert und Scheidemann oder anderer Regierungen »nur der Schlußakt ist«.[36]

Den Sturz der Revolutionsregierung zu betreiben und die Nationalversammlung zu verhindern, mußte, ausgehend von der Fehleinschätzung, die Masse des Proletariats habe den Mehrheitssozialdemokraten bereits den Rücken gekehrt, nicht unbedingt putschistisch gemeint sein. Putschistisch wurde ein Aufruf zum Sturz der Regierung dann, wenn die wirklichen Kräfte- und Mehrheitsverhältnisse zugrunde gelegt werden, und erst recht, wenn Rosa und Karl glaubten, die Mehrheit in den Räten und in den obersten Revolutionsorganen ignorieren zu können. Auf der Straße Mehrheiten zählen zu wollen, dürfte außerordentlich schwierig gewesen sein, besonders wenn es um Mehrheiten »in ganz Deutschland« gehen sollte. Doch selbst wenn dies gelänge, bliebe unerfindlich, wieso die Mehrheiten auf der Straße eine höhere Legitimität haben sollten als die Mehrheiten in den Arbeiter- und Soldatenräten, auf dem Reichsrätekongreß und in den anderen gewählten Revolutionsorganen.

Die beabsichtigte Debatte über das Grundsatzreferat fand nicht statt. Es entwickelte sich sofort eine Diskussion über das zur Abstimmung vorgelegte Spartakusprogramm. Aus den wenigen Beiträgen ging hervor, daß man vor allem statt der allgemeinen Schlagworte des Programms eine konkrete Anleitung für praktische Politik erwartete: »So wollen wir nicht sagen … einschneidende soziale Gesetzgebung, sondern konkret anführen, worin diese einschneidende Gesetzgebung bestehen soll. Ebenso würden wir vorschlagen sich bei Punkt 8 nicht damit zu begnügen, sofort gründliche Umgestaltung des Wohnungs-, Gesundheits- Erziehungswesens usw. im Sinne der geistigen und proletarischen Revolution zu fordern. Es kommt darauf an, zu sagen, was im Sinne der geistigen und proletarischen Revolution ist.«[37]

Eine lebendige Debatte entzündete sich jedoch nur an dem bereits erwähnten Beitrag von Paul Frölich, der ungeschminkt die anti-terroristischen Passagen des Programms ablehnte. Auf dessen Kritik antwortete Karl Liebknecht mit gewundenen Formulierungen: Das »Proletariat als solches, wenn es nach seinem Willen geht, es wünscht keinen Terror, es braucht keinen Terror.«[38] Damit wollte er ausdrücken, daß das wirkliche Proletariat sehr wohl zum Terror greifen müsse, denn er tröstete Paul Frölich mit folgender Auslegung des Spartakusprogramms: »Damit ist zum Ausdruck gebracht, daß wir nicht eine Limonadenrevolution zu machen gedenken, (Sehr gut!) sondern daß wir entschlossen sind, die eiserne Faust zu erheben und auf jeden niederzuschmettern, der der sozialen Revolution des Proletariats Widerstand entgegensetzt (Lebhafter Beifall).«[39]

Was Karl Liebknecht mit der »eisernen Faust« gemeint haben könnte, wurde deutlich durch die Bemerkungen eines Delegierten, denen sich Karl Liebknecht ausdrücklich angeschlossen hatte. Die Ablehnung von »individuellem« Terror schließe »nicht aus, sondern im Gegenteil mit ein, daß wir die Wirkung einzelner Persönlichkeiten auf die Masse unter dem konterrevolutionären System, gegenwärtig richtig einschätzen, und ich bin der erste, der bereit ist, wenn ein Revolutionstribunal Scheidemann und Ebert zum Aufknüpfen verurteilt, Bravo zu rufen«.[40]

Es wäre interessant gewesen zu hören, was Rosa Luxemburg zu diesen Interpretationen ihres Programms zu sagen gehabt hätte. Leider hat Rosa Luxemburg jedoch kein Schlußwort zu dieser Debatte gehalten. Der Vorsitzende gab dafür folgende Erklärung ab: »Die Genossin Luxemburg ist leider nicht in der Lage, das Schlußwort zu halten, da sie körperlich unpäßlich ist.«[41]

»Weltrevolution«

Die Frage des internationalen Zusammenhangs der sozialistischen Bewegung, verkörpert in der Internationale, war für Rosa Luxemburg von überragender Bedeutung gewesen. Das Auseinanderfallen der Internationale in den Augusttagen des Jahres 1914 war für sie eine »Katastrophe« und führte dazu, daß sie den internationalen Standpunkt noch radikaler als bisher formulierte. Nach ihrer Auffassung konnte der imperialistische Weltkrieg nur durch die revolutionäre Tat des internationalen Proletariats, d.h. durch die Weltrevolution beendet werden. Eine neue Internationale mußte sich von der alten, zusammengebrochenen vor allem in einem unterscheiden, nämlich eine Internationale der Tat und nicht eine der hohlen Phrase zu sein.

Mit ihren Leitsätzen für eine neue Internationale glaubte sie, die theoretischen und organisatorischen Prinzipien beschrieben zu haben, die eine solche Internationale der Tat ermöglichen könnten. Im Zeichen dieser Leitsätze gründete sie die Gruppe Internationale und spaltete die Opposition. Sämtliche Aussagen Rosa Luxemburgs während des Weltkrieges waren bezogen auf einen abstrakten Begriff des internationalen Proletariats. Die damit definierte Position wurde selbst dann nicht aufgegeben, als sich am Beispiel der russischen Revolution herausstellte, daß damit überhaupt keine nationale Politik mehr formuliert und gemacht werden konnte. Nach der Novemberrevolution trat diese radikale internationalistische Sichtweise merklich in den Hintergrund bzw. wurde überlagert durch den alles bestimmenden Streit um die Nationalversammlung. Sie wurde noch einmal angedeutet in der Forderung, sofort einen »Arbeiterweltkongreß« nach Deutschland einzuberufen. Diese Forderung wurde mit der gleichen Einschätzung begründet, die auch für die Haltung Rosa Luxemburgs gegenüber der russischen Revolution entscheidend war, nämlich, daß »in der Internationale, in der Weltrevolution allein«, die Zukunft der deutschen Revolution liege.[42]

In seiner unverfälschten, abstrakten Radikalität kam der internationalistische Standpunkt noch einmal zum Ausdruck in dem von Karl Liebknecht, Franz Mehring und Clara Zetkin mitunterzeichneten Schreiben »An die Proletarier aller Länder« vom 25. November 1918. Diktiert war dieses Schreiben von der realistischen Annahme, daß die Regierungen der siegreichen Länder sowohl gegen die russische als auch gegen die deutsche Revolution vorgehen würden, und daß die deutsche Revolution nur mit Unterstützung der internationalen Solidarität der Arbeiter siegen könne: »Deutschland ist schwanger mit der sozialen Revolution, aber den Sozialismus kann nur das Weltproletariat verwirklichen.« Die führenden Vertreter des Spartakusbundes forderten deshalb das Weltproletariat auf: »Wählt überall Arbeiter- und Soldatenräte, die die politische Macht ergreifen und die zusammen mit uns den Frieden herstellen werden.«[43]

Dieser Hilferuf hatte angesichts der »grausamen Waffenstillstandsbedingungen« (Karl Liebknecht) durchaus seine Berechti-

---

38 Ebd., S. 222.
39 Ebd.
40 Ebd., S. 217.
41 Ebd., S. 224.
42 R.L., Der Anfang, GW, Bd. 4, S. 398.
43 R.L., An die Proletarier aller Länder, GW, Bd. 4, S. 418.

gung. Nach Meinung von Paul Levi überantwortete dieser Waffenstillstandsvertrag »die deutsche Demobilisierung und die Ernährung Deutschlands dem hoffnungslosen Chaos.« Vor diesem Frieden des »schrankenlosen Entente-Imperialismus« gab es nach Levi nur eine Rettung, die Rettung durch die neue Internationale, durch »die Internationale der unmittelbaren Tat, der revolutionären Aktion der Unterdrückten aller Länder.«[44] Die gleiche Einschätzung hatte Karl Liebknecht: »Nur der Weg der Revolution führt auch aus den furchtbaren Gefahren, die Ernährung und Rohstoffversorgung Deutschlands bedrohen«[45] und ähnlich hatte schon zuvor Jogiches die Waffenstillstandsbedingungen bewertet, allerdings nicht mit der Hoffnung auf die Weltrevolution, sondern mit der Hoffnung, daß Ebert an den Waffenstillstandsbedingungen scheitern möge. Die Einschätzung der Waffenstillstandsbedingungen war allen Sozialisten gemeinsam. Auch die Hilferufe an das internationale Proletariat und die Bitte um revolutionäre Solidarität wurden schon vor dem Aufruf des Spartakusbundes erlassen. So vor allem von der USPD mit ihrem Aufruf vom 14. November: »An die Internationale« und dem Aufruf des Berliner Vollzugsrats vom gleichen Tage.[46] Im Unterschied zu Spartakus traten die USPD und der Vollzugsrat den Genossen der anderen Länder jedoch sehr viel bescheidener gegenüber. Besonders der Vollzugsrat wäre schon damit zufrieden gewesen, wenn die Arbeiter der Siegerländer auf ihre Regierungen dahingehend »wirken« könnten, »daß das deutsche Volk nicht völlig zum Hungertode und zu politischer Ohnmacht verurteilt werde«.[47] Weder USPD noch Vollzugsrat stellten sich, wie Spartakus, dem internationalen Proletariat mit den Worten vor: »Aber Proletarier aller Länder, jetzt spricht der deutsche Proletarier selbst zu Euch.«[48]

Wesentlich ist jedoch, daß aus der übereinstimmenden Bewertung der Waffenstillstandsbedingungen unterschiedliche Konsequenzen gezogen werden konnten. Die Mehrheitssozialdemokratie

44 Paul Levi, Und nun? – Der Friede?, Rote Fahne, Nr. 4 vom 19.11.1918.

45 K.L., Rede vor dem 53er Ausschuß der Marine, 27.11.1919, in: GRS, Bd. IX, S. 623.

46 Beide Aufrufe in: Die Freiheit, Nr. 1 vom 15.11.1918.

47 Ebd., S. 383.

48 An die Proletarier aller Länder, a.a.O., S. 413.

49 K.L., Rede vor dem 53er Ausschuß der Marine, a.a.O., S. 623.

50 K.L., Rede in einer Versammlung in der Hasenheide in Berlin, 23.12.1918, a.a.O., S. 660.

51 Was will der Spartakusbund?, a.a.O., S. 449.

zog daraus den Schluß, daß eine demokratisch legitimierte Volksvertretung und Regierung so schnell wie möglich geschaffen werden müsse, damit mit den Regierungen der Sieger erträgliche Friedensbedingungen ausgehandelt werden konnten. Sie hegte keinerlei Hoffnung, daß das Proletariat der Siegerländer, ihren Regierungen aus Freundschaft zum deutschen Proletariat in den Arm fallen würden: Demgegenüber war sich Karl Liebknecht der Solidarität des internationalen Proletariats sicher – wenn erst der Siegestaumel verflogen sei: »Das deutsche Proletariat baut seine Hoffnungen auch nicht auf den Flugsand Wilsonscher Gnade, sondern auf den Felsen der internationalen proletarischen Solidarität.«[49] Und dieser Taumel würde um so schneller verfliegen, »je entschiedener das deutsche Proletariat mit dem guten Beispiel vorangeht, je schneller und entschiedener wir unsere Revolution zum Sozialismus hin entwickeln, je schneller wird uns das Proletariat der Entente folgen.«[50]

Die deutsche Revolutionsregierung konnte maximalistische Hoffnungen nicht zur Grundlage ihrer Politik machen. Diese Tatsache wurde von Spartakus negiert. Spartakus stellte seine Forderungen auf der Grundlage der Hoffnung auf die Weltrevolution und lehnte es ab, eine sozialistische Realpolitik unter den Bedingungen der militärischen Niederlage und der Waffenstillstandsbedingungen zu entwickeln. Auffallend ist an sämtlichen Aussagen, die sich mit der Einschätzung der internationalen Situation bzw. mit der Internationale und der Weltrevolution befassen, daß der Vorschlag, eine neue Internationale aufzubauen, nicht vorgetragen wurde. Im Spartakusprogramm wurden der neuen Internationale nur wenige unverbindliche Zeilen gewidmet: »Sofortige Aufnahme der Verbindungen mit den Bruderparteien des Auslandes, um die sozialistische Revolution auf internationale Basis zu stellen und den Frieden durch die internationale Verbrüderung und revolutionäre Erhebung des Weltproletariats zu gestalten und zu sichern.«[51] Die überragende Bedeutung, die die Frage einer neuen Internationale vor allem für Rosa Luxemburg gehabt hatte, stand im auffallenden Gegensatz zu ihrer mehr als stiefmütterlichen Behandlung auf dem Gründungskongreß der KPD. Zwischen Tür und Angel, gegen Ende des zweiten Verhandlungstages, als ein Teil der Delegierten bereits die Konferenz verlassen hatte, konnte nach dem Hinweis, daß das Referat nur zehn Minuten in Anspruch nehmen werde, der Tagesordnungspunkt »Internationale Konferenz« behandelt werden. Der Referent Hermann Duncker trug im wesentlichen eine vorbereitete Resolution vor, in der die KPD das »Weltproletariat« aufgefordert, Arbeiter- und Soldatenräte zu bilden und in der die von den Mehrheitsparteien der alten Internationale angeregte internationale Konferenz, an der auch die Unabhängigen ihre Beteiligung zugesagt hatten,[52] abgelehnt wurde. Ebenfalls lehnte die KPD – allerdings unausgesprochen – den Versuch der Bolschewiki ab, ihrerseits eine Internationale zu gründen. Es gab nur eine Wortmeldung und die kam nicht von Rosa Luxemburg.

Als wenige Tage nach dem Gründungskongreß die offizielle Aufforderung zur Gründung der Kommunistischen Internationale eintraf, lehnten Rosa Luxemburg und die gesamte Zentrale der KPD die Gründung einer Internationale als verfrüht ab.[53]

»Der beste Teil«

Wenn jemand außerhalb der Gewerkschaften auf die Berliner Arbeiter Einfluß hatte und aktionsfähig war, dann waren es die Revolutionären Obleute. Karl Liebknecht gab freimütig zu, daß die Obleute »die Arbeiterschaft in ihrem verhältnismäßig besten Teil von Berlin repräsentieren«[54], und Pieck erkannte an, daß es die Obleute waren, die die Arbeiter aus den Betrieben geholt hätten und nicht Spartakus: »Welchen starken Einfluß die Revolutionären Obleute haben, weiß ich ja, sie haben die Arbeiterschaft zu den Aktionen auf die Straße geholt.«[55] Ihre maßgeblichen Anführer hatten sich früh zu prinzipiellen Gegnern der Nationalversammlung erklärt. Es gab in diesem Punkte eine größere Übereinstimmung mit dem Spartakusbund als mit der USPD. Es lag nahe, sich an einer Parteigründung zu beteiligen, die diese Forderung erhob. Auf ihren Vorschlag hin kam es am Rande des Parteitages zu Verhandlungen über die Frage des Anschlusses der Obleute an die KPD. Karl Liebknecht war Verhandlungsführer der KPD. Zunächst führten diese Verhandlungen zu einem Forderungskatalog der Obleute, von deren Erfüllung sie ihren Eintritt in die KPD abhängig machen wollten: »1. Wir bestehen darauf, daß die Genossen von der KP die Kongreßteilnehmer ersuchen sollten, von dem gestern gefaßten Beschluß in Bezug auf die Nationalversammlung Abstand zu nehmen. Dieser Beschluß bezieht sich auf die Frage des grundsätzlichen Antiparlamentarismus. 2. ist die Bedingung aufgestellt worden, daß in der Besetzung der Posten in dem Vorstand, der Preßkommission etc. vollkommene Parität zwischen der Kommunistenpartei und den Revolutionären Obleuten herrschen muß. 3. wünscht die Kommission eine nähere Erläuterung dessen, was wir als die Straßentaktik bezeichnen, auf die ja im Kongreß mit größtem Nachdruck hingewiesen worden ist. Dieser allgemeine Begriff sollte in einer bestimmten Form umschrieben werden. Keine Aktionen sollten ohne die Zustimmung der revolutionären Obleute vorgenommen werden. 4. Einfluß auf die Zeitung und auf die Flugblätter, die herausgehen. 5. Wunsch nach Änderung des Namens, besonders soll der eingeklammerte Name ›(Spartakus)‹ fortfallen.«[56]

Diese Punkte, die auf eine Unterwerfung des Spartakusbundes hinausliefen, konnten nicht angenommen werden. Karl Liebknecht sagte in seinem Bericht über diese Verhandlungen, daß sich der Parteitag selbst lächerlich machen würde, wenn er sich den Forderungen der Obleute beugen und seine bereits gefaßten Beschlüsse wieder umwerfen würde.

Es ist jedoch die Frage, warum es überhaupt zu dieser Art der Konfrontation kommen mußte. Immerhin hatte Karl Liebknecht schon vor Weihnachten verschiedene Gespräche mit Vertretern der Obleute über eine Parteigründung geführt, und, nach Richard Müllers Aussage, soll in diesen Gesprächen sogar ein weitgehender Konsens erzielt worden sein. Müller glaubte deshalb annehmen zu dürfen, daß die Obleute und die Spartakusgruppe »nun gemeinsam vorgehen könnten«.[57] Offensichtlich wurden die Obleute durch die Konstituierung des Spartakusbundes zu einer selbständigen Partei vor vollendete Tatsachen gestellt. Will man nicht Dilettantismus bei der Vorbereitung des Gründungskongresses annehmen, dann bedeutete dies, daß die Obleute von der Spartakusführung bewußt ferngehalten wurden. Einige Gründe dafür lassen sich aus dem Forderungskatalog ablesen: Die Obleute, obwohl sie sich zu den schärfsten Gegnern einer Nationalversammlung zählten, fühlten sich offenbar an den Beschluß des Rätekongresses für eine Nationalversammlung gebunden. Zwar hatte die Spartakusführung mit ihrem Aufruf für eine Wahlbeteiligung diese Differenz halbwegs reduziert, doch machten die Delegierten des Parteitages ihr einen Strich durch diese Rechnung. Für die Obleute hatten sie damit eine unannehmbare Entscheidung getroffen.

---

52 Vgl. dazu die Darstellung bei Wheeler, a.a.O., S. 53 f. und Braunthal, a.a.O., Bd. 2, S. 167 ff.

53 Vgl. dazu die Schilderung von Hugo Eberlein, Spartakus und die Dritte Internationale, in: Internationale Pressekorrespondenz vom 29.2.1924, S. 306 f.

54 Gründungsparteitag, S. 278.

55 Protokoll der Sitzung der Revolutionären Obleute und Vertrauensleute der Großbetriebe Berlins, am 1.1.1919, in: BZG, Nr. 6, 17. Jg., 1975, S. 1007.

56 Ebd., S. 1006.

57 Ebd., S. 1008.

Wichtiger dürfte jedoch die unterschiedliche Auffassung, wie Politik und wie Aktionen gemacht werden können und dürfen, gewesen sein. Die Aktionsaufrufe des Spartakusbundes waren nach dem Rätekongreß gegen die obersten Revolutionsorgane gerichtet und wurden von Richard Müller als »putschistische« Politik abgelehnt: »Wir sind davon überzeugt, daß Aktionen auf der Straße notwendig sind, aber was ich verurteile, und worin ich mich einig weiß mit meinen Genossen, das ist, daß in der *Roten Fahne* wochenlang gehetzt wird zu allen möglichen Aktionen. Die so aufgehetzte Masse wird dann auch zu Putschen greifen, wie sie sich z.B. in dem Putsch auf den *Vorwärts* äußert.

Die *Rote Fahne* jubelt, das müsse in der nächsten Zeit wiederkommen. Wenn es aber dann nicht klappt, sagt man, man hätte damit nichts zu tun. Die Massen draußen sind nicht so geschult wie wir und können nicht alles richtig unterscheiden, man müßte deshalb etwas vorsichtiger sein.«[58]

Gerade in dieser Taktik sahen die Spartakusleute jedoch ihre originäre Schöpfung. Während die Unabhängigen nur die »morsch bankrotten Traditionen der alten Sozialdemokratie und ihres parlamentarischen Scheindaseins« fortsetzten, »bahnten« die Spartakusleute der neuen, revolutionären Taktik, der außerparlamentarischen Massenaktion den Weg, mahnten und riefen unermüdlich zu den Massenstreiks auf.[59]

Auch die Obleute sahen darin ein Spezifikum des Spartakusbundes – allerdings ein negatives. Karl Liebknecht wertete die Ablehnung der Straßentaktik durch die Obleute als eine sachliche Differenz »ernsthafter Art«. Seiner Meinung nach brächten die Obleute mit ihrer Ablehnung, »ein solch ungeheures Mißtrauen gegen unsere bisherige Taktik zum Ausdruck ... daß damit gleichsam die Voraussetzung aufgehoben erscheine, auf der die Verhandlung basiere, nämlich die Voraussetzung, daß man wirklich auf der gleichen politischen Basis stehe (Sehr richtig).«[60]

Wenn schon bei den Obleuten die spezifische Taktik des Spartakusbundes auf solche Ablehnung gestoßen war, dann läßt sich leicht vorstellen, wie sie auf die gemäßigteren Sozialdemokraten in Partei und Gewerkschaften gewirkt haben muß. Diese Taktik hatte

---

58 Protokoll der Sitzung der Revolutionären Obleute und Vertrauensleute der Großbetriebe Berlins, a.a.O., S. 100.
59 R.L., Die Reichskonferenz des Spartakusbundes, a.a.O., S. 478
60 Gründungsparteitag, S. 274, vgl. auch S. 277.
61 Bericht über den 2. Parteitag der KPD vom 20. bis 24. Oktober 1919, S. 26.
62 Nettl, a.a.O., S. 449.

aber den Vorteil, daß sich Spartakus als besondere Gruppe kenntlich machen konnte. Sie führte auch dazu, daß sich eine bestimmte Anhängerschar um den kleinen Kern der intellektuellen Führung sammelte: »Wie in jeder Organisation, die auf der äußersten Linken steht, fanden sich auch bei uns viele zweifelhafte Elemente ein, politische Sonderlinge, Abenteurer, ja selbst Gesindel, das auf Grund der Hetze des Bürgertums und der Regierung glaubte, bei uns Geschäfte machen zu können. Erst allmählich konnten diese Elemente abgestoßen werden.«[61] Diese »Straßentaktik« und die von ihr angezogenen Anhänger wurden mit dem Namen Spartakus identifiziert. Die Obleute verlangten deshalb eine Änderung des Parteinamens.

Die Ausschaltung der Obleute von der Parteigründung hatte durchaus sachliche Gründe. Aber gemessen am Selbstverständnis des Spartakusbundes, die revolutionäre Avantgarde des Proletariats zu sein, war die Zurückweisung der Obleute dumm. Verschärfend kam hinzu, daß Spartakus die Verwirklichung seiner programmatischen Vorstellungen nur über den Aufbau eines Betriebsrätesystems verwirklichen zu können glaubte. Er isolierte sich jetzt ausgerechnet von jenen Kräften, die im Unterschied zu Spartakus tatsächlich in den Betrieben verankert waren, die dabei waren, eine Betriebsräteorganisation auf die Beine zu stellen, die darüber hinaus in dem wichtigen Metallarbeiterverband mehrheitsfähig waren und an die erwähnten »kolossalen Mittel« dieser Gewerkschaft herankommen konnten.

Mißt man die Ergebnisse des Parteitages an den Erwartungen, die die maßgeblichen Führer des Spartakusbundes an ihn geknüpft hatten, nämlich endlich eine Partei mit klarem Programm und klaren Prinzipien als Voraussetzung für klare revolutionäre Taten zu schaffen, dann war dieser Parteitag ein totales Fiasko: Die Führung hatte sich mit ihrer einzigen, konkreten, umittelbar praktisch-politischen Forderung nicht durchsetzen können und in keiner einzigen programmatischen Forderung konnte ein Klärung herbeigeführt werden. Überwiegend einig war man sich nur im Negativen: Man wollte keine allgemeine Demokratie, keine Nationalversammlung, keine Gewerkschaften, keine Internationale, sei sie sozialdemokratischer oder bolschewistischer Provenienz. Wie Nettl in seiner Biographie zu der Wertung kommen konnte, daß unter der Leitung Rosa Luxemburgs »eine wahrhaft marxistische Partei in Deutschland gegründet worden« sei, ist unerklärlich.[62] Dieser Verlauf des Parteitages mußte auch bei den maßgeblichen Betreibern einer selbständigen Parteigründung Zweifel darüber aufkommen lassen, ob die Abspaltung von der USPD richtig gewesen war. Rosa Luxemburg gestand in ihren Nachbetrachtungen zum Parteitag, »daß der Parteitag das ihm vorliegende enorme Werk nur bruchstückweise hat vollbringen können«. Von Karl Liebknecht ist kein Kommentar überliefert.

»Aufs Ganze«

Mit dem Namen des Spartakusbundes verband sich seit den ersten Tagen der Novemberrevolution vor allem die scharfe Ablehnung der von den Mehrheitssozialdemokraten und Teilen der Unabhängigen angestrebten Nationalversammlung. Die Welt der bürgerlichen Parteien, die ebenfalls für die Nationalversammlung eintraten und erst recht jener, die der verlorenen Monarchie nachtrauerten und Gegner einer demokratischen Republik waren, blieb unbeachtet. Als erster Schritt wurde der Sturz der Ebert-Haase-Regierung angesehen. Rosa Luxemburg bezeichnete diese Forderung in der *Roten Fahne* vom 8. Januar als das »Leitmotiv« der bisherigen Politik des Spartakusbundes.[63] Diese Position wurde auch dann nicht aufgegeben, als der Rätekongreß mit überwältigender Mehrheit sich für eine demokratische Republik und gegen eine Klassendiktatur ausgesprochen hatte – und die Ebert-Haase-Regierung als die oberste Exekutive und Legislative der Revolution bestätigt hatte. Nicht einmal während der Zeit, als sich die Spartakusführung um die Zustimmung ihrer Mitglieder für eine Wahlbeteiligung bemühte, wurde die prinzipielle Gegnerschaft zur Nationalversammlung aufgegeben. Immer wieder wurde mit dem Gedanken gespielt, den Zusammentritt der Nationalversammlung doch noch verhindern zu können. Dem entsprach das einmütige Bekenntnis aller Teilnehmer des Gründungskongresses der KPD zur »Straßenpolitik« als dem primären revolutionären Mittel. Bei Rosa Luxemburg gab es auch andere Töne. Doch ihre zwischen langfristiger Aufklärung durch das Wort und kurzfristiger Tat oszillierende Haltung konnte sehr unterschiedlich verstanden und ausgelegt werden.

Die prinzipielle Ablehnung der Nationalversammlung und der Haß auf die Mehrheitssozialdemokraten als Resultat einer vierjährigen erbitterten Auseinandersetzung, verstärkt durch deren Er-

---

63 R.L., Versäumte Pflichten, GW, Bd. 4, S. 521.
64 Aufruf der revolutionären Obleute, des Zentralvorstandes der Berliner USPD und der Leitung der KPD, in: Richard Müller, Ebd., S. 222.

Bewaffnete Arbeiter besetzen das Zeitungsviertel, Berlin, 5. Januar 1919

folg, sich in letzter Minute an die Spitze der Revolution zu stellen, mit der sie im Grunde nichts zu tun haben wollten, gingen weit über die Anhängerschaft des Spartakusbundes hinaus. Hinzu kam wachsender Unmut über die Unmöglichkeit, Unfähigkeit oder Unwilligkeit der Revolutionsregierung, Beschlüsse zu fassen, die den geweckten Erwartungen von einer sozialistischen Republik entgegengekommen wären. Nicht einmal die Beschlüsse des Rätekongresses vermochte die Regierung in Taten umzusetzen. In den Augen der Linken hatte zudem die von Ebert in den Vorweihnachtstagen getroffene Entscheidung, Militär zur Befreiung von Otto Wels einzusetzen, wie ein Verrat gewirkt.

Der äußere Anlaß für die bewaffnete Auseinandersetzung im Januar unter den sozialistischen Brüdern war die Entlassung des Berliner Polizeipräsidenten Eichhorn durch den preußischen Innenminister Hirsch am 4. Januar. Die Linken (Obleute, Teile der USPD, Spartakus) sahen in dieser Entlassung »einen neuen niederträchtigen Anschlag gegen die revolutionäre Arbeiterschaft Groß-Berlins« durch die Ebert-Scheidemann-Regierung.[64] Schon Zeitgenossen war aufgefallen, wie merkwürdig diese Empörung und besonders die daraus entsprungene Idee, die Absetzung Eichhorns verhindern zu wollen, war. Hatten doch alle Anstrengungen des Spartakusbundes, der Obleute und von Teilen der linken USPD von Anfang an darauf abgezielt, die Koalition der Unabhängigen mit den Mehrheitssozialdemokraten zu sprengen. Mit dem Boykott des Zentralrats der deutschen sozialistischen Republik hatte der linke Flügel der USPD dazu die entscheidende Weiche gestellt. Der Rücktritt der drei Volksbeauftragten und der folgende Rücktritt der USPD-Mitglieder aus der preußischen Regierung waren die beabsichtigte Konsequenz dieser Politik. Nach dieser Logik hätten sie Eichhorn nun ebenfalls zurückziehen müssen, denn als einer der wichtigsten Exekutivbeamten hätte er als linker USPD-Mann die »konterrevolutionäre« Politik der Ebert-Regierung ausführen müssen. Wollten die Linken aber eine solche Politik verhindern, dann hätten gerade die Machtpositionen im Rat der Volksbeauftragten, in der preußischen Regierung und im Zentralrat der Deutschen Sozialistischen Republik nicht freiwillig aufgegeben werden dürfen. Nur weil diese Positionen geräumt wurden, stellte sich überhaupt erst die Frage einer Entlassung von Eichhorn. Es war der Revolutionsregierung und der Preußischen Regierung nicht zuzumuten, Eichhorn im Amt lassen, nachdem dieser vor allem eines klargestellt hatte, daß er der Regierung keineswegs loyal dienen wolle. Er hatte sich nicht nur gegen die Nationalversammlung ausgesprochen, er hatte auch seine Sicherheitswehr bei der Auseinandersetzung mit der Volksmarine nicht auf die Seite der Regierung gestellt, sondern auf die Seite der Matrosen und mußte auch die Bewaffnung von Zivilisten im Polizeipräsidium verantworten.[65]

Rosa Luxemburgs ehemaliger Kollege aus gemeinsamen Zeiten in der Redaktion der *Sächsischen Arbeiterzeitung* beriet seine Entlassung mit dem »zufällig« tagenden Zentralvorstand der Groß-Berliner USPD und den revolutionären Obleuten. Diese riefen prompt zu einer Protestdemonstration auf, und zwar »mit der damals üblichen Begründung« – wie Richard Müller es formulierte. Er meinte damit wahrscheinlich die Schlußsätze dieses Aufrufs: »Es gilt Eure Freiheit, es gilt Eure Zukunft, es gilt das Schicksal der Revolution! Nieder mit der Gewaltherrschaft der Ebert-Scheidemann-Hirsch und Ernst! – Es lebe der revolutionäre internationale Sozialismus!«[66] Unterzeichnet wurde dieser Aufruf vom Zentralvorstand der Groß-

---

65 Emil Eichhorn, Eichhorn über die Januar-Ereignisse, Berlin 1919, S. 50 f.
66 Aufruf der revolutionären Obleute, a.a.O., S. 222.
67 Rote Fahne, Nr. 14 vom 14.1.1920, Georg Ledebour, Die Revolution und die Anderen.
68 Rote Fahne, Nr. 5 vom 5.1.1919.
69 Vgl. die genaue Rekonstruktion der Abläufe Ottokar Luban, a.a.O.
70 Richard Müller, a.a.O., S. 33f.

Berliner USPD, den revolutionären Obleuten und der Zentrale der Kommunistischen Partei, die sich inzwischen auch mit der Entlassung Eichhorns befaßt und dem Aufruf angeschlossen hatten.

Nach Darstellung der KPD – ein Jahr später – waren sich die Mitglieder der Zentrale in ihrer Beratung am 4. Januar »alle« einig, »daß es sinnlos sei, die Regierung anzustreben: eine auf das damalige Proletariat gestützte Regierung hätte 14 Tage zu leben gehabt, länger nicht. Infolgedessen waren die Mitglieder der Zentrale darüber einig, daß alle Forderungen vermieden werden müßten, die den Sturz der damaligen Regierung mit Notwendigkeit zur Folge haben müßten.«[67] Neben der Forderung, daß Eichhorn im Amt bleiben müsse, forderte Spartakus in seinem Aufruf in der *Roten Fahne* vom 5. Januar: »Entwaffnung der Gegenrevolution, Bewaffnung des Proletariats, Zusammenschluß aller der Revolution treuen Truppenteile.« Und am Schluß hieß es: »Verdoppelt laut muß der Ruf gellen: Nieder mit Ebert-Scheidemann!«[68]

Dies war wahrscheinlich ebenfalls nicht als konkreter Aufruf zum Sturz der Regierung gemeint, sondern eine weitere, damals übliche, radikal gemeinte Agitationsphrase. Nach den Schilderungen von Richard Müller, Ledebour u.a. machte dann die Demonstration mit ihrem unerwarteten Ausmaß – zirka 100.000 Menschen kamen zusammen – einen derart überwältigenden Eindruck auf die Initiatoren, daß diese glaubten, nun sei die günstige Gelegenheit für einen »glücklichen Handstreich« gekommen, den Sturz der Ebert-Regierung in die Tat umzusetzen. Zu diesem Eindruck trug wahrscheinlich nicht nur die Anzahl der Teilnehmer bei, sondern auch ihr militantes Auftreten. Ein Teil der Arbeiter und Soldaten erschien bewaffnet und fuhr sogar mit Maschinengewehren vor. Hinzu kamen noch Gerüchte, daß Truppenteile ihre Unterstützung zugesagt hätten, und daß Teilnehmer der Demonstration spontan daran gingen, Gebäude zu besetzen, auch wenn es erst einmal nur Zeitungsgebäude waren.[69] Nach Richard Müller waren es vor allem Liebknecht, Pieck und Ledebour, die nun »aufs Ganze« gehen wollten. Liebknecht soll erklärt haben, daß »nicht nur der Schlag gegen Eichhorn jetzt abgewehrt werden müsse, sondern auch der Sturz der Regierung Ebert-Scheidemann möglich und unbedingt notwendig sei.«[70] Diese Meinung scheinen Liebknecht und andere schon auf der Demonstration selbst propagiert zu haben. Im Bericht der *Roten Fahne* hieß es: »Die Reden mündeten alle aus in die Losung: Die revolutionären Arbeiter und Soldaten Berlins halten das Polizeipräsidium, sie werden mit Aufbietung der äußersten Machtmittel kämpfen, wenn man ihnen diese Position zu entreißen sucht. Sie fordern sofortige Bewaffnung der Arbeiter, Bildung einer Roten Garde, Entwaffnung der Gegenrevolutionäre. Der Sturz der Ebert-Regierung ist Lebensfrage der Revolution.«[71]

Auf einer Sitzung aller am Aufruf zur Protestdemonstration beteiligten Gruppen – anwesend waren etwa siebzig Obleute, der Zentralvorstand der Berliner USPD, Pieck und Liebknecht von der Zentrale der KPD – wurde gegen sechs Stimmen, darunter die von Richard Müller und Ernst Däumig, beschlossen, den Sturz der Regierung anzustreben. Es wurde zu diesem Zwecke eigens ein Revolutionsausschuß mit 53 Mitgliedern (Pieck spricht von 33 Mitgliedern) gebildet und Liebknecht, Ledebour und Scholze zu dessen Vorsitzenden gewählt. Dieses Gremium beschloß »noch in der Nacht die Kabinettsmitglieder zu verhaften, die militärisch wichtige Gebäude am Montag zu besetzen«.[72] Die Kabinettsmitglieder konnten dann nicht verhaftet werden, und der Versuch, militärisch wichtige Gebäude zu besetzen, erinnerte an ein »Narrenspiel« (Müller).

»Die Regierung hat sich unmöglich gemacht«

Ein Trupp Matrosen hatte den Auftrag erhalten, das Kriegsministerium zu besetzen, ausgestattet mit einem Schriftstück, in dem Liebknecht, Ledebour und Scholze die Regierung mit der Begründung, sie habe sich »unmöglich gemacht«, für abgesetzt erklärten. Allerdings fehlten auf diesem Schriftstück noch die Unterschriften. Der Diensthabende des Kriegsministeriums, Leutnant Hamburger, wollte die Besetzung erst genehmigen, wenn die Echtheit des Zettels durch Unterschriften bestätigt würde. Der Führer des dreihundert Mann starken Matrosentrupps ließ die Mannschaft vor dem Kriegsministerium stehen und eilte zurück in den Marstall, den Sitz des Revolutionsausschusses, um sich die notwendigen Unterschriften zu holen. Scholze und Liebknecht unterschrieben dieses Schriftstück. Bei seinem Aufenthalt im Marstall bemerkte der Matrosenführer, daß in der Volksmarine erhebliche Meinungsunterschiede über die

---

71 Rote Fahne, Nr. 6 vom 6.1.1919.

72 Wilhelm Pieck, »Zur Parteigeschichte der KPD« 1918–1920, SAPMO-BArch, NY 4036, Nr. 384, Bl. 114.

73 Der Ledebour-Prozeß – Gesamtdarstellung des Prozesses gegen Ledebour wegen Aufruhr etc. vor dem Geschworenengericht Berlin-Mitte vom 19. 5. bis 23.6.1919, auf Grund des amtlichen Stenogramms bearbeitet und mit einem Vorwort versehen von Georg Ledebour, Berlin 1919, S. 333.

74 Vorwärts, Nr. 23 vom 14.1.1919.

Beteiligung am Putsch bestanden, und tatsächlich erklärte sich die
Volksmarine für »neutral« und warf den Revolutionsausschuß »mit
den gröbsten Schimpfworten« (Pieck) aus ihrem Quartier. Der Matrosenführer steckte jedenfalls den Zettel in seine Tasche und ging
nach Hause. Seine dreihundert Mann vor dem Kriegsministerium
ließ er ohne Nachricht ausharren. Sie zogen nach einiger Zeit vergeblichen Wartens sang- und klanglos wieder ab. Als der Staatsanwalt im Ledebour-Prozeß von Leutnant Hamburger wissen wollte,
ob sein Verhalten eine »Kriegslist« gewesen sei, entgegnete Hamburger: »Der Einwand [fehlende Unterschriften] war von mir ernst
gemeint. Es war mir vollständiger Ernst damit, wenn die Regierung
gestürzt ist, stände einer Besetzung nichts mehr im Wege.«[73]
    Dieses Dokument wurde vom *Vorwärts* am 14. Januar als »Das Dokument der Schuld« faksimiliert auf der ersten Seite abgedruckt.[74] Es
dient seither als ein Beleg für die Eindeutigkeit der Putschabsichten
Liebknechts u.a. Diese sind unbestritten. Nur in der Wertung scheiden sich die Geister – immer noch. So meint Luban, daß der Versuch, die Regierung zu stürzen, zum Zeitpunkt als das Dokument

formuliert wurde, keinen Putschversuch darstelle, denn »es sah so aus, als ob die erdrückende Mehrheit der Berliner Arbeiterschaft auf eine Ablösung der Regierung Ebert-Scheidemann drängte«.[75] Dazu ist folgendes zu sagen: 1. Als am Abend des 5. Januars die Entscheidung fiel, die Regierung mit Waffengewalt aus dem Amt zu jagen, konnte von einem solchen Drängen einer erdrückenden Mehrheit der Berliner Arbeiterschaft keine Rede sein. 2. Die Umschreibung diese Vorhabens mit dem Begriff »Ablösung« beschönigt und verharmlost. 3. Selbst die zirka 200.000 Demonstranten am 6. Januar stellten immer noch keine erdrückende Mehrheit der Berliner Arbeiter dar. 4. Im Spartakusprogramm stand, Spartakus wolle nur mit der Mehrheit des Proletariats »in ganz Deutschland« die Macht ergreifen und nicht nur mit Berliner Mehrheiten. Lubans Versuch eine »revolutionäre Legitimation« abzuleiten in Analogie zum 9. November verkennt, daß Berlin der Schlußpunkt der revolutionären Erhebung im Reich gewesen ist. Die Spekulation, hätte man erst die Macht in Berlin, dann würde das Reich schon folgen oder sich fügen, war eine haltlose Spekulation, wie die maßgeblich Beteiligten – bei nüchterner Überlegung – wußten.

Es scheint so, als ob Liebknecht und Pieck ohne Absprache mit der Zentrale der KPD gehandelt hätten. Pieck schrieb darüber in seinen Erinnerungen: »Die Zentrale der KPD konnte über die Beschlüsse der Obleute und über Liebknechts und meine Entscheidung nicht immer sofort unterrichtet werden. So stellte sich erst später bei einer Beratung der Zentrale heraus, daß diese wohl mit dem Kampfe gegen die Regierungsmaßnahmen einverstanden war, aber nicht mit dem der Aktion gesteckten Ziele: eines Kampfes um die Regierung.«[76] Dies scheint nach dem nun zugänglichen Manuskript Piecks, zumindest im zweiten Teil, nicht der Wahrheit zu entsprechen. Pieck und Levi waren bestrebt, die Führung der KPD

75 Luban, a.a.O., S. 7.
76 Wilhelm Pieck, Erinnerungen an die Novemberrevolution in Berlin, GRS, Bd. 1, S. 472, Berlin (DDR) 1959.
77 Georg Ledebour, Die Revolution und die Anderen, a.a.O.
78 Wilhelm Pieck, »Zur Parteigeschichte der KPD«, a.a.O, Bl. 122.
79 Rote Fahne, Nr. 6 vom 6. 1.1919.
80 Karl Retzlaw, Spartacus – Erinnerungen eines Parteiarbeiters, 4. neugef. Aufl., 1976, S. 115 f. Von Rosa Meyer-Leviné wird die Funktion von Eugen Leviné bei der Vorwärts-Besetzung bestätigt. Vgl. Leviné – Leben und Tod eines Revolutionärs, München 1972, S. 110.
81 R.L., Versäumte Pflichten, a.a.O., S. 522.

und vor allem Rosa Luxemburg zu entlasten, nachdem der von den Linken vom Zaune gebrochene Putschversuch nicht mehr wegzuleugnen war – und sich die Frage nach der Verantwortung stellte. »Insofern von den an der Leitung der Aktion beteiligten Genossen Ansichten vertreten worden sind oder Handlungen unternommen worden sind, die sich mit dieser Auffassung der Zentrale nicht vertrugen, hat sie die Mehrheit der Zentrale sich nie zu eigen gemacht: sie hat im Gegenteil ihren Widerspruch sehr deutlich geäußert, war allerdings in der öffentlichen Erklärung dieses Widerspruches dadurch gehemmt, daß eine solche öffentliche Erklärung als eine Sabotage der ganzen Aktion hätte aufgefaßt werden können.«[77]

Den Preis, Liebknecht »als Wirrkopf, von mittleren Maßen« (so Tucholsky 1919) erscheinen zu lassen, nahmen sie in Kauf. Aus dieser Legende ergab sich der eklatante Widerspruch, daß Rosa Luxemburg intern gegen den Putsch gewesen sein soll und öffentlich – in der *Roten Fahne* – zu den stärksten Befürwortern des Aufstandes gehörte. Dieser Widerspruch kann als aufgelöst gelten, wenn die Darstellung von Pieck zutrifft, daß Rosa Luxemburg auch in der internen Diskussion des Führungszirkels der KPD dem Putsch energisch das Wort redete: »Die Genossen Luxemburg und Jogiches drängten auf eine entschlossenere Kampfesführung und klare Parolen.«[78] Die Artikel von Rosa Luxemburg sprechen genau diese Sprache.

Die *Rote Fahne* vom 6. Januar stellte fest: Die Absetzung von Eichhorn wächst »sich naturgemäß zum Machtkampf der proletarischen Revolution und ihren Todfeinden aus.« Daraus folgerte sie, daß es für die Berliner Arbeiter und Soldaten nur eine Losung gebe: »Kampf bis zum letzten Atemzug unter dem Ruf: Nieder mit Ebert-Scheidemann!« Sodann begrüßte sie noch ausdrücklich die spontane Besetzung des *Vorwärts* und schloß daran die Aussage: »Hoffentlich läßt sich ihn die Arbeiterschaft diesmal nicht wieder entgleiten.«[79] Spartakus stellte dann auch mit Eugen Leviné den Chefredakteur des »revolutionären« *Vorwärts* und mit Karl Grubusch den Leiter der militärischen Verteidigung des *Vorwärts*-Gebäudes.[80] Rosa Luxemburg beklagte später, daß die Vertreter der anderen am Putsch beteiligten Gruppierungen, wie Obleute und linke USPD ihre professionellen Journalisten nicht auch in den *Vorwärts* entsandt hätten.[81]

»Gebraucht die Waffen«

Am 7. Januar griff Rosa Luxemburg die Führer des Aufstandes an, die, »statt Beschlüsse zu fassen und zu handeln, nichts von sich hören ließen« und anscheinend nur berieten: »Handeln! Handeln! Mutig, entschlossen, konsequent – das ist die verdammte Pflicht und Schuldigkeit der revolutionären Obleute und der ehrlich sozialistischen Parteiführer.« Ihr Vorschlag zum Handeln lautete: »Die Gegenrevolution entwaffnen, die Massen bewaffnen, alle Machtpositionen besetzen.«[82]

Noch deutlicher wurde sie am 8. Januar: Die Erfahrung mit dem bisherigen Verlauf der Revolution habe gezeigt, daß der Sturz der Ebert-Regierung für eine sozialistische Revolution unbedingt notwendig sei, und in gewohnter Manier spitzte Rosa Luxemburg diese Einschätzung wieder auf eine Entweder-Oder-Entscheidung zu: »**Entweder** soll die Revolution ihren proletarischen Charakter, ihre sozialistische Mission preisgeben **oder** Ebert-Scheidemann mit ihrem Anhang müssen von der Macht vertrieben werden.« [Hervorhebung, M.S.] Angeblich hätten dies auch die Massen schon erkannt, so daß sich die Frage nur noch stellte, »wie man den Kampf um die Wegräumung der Ebertschen Regierung führt.« Nach ihrer Meinung genügte es da nicht, nur »ins Reichskanzlerpalais zu stürmen und die paar Leute verjagen oder festnehmen, es heißt vor allem, sämtliche tatsächlichen Machtpositionen ergreifen und sie auch festhalten und gebrauchen.« Mit den »tatsächlichen Machtpositionen« meinte sie den *Vorwärts*, das Telegraphen-Büro und vor allem die Straße als den Platz, wo die Macht der Massen zum Ausdruck komme. Hier setzte dann auch wieder die Kritik an den Führern ein, die zwar die Massen auf die Straße geholt, ihnen dann aber nicht gesagt hätten, was sie tun und wie sie politisch handeln sollten. Nach ihrer Auffassung hätte die Parole sein müssen: »Nieder mit Ebert-Scheidemann!« Und noch einmal forderte sie: »Redet nicht! Beratet nicht ewig! Unterhandelt nicht! Handelt!«[83]

Dieser Artikel erschien am Mittwoch, den 8. Januar. Die Begeisterung der Berliner, gegen die Revolutionsregierung zu demonstrieren, hatte erheblich nachgelassen, nur noch kleinere Demonstrationen wurden gesichtet. Dafür nahmen die Schießereien und die Anzahl der Opfer zu. Der »Revolutionäre Ausschuß« löste sich auf und bildete jetzt einen »militärischen Ausschuß« mit sechs Mitgliedern, darunter Pieck und Liebknecht. Am Nachmittag traf sich die Zentrale der KPD, um zu beratschlagen, »was angesichts der verlorenen Situation zu unternehmen sei.«[84]

Leo Jogiches und Rosa Luxemburg forderten nun »kategorisch« den Rücktritt von Liebknecht und Pieck aus dem Ausschuß. Liebknecht hingegen bezeichnete dies »als ein feiges Zurückweichen vor den Schwierigkeiten« und erklärte, sich »einem solchen Beschluß unter keinen Umständen fügen zu wollen.« Der Beschluß wurde trotzdem gefaßt »und in arger Verstimmung gingen die Genossen auseinander«.[85] Paul Levi behauptete später, Rosa Luxemburg hätte daran gedacht, »es könne nicht mehr allzu lange gehen mit Karl Liebknecht zusammen«.[86]

Nachdem offenkundig geworden war, daß die Berliner Truppen den Aufstand nicht unterstützen würden, daß es durch die Gebäudebesetzungen nur zu sinnlosem Blutvergießen zwischen Aufständischen und Anhängern der Regierung kam, entschloß sich der Vorstand der USPD, als Vermittler zwischen der Regierung und dem Revolutionsausschuß tätig zu werden. Der Berliner Zentralvorstand der USPD war mit einer solchen Vermittlung einverstanden, ebenfalls die Obleute. Nur die beiden Spartakusvertreter Liebknecht und Pieck lehnten jede Vermittlung ab: »Genosse Liebknecht und ich wandten uns gegen diese Verhandlungen, die nur den Kampf der Arbeiter schwächen und der Regierung Zeit lassen würden, Verstärkungen heranzuziehen.«[87]

Die *Freiheit* schrieb dazu am 6. Januar: »Es ist an manchen Orten zu Zusammenstößen gekommen, und es sind leider auch Opfer gefallen. Opfer, die nicht gebracht worden sind im Kampf gegen den gemeinsamen Feind, sondern in einem Kampf, der vermieden hätte werden können zwischen Arbeitern.«[88]

Zwei Tage später waren die Verhandlungen gescheitert, einmal, weil die Mehrheitssozialdemokraten inzwischen sicher waren, daß sie die Auseinandersetzung gewinnen würden, zum anderen, weil die Besetzer des *Vorwärts*-Gebäudes und des Polizeipräsidiums sich geweigert hatten, die Gebäude bedingungslos zu räumen. Inzwischen hatte es noch weitere Tote gegeben. Jetzt schrieb die *Freiheit*: »Der vierte Kampftag bricht an. Das Schießen nimmt zu, das Tackern der Maschinengewehre, die Explosionen der Handgranaten wird zum

---

82 R.L., Was machen die Führer, GW, Bd. 4, S. 520.
83 Alle Zitate aus: R.L., Versäumte Pflichten, a.a.O., S. 521 f.
84 Pieck, a.a.O., Bl. 124.
85 Ebd.
86 Levi, zit.. n. Luban, a.a O., S. 12.
87 Wilhelm Pieck, Erinnerungen an die Novemberrevolution, a.a.O., S. 470.
88 Freiheit, Nr. 11 vom 7.1.1919.

gewohnten Geräusch. Die Opfer mehren sich in erschreckender Weise. Arbeiter, Soldaten, Sozialisten, Revolutionäre schießen auf Arbeiter, Soldaten, Sozialisten, Revolutionäre. Zufällige Passanten sinken zu Boden ... Verständigung oder Bruderkrieg? Heute ist es keine Frage mehr: der Bruderkrieg tobt in den Straßen.«[89]

Im Unterschied zur Führung der USPD hatte Rosa Luxemburg bereits den ersten Versuch einer Beilegung der Auseinandersetzung auf dem Verhandlungswege abgelehnt. Rosa Luxemburg schrieb am 7. Januar in der *Roten Fahne*:»Andere pflaumenweiche Elemente sind sicher schon fleißig am Werke, ›Verhandlungen‹ anzubahnen, um Kompromisse herbeizuführen ... um die Revolution zu einem ›Vergleich‹ mit ihren Todfeinden zu verleiten.«[90]

Angesichts der sich immer mehr verschärfenden Auseinandersetzung und nachdem der Versuch gescheitert war, die bewaffneten Kämpfe durch Verhandlungen »von oben« beizulegen, entwickelte sich eine Bewegung »von unten« auf Betriebsebene. Sie nahm am 9. Januar mit einer Versammlung von 40.000 Arbeitern der AEG und der Schwartzkopffwerke im Humboldthain ihren Ausgang. Gefordert wurde die Einigung der Arbeiter aller Richtungen und zwar über die Köpfe der Führer hinweg. Aus dieser Versammlung wurde eine neue Verhandlungskommission gebildet, die sich zusammensetzte aus je zwei Vertretern der MSPD, der Unabhängigen, der Obleute und der KPD. Liebknecht und Pieck wandten sich auch gegen diese Verhandlungskommission und schon gar gegen ihr Ziel, die Einigung der Arbeiter herbeiführen zu wollen. Liebknecht hielt eine Einigung nur dann für möglich, »wenn die Arbeiter sich von den Sozialdemokraten loslösen und für die Revolution kämpfen.«[91]

Ausgehend von der Versammlung im Humboldthain fanden in einer großen Anzahl der Berliner Betriebe Belegschaftsversammlungen statt, die alle die gleichen Forderungen aufstellten: Ende des Blutvergießens, Einigung der Arbeiter über die Köpfe der »kompromittierten« Führer hinweg, Rücktritt dieser Führer, womit sowohl Ebert, Scheidemann als auch Ledebour, Liebknecht und Eichhorn gemeint waren und z.T. auch namentlich aufgeführt wurden. Zum Zeichen des Einigungswillens der Arbeiter wurden die Resolutionen in der Regel von Vertretern aller drei Richtungen unter-

---

89 Freiheit, Nr. 15 vom 9.1.1919.
90 R.L., Was machen die Führer, a.a.O., S. 520.
91 Nach Angabe von Wilhelm Pieck, Erinnerungen an die Novemberrevolution und die Gründung der KPD, a.a.O., S. 72.
92 Diese Resolutionen befinden sich im Archiv des Zentralrats B 40, ISG Amsterdam.
93 Rote Fahne, Nr. 9 vom 9.1.1919.

Arbeiterdemonstration, 9. Januar 1919

zeichnet. Diese Resolutionen wurden mit Angabe des Betriebes und
der Anzahl der Belegschaft dem Zentralrat zugestellt, der als ober-
stes Kontrollorgan der Revolution auch die Kompetenz hatte, Re-
gierungsmitglieder abzuberufen und neue zu ernennen.[92] Über
zweihunderttausend Arbeiter hatten sich in wenigen Tagen dieser
Einigungsbewegung angeschlossen. Die *Freiheit* berichtete, daß in
der Arbeiterratssitzung der USPD vom 10. Januar Vertreter von
227.000 Arbeitern zusammenkamen, die die Einigung der Arbeiterschaft und die sofortige Beendigung der Kämpfe forderten.

Während diese beispiellose Bewegung einsetzte, maßgeblich ge-
fördert durch die USPD-Führung, lehnte die Führung des Spartakusbundes jede Einigung ab. Lautete die Schlagzeile der *Freiheit*
vom 9. Januar: »Ein Schrei nach Einigung«, so verkündete die *Rote Fahne* vom gleichen Tage: »Das Reich nimmt den Kampf auf.«
Außerdem verbreitete die *Rote Fahne* die Einschätzung, daß es den
Ebert-Leuten nicht gelungen sei, einen Galliffet zu finden, und
Noske, der ihn gerne spielen möchte, fände keine Truppen. Daraus
wurde der Schluß gezogen: »Damit ist die Schwäche der Regierung offiziell eingestanden, ihre Niederlage schon zur Hälfte besiegelt.«[93]

Einen Tag später hieß es in den Schlagzeilen der *Freiheit*: »Einhalt
dem Brudermord!« und »Die Massen für Verständigung«, während

159

die *Rote Fahne* schrieb: »Auf zum Generalstreik – Auf zu den Waffen!« Die KPD schloß sich mit diesem Aufruf den Parolen des Revolutionsausschusses an, der angesichts des Scheiterns der Verhandlungen mit den Mehrheitssozialisten glaubte, noch einmal alles auf eine Karte setzen oder die Regierung durch einen Bluff in die Knie zwingen zu können. In dem von allen drei Fraktionen des Revolutionsausschusses unterzeichneten Aufruf hieß es u.a.: »Arbeiter, Genossen! Es geht aufs Ganze, es geht ums Ganze. – Es gibt keine Wahl. Es muß gekämpft werden bis aufs Letzte. – Auf zum letzten entscheidenden Kampf. – Der Generalstreik aller Betriebe muß Eure erste Antwort sein. – Zeigt den Schurken Eure Macht. Bewaffnet Euch. Gebraucht die Waffen gegen Eure Todfeinde, die Ebert-Scheidemann. – Auf zur Tat. – Heraus auf die Straße zum letzten Kampf und Sieg.«[94]

Angesichts der Tatsache, daß sich die Berliner Truppen für neutral erklärt hatten und die Bewegung unter den Arbeitern für eine Beendigung des Bruderkrieges zunehmend an Breite gewann – allein im Humboldthain versammelten sich am 9. Januar über einhunderttausend Menschen –, war dieser Aufruf des Revolutionsausschusses – den Liebknecht (laut Pieck) verfaßt haben soll – selbst-

---

94 Aufruf vom 9. Januar, Auf zum Generalstreik! Auf zu den Waffen!, in: Richard Müller, a.a.O., S. 226.
95 Alle Zitate in: Rote Fahne, Nr. 10 vom 10. 1. 1919.

mörderisch und kann rational nicht erklärt werden. Zumal die Mehrheitssozialdemokratie inzwischen angedroht hatte, den Aufstand militärisch niederzuschlagen.

Ebenso scheint es, daß die Führung des Spartakusbundes und mit ihr Rosa Luxemburg jeden Realitätssinn verloren hatten. Die *Rote Fahne* sprach von einem »Todeskampf der Ebert-Scheidemann.« Das Berliner Proletariat kämpfe nicht nur für sich, sondern »für Deutschland, für die Proletarier aller Welt«. Nachdem sie solcherart den Kampf der Aufständischen, die nur noch einen sehr kleinen Teil des Berliner Proletariats ausmachten, überhöht hatte, konnte sie ausrufen: »Noch nie ein Kampf schöner, noch nie einer gerechter, noch nie einer von höherem Wert in der Geschichte.«[95]

In der gleichen Ausgabe nahm die *Rote Fahne* auch zu dem Einigungsbestreben der Arbeiter von AEG und Schwartzkopff Stellung. Sie konzedierte ihnen, daß sie es »sicher sehr gut gemeint« hätten, daß sie aber einer Illusion nachliefen. Denn diese Einheit sei nicht möglich, weil viele Arbeiter ihre »wahren Interessen« noch nicht erkannt hätten. Dies sei daran zu erkennen, daß sie den Todfeinden der Revolution Ebert-Scheidemann und der »jämmerlichen zweideutigen« Politik eines Haase folgten. Mit solchen Arbeitern war ihrer Meinung nach »eine Einigung für revolutionäre, zielklare Arbeiter« – damit konnten nur diejenigen gemeint sein, die Spartakus folgten – unmöglich. Die alte Spaltungsparole von Liebknecht aus dem Frühjahr 1916 kam auch jetzt wieder in leicht variierter Form zu Ehren: »Nicht durch Einigkeit zur Klarheit, sondern durch Klarheit zur Einigkeit führt der Weg.« Und auch die beiden anderen Erkennungsmelodien des Spartakusbundes fehlten hier nicht: »Die Revolution kennt nur ein Entweder-Oder, sie spricht: wer nicht für mich ist, der ist wider mich!« Und fast drohend hieß es zum Schluß des Aufrufs: »Arbeiter, die heute noch nicht begreifen, wo Freund und wo Feind steht, sind noch nicht politisch reif. Der weitere Gang der Dinge wird sie belehren.«[96]

Am nächsten Tag berichtete die *Rote Fahne* über den letzten Vermittlungsvorschlag, den die Arbeiterkommission, der Zentralvorstand der USPD und die Obleute der Regierung machten. Nach diesem sollten die Verhandlungen ohne Vorbedingungen aufgenommen werden. Gefordert wurde ein Versprechen auf Einigung, Beendigung des »unseligen Bruderkrieges« und ein sofortiger Waffenstillstand.

Rosa Luxemburg schrieb in der gleichen Ausgabe vom »Versagen der Führer« und rechnete hauptsächlich mit den Vermittlungsversuchen der USPD ab. Die Einigungsbewegung der Arbeiter stellten dabei in ihren Augen nur einen von der USPD inszenierten »Einigungsrummel« dar. Gegenüber dieser Politik kündigte sie an, daß es die KPD weiter als ihre Pflicht erachte, »die Sache der Revolution vorwärts zu treiben.« Die Folgerung, die sie aus der bisherigen Erfahrung zog, lautete jetzt, daß, bevor die Ebert-Scheidemann-Regierung gestürzt werden könnte, zuerst die USPD zerschlagen werden müßte: »Vor allem aber muß die nächste Zeit der Liquidierung der USP, dieses verwesenden Leichnams, gewidmet werden, dessen Zersetzungsprodukte die Revolution vergiften … Und die Abrechnung mit den Scheidemännern setzt voraus die Liquidierung der USP, die als Schutzwand der Ebert-Scheidemann fungiert.«[97]

Diesen Vorschlag Rosa Luxemburgs wurde in einem zusätzlichen Artikel unter Verwendung der von ihr vorgegebenen Metaphorik weiter ausgewalzt. Die Versuche der USPD, den abenteuerlichen und unsinnigen Putschversuch gegen die Revolutionsregierung auf friedlichem Wege beizulegen, wurden hier folgendermaßen be-

---

96 Ebd.
97 R.L., Das Versagen der Führer, GW, Bd. 4, S. 528.
98 Sumpfgase, in: Rote Fahne, Nr. 11 vom 11. 1. 1919.
99 Retzlaw, a.a.O., S. 118.
100 Vgl. Brief von Radek an die Zentrale der KPD vom 9.1.1919, zit. n.: Illustrierte Geschichte der Deutschen Revolution, Berlin 1929, S. 282.
101 Radek, November, a.a.O., S. 138.

schrieben:»Breite Arbeitermassen, noch strotzend von Kampfenergie am Montag, am Dienstag, gehemmt verwirrt, betäubt durch die dicken Schwaden der Leichengase, den der faulende Morast der U.S.P. in immer neuen Angriffswellen in ihre Reihen gesandt, sind jetzt sturmreif geworden für die U.S.P.« Wie bei Rosa Luxemburg wurde auch hier die »Befreiung der Massen von der Führung der U.S.P., die Verscharrung dieser Kadaver« als »die nächste Etappe des Kampfes« bezeichnet.[98]

Sieht man einmal von der maßlosen Polemik ab, dann wird an diesen Zeilen schon deutlich, daß an einen Sturz der Ebert-Scheidemann-Regierung nicht mehr gedacht wurde. Auch für Spartakus war klargeworden, daß die Aufständischen zunehmend weniger geworden waren und die überwiegende Mehrheit der Berliner Arbeiter diesen Putschversuch ablehnte.»Unter den Augen der Millionenbevölkerung Berlins« vollzog sich die ungehinderte Vorbereitung der Truppen zum Sturm auf den *Vorwärts*.»Wären größere Teile der Bevölkerung wirklich revolutionär gewesen, so hätten sie die Truppen mit Leichtigkeit entwaffnen können.«[99] Es war offenkundig, daß die Besetzer der Gebäude nicht die Spur einer Chance zur Verteidigung haben würden. Der also unübersehbar fehlgeschlagene Versuch, die Regierung zu stürzen, konnte nach rationalen Überlegungen nur noch mit der schnellsten Räumung der Gebäude beendet werden. In dieser Situation nicht zum Rückzug zu blasen und z.b. die *Vorwärts*-Besetzer, auf die Spartakus maßgeblichen Einfluß hatte, zur Aufgabe zu bewegen bzw. zu zwingen, kann nur von einem Standpunkt aus gerechtfertigt werden, daß die Opfer einer Niederlage für den Fortgang der Revolution nützlicher sind als der kampflose Rückzug ohne Opfer. Diese Haltung war selbst in der Spartakuszentrale nicht unumstritten, doch konnten die wenigen, die für einen kampflosen Rückzug eintraten, sich nicht durchsetzen. In seinen Erinnerungen schrieb Radek, daß Rosa Luxemburg seine Vorschläge abgelehnt habe.»Rosa war der Meinung, daß die Unabhängigen zu einer Einigung mit der Regierung gelangen würden und wir nicht die Rolle derer auf uns nehmen müßten, die zum Rückzug bliesen.«[100]

Radek und Levi versuchten »angesichts der völligen Desorganisation des Zentralkomitees« auf eigene Faust, den *Vorwärts* »zu entsetzen, um so einen hoffnungslosen Zusammenstoß mit den Regierungstrupppen zu verhindern.«[101] Dies ist ihnen nicht mehr geglückt. Statt die Vorschläge von Radek, die offensichtlich auch von Levi geteilt wurden, anzunehmen, zwang die Zentrale am 10. Januar Liebknecht und Pieck, aus dem Revolutionsausschuß zurückzutreten, und zwar mit der Begründung, daß die Obleute und die USPDler zu schlaff seien:»Werte Genossen! Nachdem unsere fortgesetzten Bemühungen, das Plenum der Obleute und den revolutionären Aktionsausschuß zu einer zielklaren energischen Haltung zu bestimmen, erfolglos geblieben sind –, nachdem die revolutionäre Bewegung durch Unsicherheit und Unentschlossenheit beider Körperschaften aufs schwerste geschädigt ist –, nachdem die revolutionären Obleute in Gemeinschaft mit dem Zentralvorstand der U.S.P. sich gegen unseren heftigen Widerspruch auf die verschleppenden, verwirrenden, demoralisierenden, desorganisierenden, lähmenden Verhandlungen mit den Scheidemann-Ebert eingelassen haben: nachdem sie in beschämender Weise auf die Generalstreikparole vom Mittwochabend am Donnerstag neue Einigungsverhandlungen haben folgen lassen und heute, Freitag, zum vierten Male diesen blamablen und schädigenden Schritt unternommen haben, hat die Zentrale der Kommunistischen Partei Deutschlands beschlossen: Im Interesse der Klarheit und Kraft der revolutionären Bewegung ist eine sofortige Revision unseres Verhältnisses zu den revolutionären Obleuten unabweislich notwendig. Wir sind von nun an nicht mehr imstande, auch nur als Beiräte am revolutionären Aktionsausschuß teilzunehmen ...«[102] Nach außen, in der öffentlichen Agitation, wurde weiter an die Arbeiter appelliert, aufs Ganze zu gehen. Das Ausscheiden von Liebknecht und Pieck mußte angesichts des sich abzeichnenden Fiaskos als Davonlaufen vor der Verantwortung verstanden werden. Liebknecht schien das Beschämende dieses Vorgangs empfunden zu haben.

Rosa Luxemburgs Agitation in der Januarwoche zeichnete sich durch eine massive Kritik an der Führung des Aufstandes aus – wobei sie immer nur die USPD und die Obleute beim Namen nannte und damit so tat, als wäre die Führung der KPD mit Liebknecht und Pieck nicht maßgeblich beteiligt gewesen. Diese Kritik war jedoch keineswegs vom Standpunkt einer Gegnerschaft zu diesem Putschversuch aus formuliert, sondern Rosa Luxemburg kritisierte die Führung deshalb, weil sie die angebliche Radikalität der Massen nicht zur Eroberung der Machtpositionen und zum Sturz der Regierung zu nutzen verstanden hätte. Wenn Rosa Luxemburg und die Mehrheit der Zentrale schon nicht den Mut hatten, Liebknecht, die Symbolfigur der Friedensbewegung während des Krieges, bloßzu-

102 Rote Fahne, Nr. 13 vom 13.1.1919.
103 Illustrierte Geschichte der Deutschen Revolution, a.a.O., S. 283.

Vorwärts-Gebäude, 11. Januar 1919
Nach der Erstürmung durch Regierungssoldaten

stellen, so erklärt dies noch nicht, warum sie diese Überzeugung auch gegenüber den am Aufstand beteiligten Arbeitern verleugneten.

Die KPD fand später für ihre Haltung eine moralische Erklärung, die weite Verbreitung fand und auch heute immer noch wiederholt wird. Demnach hätte ein Aufruf der Spartakusgruppe zum Abbruch der Kämpfe die bewaffneten Arbeiter in dem Augenblick enttäuscht, in dem diese angeblich »bereit waren, für die Revolution zu sterben. Die Verwirrung wäre noch mehr gesteigert worden, das Vertrauen zu jeder Führung wäre vernichtet worden, und das Ende wäre Demoralisation gewesen. Unter diesen Umständen gab es für die Kommunistische Partei nur eine Entscheidung: bei den Kämpfenden zu bleiben, ihre Widerstandskraft und ihren Mut zu stärken, bereit, nicht nur ihre Siege, sondern auch ihre Niederlage zu teilen.«[103]

Verwirrte Massen und eine Führung, die ihnen trotzdem die Treue hält, diese selbstgestrickte Legende war eine Art Lebenslüge der

KPD. Viel eher ließe sich von verwirrten Führern sprechen, die radikal gestimmte Teile der Berliner Arbeiterschaft in ein sinnloses und verhängnisvolles Abenteurer geführt hatten und dann nicht den Mut hatten, zum kampflosen Rückzug zu blasen, als die Niederlage unabweislich geworden war.

Peter Nettl entschuldigt das Verhalten Rosa Luxemburgs wie folgt:»Letztlich haben wohl nur Führer, die selbst bereit sind, Freiheit und Leben zu opfern, ein Recht, von ihren Anhängern das gleiche zu verlangen, besonders wenn diese Opfer notwendig für den fernen aber unvermeidlichen Sieg sind.«[104] Ob es ein solches existentialistisches Recht von Führern gibt, ist zu bezweifeln. Es gab kein Recht, das Rosa Luxemburg erlaubt hätte, in einem für sinnlos gehaltenen Putschversuch die Aufständischen auch dann noch zu ermuntern, als ihre Niederlage längst feststand.

In den Tagen nach der brutalen militärischen Entsetzung des *Vorwärts* und anderer Gebäude hielten Rosa Luxemburg und Karl Liebknecht unbeirrt weiter an der Rechtfertigungen des Aufstandes fest. Sie gaben sich sogar alle Mühe, die schlimme Niederlage in einen Sieg umzumünzen. So verkündete die *Rote Fahne* am Tage nach der Stürmung des *Vorwärts*-Gebäudes:»Mögen sie sich durch Meuchelmord und bestialische Rache an den revolutionären Arbeitern vor der Bourgeoisie für eine Weile noch als regierungsfähig legitimieren, die Sache der Revolution und des Sozialismus geht dennoch als Sieger aus dieser Krise hervor! Denn die Arbeiterschaft geht aus ihr bereichert um ernste Erfahrungen, gereift und gestählt zum weiteren Kampfe.«[105]

Diese Ummünzung der Niederlage in einen Sieg entsprach einer alten und allgemeinen Rhetorik von Besiegten, die ihrer Niederlage nicht ins Auge sehen wollten. Die Behauptung jedoch, daß »unsere Tapferen, Treuen mit Stolz und mit Freude ihr Alles für die Sache der Revolution«[106] hingegeben hätten, stand eher in der Tradition einer reaktionären Heldendichtung, die sinnlose Opfer im Nachhinein auf diese Weise zu rechtfertigen suchte. Nach Karl Retzlaw, der an der *Vorwärts*-Besetzung teilgenommen hatte, begriffen die mei-

104 Nettl, a.a.O., S. 509.
105 Rote Fahne, Nr. 12 vom 12.1.1919.
106 Ebd.
107 Karl Retzlaw, a.a.O., S. 118.
108 R.L., Kartenhäuser, GW, Bd. 4, S. 532.
109 R.L., Ordnung herrscht in Berlin, ebd. S. 534 f.
110 RL., ebd., S. 53.

sten Besetzer erst in dem Augenblick, als das Militär mit dem Angriff begann,»daß ein tödlicher Kampf im Gange war.«[107] Von einer Freude, das Leben hinzugeben, weiß er nichts zu berichten. Noch am 13. Januar erblickte Rosa Luxemburg den»politischen Sinn« und»historischen Inhalt«der vergangenen Kämpfe darin,»daß die Revolution durch ihre innere Kraft und logische Entwicklung vorwärtsgetrieben wird, um mit der Machteroberung des Proletariats, mit der Verwirklichung des Sozialismus Ernst zu machen.«Gegenüber den»Urgewalten«dieses Subjekts seien auch rohe Gewalten auf Dauer machtlos. Noch einmal polemisierte sie gegen die »Phrase« der Einigung und behauptete, daß sich die»Massen des Proletariats« trotzdem immer dichter um die»Fahne des rücksichtslosen revolutionären Kampfes scharen.« Gemeint war damit Spartakus, nach Rosa Luxemburg die einzige Partei,»die keine Kompromisse, keine Schwankungen kennt, die ihren historisch vorgezeigten Weg geht, ohne nach rechts oder links zu schauen, ohne Feind und die Gefahren zu zählen – bis zum Siege.«[108] Glaubte Rosa Luxemburg tatsächlich, es sei eine revolutionäre Tugend, nicht nach rechts und links zu schauen, den Feind nicht zu zählen und die Gefahren nicht zu wägen?

»Karl, ist das unser Programm?«

In ganz anderem Ton war ein Artikel zwei Tage später gehalten. Jetzt stellte Rosa Luxemburg fest, daß der Sturz der Ebert-Regierung und die Aufrichtung einer»sozialistischen Diktatur« nicht zu erwarten gewesen sei, einmal wegen der»politischen Unreife der Soldatenmasse« und zum anderen, weil das»platte Land« von der Revolution überhaupt noch nicht erfaßt und deshalb Berlin»vom Reich so gut wie isoliert« gewesen sei.[109] Jetzt stellte sie die naheliegende Frage:»War deshalb der Kampf der letzten Woche ein ›Fehler‹?« Ihre Antwort lautete:»Ja, wenn es sich überhaupt um einen absichtlichen ›Vorstoß‹, um einen sogenannten ›Putsch‹ handeln würde!« Dies sei jedoch nicht der Fall gewesen, sondern durch die»freche Provokation« der Ebert-Regierung»war die revolutionäre Arbeiterschaft gezwungen, zu den Waffen zu greifen. Ja, es war Ehrensache der Revolution, sofort den Angriff mit aller Energie abzuschlagen.«[110] Es lag sehr wohl ein»absichtlicher Vorstoß« vor. Die Entscheidung, einen Putsch zu wagen und zu versuchen, die Ebert-Scheidemann-Regierung zu stürzen, war von einem relativ kleinen Zirkel von Führern unter maßgeblicher Beteiligung von Liebknecht und Pieck gefällt worden, und es ging diesen nicht um irgendeine Ehre, sondern um den Versuch, über einen Sturz der Regierung die Nationalversammlung doch noch verhindern zu können. Rosa Luxemburg behauptete, daß nach »einem der großen historischen Gesetze der Revolution« das Grundproblem »der Sturz der Regierung Ebert-Scheidemann als des ersten Hindernisses für den Sieg des Sozialismus« auch in jeder einzelnen Episode mit »der Fatalität eines Naturgesetzes« aufgerollt würde. Nicht eine Spur von Selbstkritik ist in diesen Zeilen zu finden, alle Verantwortung für das eigene Tun wird auf angeblich objektive Gesetzmäßigkeiten abgewälzt.

Es scheint so, als habe Rosa Luxemburg über die Rolle, die Pieck und Liebknecht im Revolutionsausschuß gespielt hatten, nicht genau Bescheid gewußt. Erst durch den im *Vorwärts* vom 14. Januar faksimilierten Zettel, auf dem Liebknecht die Regierung für abgesetzt erklärt hatte, soll sie erkannt haben, um was es sich bei den Januarkämpfen gehandelt hatte. In der sich daran anschließenden Auseinandersetzung zwischen ihr und Liebknecht sollen dann die von Levi überlieferten Worte gefallen sein: »Karl, ist das unser Programm?«[111]

Karl Liebknecht soll daraufhin in tiefes Schweigen verfallen sein. In seiner nachträglichen Betrachtung konnte auch er keine Schuld bei sich feststellen. Nicht sein Handeln und das anderer Putschisten wird für die Niederlage des Aufstandes und die Toten verantwortlich gemacht, sondern Schuld an der Niederlage trugen nur die anderen, denn die Aufständischen wurden von »den Matrosen, von den Soldaten, von den Sicherheitsmannschaften, von der Volkswehr« alleingelassen und die »ungeheure gegenrevolutionäre Schlammflut aus den zurückgebliebenen Volksteilen und den besitzenden Klassen ersäufte sie.« Auch die »Unentschlossenheit und Schwäche der Leitung« werden als Gründe in unbestimmter Form genannt – ohne daß er von sich selbst spricht, doch flüchtet auch er sich in die »historische Perspektive«. Jetzt weiß er plötzlich von einem »historischen Gebot« zu berichten, das die Niederlage unvermeidbar machte.[112] Nicht fehlen durfte auch bei ihm die Umdeutung der Niederlage in einen Sieg, wie überhaupt der Trost in der schönen Phrase: »Aber es gibt Niederlagen, die Siege sind, und Siege, verhängnisvoller als

---

111 Paul Levi, Rosa Luxemburg und Karl Liebknecht zum Gedächtnis, Leipziger Volkszeitung vom 15.1.1929.

112 »Die historische Perspektive in Augenblicken der Niederlage die typische Zuflucht intellektueller Eliten« (Nettl, a.a.O., S. 536).

113 K.L., Trotz alledem!, GRS, Bd. IX, S. 709ff.

Niederlagen ... Die Geschlagenen von heute werden die Sieger von morgen sein ... Die Besiegten der blutigen Januarwoche, sie haben ruhmvoll bestanden; sie haben um Großes gestritten, ums edelste Ziel der leidenden Menschheit, um geistige und materielle Erlösung der darbenden Massen; sie haben um Heiliges Blut vergossen, das so geheiligt wurde. Und aus jedem Tropfen dieses Bluts, dieser Drachensaat für die Sieger von heute, werden den Gefallenen Rächer entstehen ... Für die lebendigen Urkräfte der sozialen Revolution, deren unaufhaltsames Wachstum das Naturgesetz der Gesellschaftsentwicklung ist, bedeutet Niederlage Aufpeitschung. Und über Niederlage und Niederlage führt ihr Weg zum Siege ... Noch ist der Golgathaweg der deutschen Arbeiterklasse nicht beendet – aber der Tag der Erlösung naht.«[113]

Weder Liebknecht noch Rosa Luxemburg gaben in ihren letzten Artikeln zu erkennen, daß ihnen auch nur ansatzweise klar geworden wäre, daß der Januarputsch eine katastrophale Niederlage für die gesamte sozialistische Arbeiterbewegung bedeutete, und zwar deshalb, weil es nicht ein Bürgerkrieg war, der hier stattgefunden hatte – wie Rosa Luxemburg mit ihrer Analogie zur »Pariser Commune« unterstellte –, sondern in erster Linie ein Bruderkrieg.

Rosa Luxemburg und Karl Liebknecht bemerkten auch nicht, daß sie ihre eigenen, im Grundsatzprogramm formulierten Prinzipien verraten hatten. Gänzlich vergessen hatte wohl Rosa Luxemburg ihre Freiheitsdefinition. Weder für sie noch für Liebknecht war Freiheit die Freiheit der Andersdenkenden. Sie akzeptierten weder die Freiheit der Mehrheitssozialdemokraten noch die der Unabhängigen, von der großen Mehrheit des deutschen Volkes, den Nichtsozialisten, ganz zu schweigen. Bei der Wahl zur Nationalversammlung am 19. Januar erhielten die Mehrheitssozialdemokraten 37,9 Prozent und die Unabhängigen 7,6 Prozent. Selbst in Berlin stand die Mehrheit der Arbeiter hinter der MSPD (36,4 Prozent), die USPD kam auf 27,6 Prozent. Als sich gut ein Jahr später die KPD an den Wahlen zum Reichstag beteiligte, erhielt sie 2,4 Prozent.

Den Mehrheitssozialdemokraten ist nicht vorzuwerfen, daß sie sich gegen den Putschversuch und die gewaltsamen Aktionen bewaffneter Arbeitertrupps mit militärischer Gewalt wehrten, wohl aber – wie Rosenberg argumentierte –, mit welchen Truppen sie dies taten. Zum Zeitpunkt ihres Einsatzes war der Aufstand längst in sich selbst zusammengebrochen. Die Räumung des *Vorwärts*-Gebäudes und des Polizeipräsidiums wäre nur eine Frage von Stunden oder wenigen Tagen gewesen. Obwohl also alle Möglichkeiten für eine politische Lösung gegeben waren, suchte die Führung der Mehr-

Beisetzung von Rosa Luxemburg in Berlin Friedrichsfelde, 13. Juni 1919

heitssozialdemokraten den militärischen Erfolg. Sie lehnte jede Verhandlung ab.

Spartakus hatte schon vor dem Januar die Mehrheitssozialdemokraten zum Hauptfeind der Revolution erklärt, die Mehrheitssozialdemokraten umgekehrt Spartakus zum Hauptfeind der Demokratie. (Die antidemokratische Rechte war noch weitgehend desorientiert und unorganisiert.) Sie hatten darüberhinaus durch den Bruch mit den Vorstellungen der alten Sozialdemokratie des Erfurter Programms und der aktuellen Bekämpfung der Nationalversammlung als eines konterrevolutionären Anschlags der Mehrheitssozialdemokraten auf die Revolution eine wesentliche ideologische Voraussetzung für einen Putschversuch von links geschaffen. Rosa Luxemburg und Karl Liebknecht hatten mit ihrer Propaganda für einen Bürgerkrieg die Hemmschwelle zur bewaffneten Auseinandersetzung herabgesetzt, die direkt nach dem Krieg ohnehin niedrig war.

Jedoch: Mit dem nicht zu rechtfertigenden Einsatz der Freikorps übernahm die gesamte Führung der MSPD – und nicht nur Noske, auf den man später die Verantwortung abwälzen wollte – die politische Verantwortung für die Verbrechen, die diese Truppen dann begingen. Sie mußten damit auch die Ermordung Rosa Luxemburgs und Karl Liebknechts am 15. Januar 1919 politisch verantworten: »Ordnung« herrschte zu diesem Zeitpunkt wieder in Berlin. Am 12. Januar war das letzte Gebäude, das Polizeipräsidium gestürmt worden. Polizei und Militärs suchten nach den Verantwortlichen des Aufstandes, besonders nach den Führern des Spartakusbundes. Paul Levi war schon verhaftet. Nach Karl Liebknecht und Rosa Luxemburg wurde gefahndet. Sie versteckten sich erst in Neukölln in der Weisestraße und dann in Wilmersdorf in der Mannheimer Straße 43. Hier wurden sie am 15. Januar entdeckt, von einer dubiosen Bürgerwehr verhaftet und ins Hauptquartier der Garde-Kavallerie-Schützen-Division gebracht. Was früher einmal preußisches Militär war, stolz auf eine gewisse Ritterlichkeit dem wehrlosen Gefangenen gegenüber, war zu einem gesetzlosen Landsknechthaufen in Uniform geworden. Offiziere gaben den Befehl, sie zu ermorden. Sie wurden nie zur Rechenschaft gezogen.[114]

Dieses Verbrechen machte Rosa und Karl zu Opfern und Märtyrern. Ihr Anteil am Januarputsch erschien nun vergleichsweise harmlos, ihre verhängnisvolle Politik zu kritisieren hinfort pietätlos. So konnten Legenden entstehen.

[114] Vgl. Klaus Gietinger: Nachträge, betreffend Aufklärung der Umstände, unter denen Frau Dr. Rosa Luxemburg den Tod gefunden hat, in: IWK, Heft 3, September 1992.

DANACH

»Syphilisbazillus«

Die Kommunistische Partei war bei ihrer Gründung ein ideologisch und organisatorisch labiles Gebilde, das nach dem Desaster vom Januaraufstand und durch weitere Putschabenteuer in Bremen und München in seiner Existenz gefährdet war. Paul Levi hatte die Führung übernommen und bemühte sich, nachdem sein »Glauben an die Wundertätigkeit der Niederlage erschüttert« war, die Erbschaft Rosa Luxemburgs anzutreten.

Er stand auf verlorenem Posten. Eine Mehrheit in der Partei drängte immer stürmischer, sich das Erfolgsmodell von Lenin und Trotzki anzueignen. Paul Levi legte im Februar 1921 den Vorsitz der Partei nieder, als er für seine selbständige Haltung gegenüber Rußland und der Komintern keine Mehrheit mehr in der Führungszentrale der KPD bekam. Nachdem er die »Märzaktion« der KPD, einen teilweise mit kriminellen Mitteln unternommenen bewaffneten Aufstandsversuch 1921 in Thüringen (»Bei Leuna sind viele gefallen, bei Leuna floß Arbeiterblut.«,) scharf und öffentlich als Putschismus kritisierte[1], wurde er aus der KPD ausgeschlossen. Anfang 1922 veröffentlichte er das Manuskript Rosa Luxemburgs mit der vernichtenden Kritik am Diktaturmodell der Bolschewiki unter dem zurückhaltenden Titel: »Die russische Revolution. Eine kritische Würdigung«. Ein Sturm der Entrüstung – über den »Renegaten« Paul Levi – brach in den Reihen der KPD los. Für Kommunisten wurde Levi eine der meistgehaßten Personen – zumal, nachdem er über die USPD zur MSPD zurückgekehrt war. Als er am 9. Februar 1930 tödlich verunglückte und der Reichstag eine Gedenkstunde abhielt, verließen die Abgeordneten der NSDAP und der KPD demonstrativ den Plenarsaal.[2] Die *Rote Fahne* schrieb: »Keiner haßte die Revolution so fanatisch wie Levi es tat. Nun hat sich der angebliche Renegat aus Überzeugung aus dem Fenster gestürzt.«[3]

Da die Echtheit des von Levi herausgegebenen Manuskripts nicht zu bezweifeln war, wurden berufene Zeugen wie Clara Zetkin, Ernst

---

[1] Paul Levi, Unser Weg - Wider den Putschismus, in: Paul Levi, Zwischen Spartakus und Sozialdemokratie, Frankfurt/M 1969.

[2] Vgl. Sibylle Quack, Geistig frei und Niemandes Knecht. Paul Levi/Rosa Luxemburg. Politische Arbeit und persönliche Beziehung, Köln 1983.

[3] Zit. n. Heinz Knobloch, Die schönen Umwege, Berlin 1993, S. 51.

[4] Lenin, Notizen eines Publizisten, Lenin Werke, Berlin (DDR) 1971, Bd. 33, S. 195.

Eintrittskarte zur Liebknechtfeier, 1921

Meyer und Alexander Warski, alles Freunde Rosa Luxemburgs, aufgeboten, um zu bezeugen, daß Rosa Luxemburg ihre Ansichten gegenüber den Bolschewiki geändert hätte und deshalb das Manuskript nicht mehr veröffentlichen wollte.

Das änderte nichts daran, daß nun zwei Texte grundsätzlicher Kritik an den Bolschewiki vorlagen: die Kritik am Organisationsmodell Lenins von 1904 und die Kritik an seinem Diktaturmodell von 1918, die beide nicht in das Konzept einer bolschewistischen Partei paßten. Die Mitbegründerin der KDP, die zudem noch im Dienste der Partei ihr Leben verloren hatte, konnte jedoch nicht zur Unperson erklärt werden, schon deshalb nicht, weil Lenin selbst – nach ihrem Tode – großzügig über ihre Fehler urteilte. Nachsichtig bemerkte er zu ihrer von Paul Levi veröffentlichten Kritik, sie habe zwar Unrecht, sei aber trotzdem ein Adler geblieben. Ihr unsterbliches Verdienst läge in dem Ausspruch:»Die deutsche Sozialdemokratie ist nach dem 4. August 1914 ein stinkender Leichnam.«[4]

Die KPD trennte hinfort Person und Werk: Als Person und Märtyrerin wurde Rosa Luxemburg gefeiert – gemeinsam mit Karl Liebknecht, als Kritikerin Lenins und der Bolschewiki wurde sie verschwiegen oder verdammt.»Luxemburgismus« wurde ein schwerwiegender Vorwurf gegen alle, die sich der »Bolschewisierung« der KPD widersetzen wollten, d.h. die eine möglichst perfekte Nachahmung all dessen, was in Rußland sich scheinbar erfolgreich bewährt hatte, nicht für erstrebenswert hielten. Als Stichwortgeberin für Polemiken gegen die Sozialdemokratie und gegen die demokratische

Denkmal für Rosa Luxemburg und Karl Liebknecht
Von Mies van der Rohe, Berlin-Friedrichsfelde,
Einweihung am 15. Juni 1926

Republik blieb sie aber willkommen. Zur gleichen Zeit, als die KPD im Mai 1924 beschloß, eine zentrale Gedenkstätte für die Toten ihrer Aufstandsversuche – »Den toten Helden der Revolution« – zu errichten, vorneweg für Rosa Luxemburg und Karl Liebknecht, verglich Ruth Fischer, die im Kampf gegen die Anhänger Rosa Luxemburgs gerade an die Spitze der KPD rückte, deren Auffassungen mit einem Syphilisbazillus. Sie schrieb: »Wer den Brandlerschen ›Zentralismus‹ mit Berufung auf Rosa Luxemburg heilen will, der will einen Tripperkranken durch Einflößen von Syphilisbazillen gesund machen.«[5] Ungeniert legte die KPD-Führung nur wenige Wochen später, am 19. Juni 1924, den Grundstein für ein Denkmal,

[5] Der Funke, Nr. 4/5, April 1924. zit. n. Hermann Weber, Die Wandlung des deutschen Kommunismus. Die Stalinisierung der KPD in der Weimarer Republik, Frankfurt/M 1969, Bd. 1, S.90.

[6] Rote Fahne Nr. 136 vom 15.6.1926.

Kundgebung am Denkmal von Rosa und Karl
Obere Reihe: 1 v. links: Maurice Thorez, 2. v. links:
Wilhelm Pieck, 15. Januar 1933

das vor allem Rosa Luxemburg und Karl Liebknecht ehren sollte.
Zwei Jahre später am 15. Juni 1926 – dem Tag, an dem sieben Jahre vorher der Leichnam Rosa Luxemburgs bestattet worden war,
fand die Denkmalsenthüllung statt. Wilhelm Pieck durfte die Rede
halten, aber vor dem Denkmal alleine stand der neue Führer »des
Proletariats« Ernst Thälmann – in der Uniform des Rot-Front-
Kämpferbundes und mit erhobener Faust. Person und Geste paßten
zum Denkmal. Seine Militanz war so gewaltig, daß selbst die *Rote
Fahne* erschrak. Mies van der Rohes vorweggenommene Ästhetik
des Luftschutzbunkers in Klinkersteinausführung paßte hingegen
zu Rosa Luxemburg wie die Faust aufs Auge. Wilhelm Pieck hatte
zuvor ausgeführt, daß dieses Denkmal »uns« stets erinnern sollte,
»an die blutigen Kämpfe, die von dem Proletariat um seine Befreiung aus der Not und Knechtschaft und gegen die Konterrevolution
geführt wurden, und die schmachvollen Dienste, die ihr die sozialdemokratische Führerschaft schon geleistet hat.«[6] Die Verzierung

Rote Fahne, 12. Januar 1930

Rote Fahne, 15. Januar 1931

des »zu ungeheurer Monumentalität« gesteigerten Denkmals mit einem überdimensionierten Sowjetstern samt Hammer und Sichel wies die Richtung, die die KPD eingeschlagen hatte. Das Gedenken an Rosa Luxemburg und Karl Liebknecht war bereits 1930 zur »Lenin-Liebknecht–Luxemburg-Gedächtnisfeier« mutiert, kurz »LLL-Feier« genannt. Die Parolen, mit denen dazu aufgerufen wurden, lauteten: »Nieder mit dem Faschismus und Sozialfaschismus! Schlagt die Faschisten, wo ihr sie trefft! Für die Diktatur des Proletariats! Für ein Sowjetdeutschland!«[7] Das Gedenken an Rosa Luxemburg und Karl Liebknecht war zu einem Propagandarummel gegen den »Hauptfeind« Sozialdemokratie geworden – mit Spieltruppen, Filmen, Musik, Ansprachen, Rezitationen. Nach außen wurden die LLL-Gedächtnisfeiern immer pompöser, die Kampagne gegen die Sozialdemokraten immer schärfer. Sie erreichten ihren Höhepunkt im Januar 1932 und 1933. Die Schlagzeilen der *Roten Fahne* lauteten: »Die SPD hetzte zur Ermordung Liebknechts und Luxemburgs«, »Jagd- und Mordprämie der SPD auf Liebknecht und Luxemburg«, »SPD-Spitzel spüren Karl und Rosa auf«. Intern wurde gleichzeitig der Kampf gegen den »Luxemburgismus« verschärft, Stalin hatte schon 1931 das Signal zur erneuten Jagd gegeben. Rosa Luxemburgs Organisationskritik waren ihm »abgeschmackte und spießerhafte Epitheta«, die anderen Kritikpunkte »halbmenschewistischer Mischmasch«.[8] Ernst Thälmann folgte seinem Meister gehorsamst. Er forderte auf der Plenartagung des Zentralkomitees der KPD am 19. Februar 1932, »jene bolschewistische Unversöhnlichkeit und Unduldsamkeit gegenüber allen Einflüssen der Sozialdemokratie und auch die Überwindung aller in unseren Reihen noch vorhandenen Überreste aus der sozialdemokratischen und luxemburgischen Vergangenheit unserer Partei.«[9] Zusammenfassend definierte er das Verhältnis der KPD zu Rosa Luxemburg wie folgt: »Wir müssen also mit aller Klarheit aussprechen: in all den Fragen, in denen Rosa Luxemburg eine andere Auffassung als Lenin vertrat, war ihre Meinung irrig ...«[10] Diese Bestimmung des Verhältnisses der KPD zu den politischen Auffassungen Rosa Luxem-

---

7 Rote Fahne Nr. 11 vom 14.1.1930.

8 Stalin, Über einige Fragen der Geschichte des Bolschewismus, zit. n. Rosa Luxemburg, Ausgewählte Werke, Berlin (DDR) 1915, Bd. I, S. 142ff.

9 Ernst Thälmann, der revolutionäre Ausweg und die KPD, Berlin 1932, S.71, zit. n. Fred Oelßner, Rosa Luxemburg, Eine Kritische Biographische Skizze, Berlin (DDR) 1951, S. 211f.

10 Ebd.,S. 212.

Kundgebung an der Denkmalattrappe von 1949
Auf dem Podium Walter Ulbricht , 16. Januar

burgs blieb die offizielle Richtschnur für Kommunisten und ihre parteitreuen Historiker bis 1989 – und für manche noch danach.

Etwas anders gestaltete sich die Anknüpfung an die Gedächtnisfeiern für die Revolutionshelden nach 1945. Die Zwangsvereinigung von KPD und SPD in der SBZ ließ es geboten erscheinen, nicht mehr die »Schuld« der Sozialdemokraten in den Mittelpunkt der Feierlichkeiten zu stellen. Auch der Sowjetstern am Denkmal hätte falsch verstanden werden können, hatte die KPD im Frühsommer 1945 doch versprochen, der deutschen Bevölkerung nicht das Sowjetsystem aufzwingen zu wollen. So finden sich auf der Denkmalsattrappe 1946 die ursprünglich geplanten Verszeilen aus einem Gedicht Freiligraths: »Ich war, ich bin, ich werde sein«. Die Verantwortlichen der KPD/SED, an ihrer Spitze Wilhelm Pieck, jetzt als frischgekürter Präsident der DDR, hatten ein feines Gespür für solche Symbolik. Pieck wollte auch nicht das von den Nazis 1935 geschleifte Denkmal wieder errichten, sondern etwas Neues. Die eingereichten Entwürfe trafen dann alle nicht den Geschmack

178

der Parteiführung, so daß Pieck sich selbst als Künstler betätigen mußte. Ihm lag vor allem daran, daß dieses Denkmal einen Rahmen bot,»größere Gedenkkundgebungen der Berliner Arbeiterschaft« abhalten zu können.[11] Vor einen Gedenkstein wurde ein gemauertes Podium gesetzt, auf dem die Parteiführung von erhobener Position die Huldigungen»des Proletariats« entgegennehmen und ihrerseits»leutselig« zurückwinken konnte. Dieses alljährlich perfekt inszenierte Ritual wurde nach dem Ende der DDR von der Nachfolgepartei der SED weitergepflegt. Die Parteiführung der PDS hat allerdings noch nicht wieder auf dem vorgesehenen Sockel Platz genommen, auch die Tradition der Reden und Huldigungen wurde noch nicht wieder aktiviert.

Als die»Gedenkstätte der Sozialisten« 1951 eingeweiht wurde, hatte sich der politische Wind in der nunmehrigen DDR längst gedreht. Ab Mitte 1947 sollte das Sowjetsystem den Menschen, die in der SBZ lebten, nun doch aufgezwungen werden. Erneut wurde das Programm der Bolschewisierung aufgelegt. Aus der SED sollte wieder eine bolschewistische»Partei neuen Typus« werden. Wieder wurde dem Sozialdemokratismus und dem Luxemburgismus in der Partei der Kampf angesagt. 1951 erschien eine zweibändige Ausgabe der Werke von Rosa Luxemburg. Dem Band I wurde vorangestellt ein Vorwort von Wilhelm Pieck, in dem er die Verdammungsurteile von Stalin und Thälmann aus den dreißiger Jahren wiederholte. Seinem Vorwort folgten Lenins Antikritiken und Stalins Verurteilung des Luxemburgismus als Menschewismus. Rosa Luxemburgs Kritiken am Leninschen Organisations- und Diktaturmodell fehlten. Als Begleitmusik wurde eine Biographie Rosa Luxemburgs von Fred Oelßner, Vorsitzender der Zentralen Revisionskommission, publiziert, in der es hieß:»Wir setzen heute in der Sozialistischen Einheitspartei Deutschlands das Werk von Ernst Thälmann fort. Auch uns ist die Aufgabe gestellt, unsere Partei zu einer Partei neuen Typus zu entwickeln. Dazu gehört auch der Kampf gegen die noch immer vorhandenen Überreste des Luxemburgismus.«[12]

Gleichzeitig wurden zahllose Straßen Plätze und Schulen, bis hinunter ins kleinste Dorf, nach Luxemburg und Liebknecht benannt. Dankbar bediente sich die SED der Wortspielerei, Diktatur des Proletariats sei die wahre Demokratie, vor allem als die wirkliche Dikta-

---

11 Martin Sabrow, Die ambivalente Ikone. Rosa Luxemburg in der Gedenkkultur der DDR, in: Ein Zeichen für Rosa Luxemburg. Deutungsmuster eines politischen Lebens. Diskussionsprozesse 1998-2000, S.37.

12 Fred Oelßner, Rosa Luxemburg, a.a.O, S. 214.

tur Stalins in der Sowjetunion und in den von ihr beherrschten Ländern bei Menschen, die sich der Demokratie, den Prinzipien der Rechtstaatlichkeit und Menschenwürde verpflichtet fühlten zunehmend Abscheu und Entsetzen hervorrief. Die Diktatur der stalinistischen Parteien in den Ländern des Ostblocks wurde als Volksdemokratie bemäntelt. In Deutschland nannte sich dieser Staat Deutsche Demokratische Republik. Hier wurden ein Scheinparlament (Volkskammer), Scheinparteien (»Blockflöten«) installiert und Scheinwahlen abgehalten. Das Wort Demokratie wurde gänzlich zur Tarnformel der Herrschenden – bis 1989. Für die Legitimationsideologie der SED hatten Rosa Luxemburg und Karl Liebknecht unschätzbaren Wert.

Karl Liebknecht war im Gegensatz zu Rosa Luxemburg als Theoretiker für die KPD nie ein Problem und auch später nicht für die SED. Er hatte sich nicht systematisch mit den großen Streitfragen der Sozialisten und schon gar nicht mit Lenin auseinandergesetzt. Wenige verstreute, kritische Anmerkungen, die vermuten lassen, daß er kein großer Freund des Leninschen Organisations- und Diktaturmodells gewesen sein konnte, wurden in ein Schema gefügt, das ihn einen letztlich erfolgreich abgeschlossenen Lernprozeß hin zu einem waschechten Bolschewiken bescheinigte: »Karl Liebknecht gewinnt tiefere Einsichten« und »er lernte vom Roten Oktober«[13], so lauten die Untertitel der Biographie von Wohlgemuth. Sein ehrgeiziger Versuch, die Geheimnisse der Bewegungsgesetze der Gesellschaft zu lüften, blieb unvollendet. Hier findet sich die ketzerische Behauptung: »Das Problem der Ausbeutung ist ein reines Verteilungsproblem, nicht ein Produktionsproblem, wie Marx konstruiert.«[14] Doch solche fragmentarischen Äußerungen publizierte die KPD/SED nicht. In der neunbändigen Ausgabe seiner gesammelten Reden und Schriften, dessen erster Band bereits 1958 erschien, sucht man diesen Text vergeblich.

Als alle Überreste des Luxemburgismus und Sozialdemokratismus in der DDR getilgt waren, viele Sozialdemokraten dafür mit Haft und Leben bezahlen mußten, und nachdem die SED-Diktatur am 13. August 1961 (dem 90. Geburtstag von Karl Liebknecht) begann, ihren Herrschaftsbereich einzumauern, hatte der Kampf gegen den Sozialdemokratismus in der DDR sein Objekt verloren. Der Anstoß, sich erneut mit Rosa Luxemburg zu befassen, scheint

13 Heinz Wohlgemuth, Karl Liebknecht, Berlin (DDR) 1973.
14 Karl Liebknecht. Studien über die Bewegungsgesetze der gesellschaftlichen Entwicklung. Hrsg: Ossip K. Flechtheim, Hamburg 1974,S.200.

Sonderbriefmarke zum 40. Jahrestag der Ermordung Rosa Luxemburgs, Januar 1959

eher von außen gekommen zu sein. Die unerwartete Renaissance eines antisozialdemokratischen Sozialismus durch die Studentenbewegung in der Bundesrepublik bezog sich zu Beginn vor allem auf jene Texte Rosa Luxemburgs, die einen radikalen freiheitlichen Sozialismus zwischen Stalinismus und Sozialdemokratie zu versprechen schienen. Ossip K. Flechtheim hatte sie 1966 in einer dreibändigen Edition wieder zugänglich gemacht. Ihre glanzvollen Formulierungen, ihre starken Sprüche, ihre maßlose Polemik, ihre einfühlsamen Liebesbriefe, ihre anrührende Tier- und Pflanzenliebe übten – und üben – einen großen Zauber aus. (Der Luxemburgfilm von Margaretha von Trotta zeigte ein einziges Heiligenbildchen.)

Mit der groß angelegten Biographie von Peter Nettl, die zwischen 1966 und 1969 in verschiedenen Auflagen erschien, war eine fundierte Analyse der Person und ihrer Werke vorgelegt worden, die Rosa Luxemburgs Einvernahme durch die SED infrage stellte. Deren Interpretationsmonopol begann zu wanken. Das von der SED gefürchtete Gespenst des Dritten Weges zeigte sich wieder, ein Überschwappen in die DDR war nicht auszuschließen.

Eine neue Edition der Schriften Rosa Luxemburgs wurde vorbereitet, eine neue Biographie geschrieben. Zum ersten Male wurden jene Texte publiziert, die zu unterdrücken den Marxisten-Lenini-

Liebknecht-Denkmal, Potsdam 1987

sten nie gelungen war. Die Parteiführung hatte eingesehen, daß es nur lächerlich gewesen wäre, diese Texte weiter im »Giftschrank« zu belassen. An der Generallinie der Interpretation veränderte sie nichts. In umfangreichen Vorworten wurde dargelegt, worin die »Irrtümer« von Rosa Luxemburg bestünden. Die begleitende offizielle Biographie des »Instituts für Marxismus-Leninismus beim ZK der SED« ließ keinen Zweifel, wie diese Texte zu lesen seien: »Der Angriff auf den Leninismus im Namen Rosa Luxemburgs ist konterrevolutionär-expansiv gegen das sozialistische Lager gerichtet. Er zielt gegen zwei lebensnotwendige Bedingungen für den er-

---

15 Annelies Laschitza, Günter Radczun, Rosa Luxemburg. Ihr Wirken in der deutschen Arbeiterbewegung, Ausgabe (West), Frankfurt/M, 1971, S. 9f.

16 Vgl. dazu: Die Freiheit der Andersdenkenden oder die schlichte Logik des normalen Stalinismus. Zur Aktualität von Rosa Luxemburg, in: Der Lange Marsch, Zeitung für eine Neue Linke, Nr. 19, Berlin 1975.

Liebknecht-Denkmal in Luckau, 13. August 1971

folgreichen Aufbau und das Vollenden des Sozialismus: gegen die Diktatur des Proletariats und gegen die führende Rolle der marxistisch-leninistischen Kampfpartei. Wir werden im einzelnen zeigen, wie absurd der Gedanke bürgerlicher Ideologen ist, Rosa Luxemburg hätte jemals nach einem ›dritten Weg‹ gesucht, einen ›demokratischen Sozialismus‹ begründet.«[15] Ein besonderer Clou der Edition bestand darin, daß der berühmteste Satz aus der Kritik an den Bolschewiki [von der »Freiheit der Andersdenken«] im Text selbst nicht zu finden ist, sondern in eine kleingedruckte Fußnote verbannt wurde [aus editorischer Sorgfalt]. Als Hermann Weber und Rudi Dutschke dazu kritische Anmerkungen machten, bezeichnete der Chefideologe der DKP, Robert Steigerwald, dies als »schlichte Logik des normalen Antikommunismus«.[16]

Noch 1988 war es in der DDR ein Staatsverbrechen, diese Freiheitsdefinition anders als einen »Irrtum« zu lesen. Auf der »LL-Gedächtnisfeier 1988 wurde jene Handvoll Teilnehmer, die ein Transparent mit diesem Zitat zeigten, sogleich von der Stasi verhaftet. Heute erscheint diese mutige Tat wie das Zeichen eines Sturmvogels, der das Ende der DDR ankündigte. In letzter Minute – doch nicht mehr rechtzeitig – publizierte das schon umbenannte Institut für Marxismus-Leninismus die Kritik Rosa Luxemburgs an Lenin und Trotzki unter dem Titel »Rosa Luxemburg und die Freiheit der Andersdenkenden«; und im Vorwort hieß es jetzt: »Rosa Luxemburgs und Paul Levis kritische Bedenken zu den Vorgängen in Rußland verdienen größte Aufmerksamkeit …«[17] Die Luxemburg-Biographin der SED, Annelies Laschitza, schrieb nach dem Ende der DDR eine neue Biographie Rosa Luxemburgs.[18] Rosa erscheint nun als harmlose demokratische Sozialistin und als wunderbarer Mensch, der keiner Fliege etwas zuleide tun konnte. Ihr mühseliger, von Irrtümern gepflasterte Weg bis hin zu den Auffassungen Lenins und zur Diktatur des Proletariats fehlt jetzt, die alte Frontstellung zur Sozialdemokratie wird aber – kaum gemildert – unter Verwendung der alten Kampfbegriffe beibehalten. Immer noch haben die Sozialdemokraten den Sozialismus verraten.

Nachdem die SED zu Zeiten der DDR sich nie auf ein eigenständiges zentrales Luxemburg-Denkmal einigen konnte, verspürte ihre Nachfolgepartei PDS 1994 eine »Bringschuld«. Die Parteiführung war von solch nostalgischen Gefühlen nicht begeistert. Sie dachte in politischen Perspektiven und wollte Rosa Luxemburg nutzen für eine kulturpolitische Koalition mit der SPD. Als ihr die »restaurative Kulturfraktion« (»Anti-Eiszeit-Komitee«) ein Denkmal für »Karl und Rosa« vor die Haustür setzte, sah sie ihre bundesweite »Politikfähigkeit« gefährdet, ließ es wieder entfernen und vor dem Gebäude der parteinahen »Rosa-Luxemburg-Stiftung« aufstellen.[19] Das Projekt mit der SPD konnte nun weiter vorangetrieben werden, die politische Entwicklung half: Die Wahlbürger Berlins bescherten der PDS 2001 ein großartiges Wahlergebnis und die SPD ihr die Einladung zu einer Regierungskoalition. PDS und SPD haben im Koalitionsvertrag vereinbart (Januar 2002), Rosa Luxemburg ein Denkmal zu setzen – nicht eines ihrer Parteien, sondern ein Denkmal der Stadt Berlin.

---

17 Rosa Luxemburg und die Freiheit der Andersdenkenden, Berlin (DDR) 1990, Vorwort von Annelies Laschitza, S. 18.
18 Annelies Laschitza, Im Lebensrausch, trotz alledem, Berlin 1996.
19 Vgl.Thomas Flierl, Vorangegangene Konzepte des Gedenkens an Rosa Luxemburg im Berliner Stadtraum, in: Ein Zeichen für Rosa Luxemburg, a.a.O., S. 70ff.

Oppositionelle Transparente auf der »LL-Demonstration«, Januar 1988

Mit dem Ende der SED-Diktatur und der DDR endete der Weg in die anti-demokratische Sackgasse, den Rosa und Karl 1918 einem Teil der sozialistischen Arbeiterbewegung gewiesen hatten. Diejenigen, die das Ende der SED-Herrschaft und damit zugleich das Ende der DDR mit herbeiführten, hatten auf ihre Fahne die Freiheit der Andersdenkenden, die Demokratie geschrieben und nicht die Diktatur des Proletariats. Nicht durch einen Bürgerkrieg, sondern durch eine friedliche Revolution wurde das Ende der SED-Diktatur besiegelt. Nicht jene Revolution, die Rosa Luxemburg in ihren letzten Worten beschwor: »Ich war, ich bin, ich werde sein!«, sondern ihre im November 1918 preisgegebene und von der KPD/SED und ihren Historikern als »Irrtum« verdammte Freiheitsdefinition hatte Bestand – »Trotz alledem.«

Anhang

Ausgewählte Quellen und Literatur

Liebknecht, Karl: Gesammelte Reden und Schriften Bd. I-IX, Institut für Marxismus-Leninismus beim ZK der SED, Berlin (DDR) 1958-1968

Liebknecht Karl: Studien über die Bewegungsgesetze der gesellschaftlichen Entwicklung, Hrsg. Ossip K. Flechtheim, Hamburg 1974

Luxemburg, Rosa: Gesammelte Werke Bd. 1-5, Institut für Marxismus-Leninismus beim ZK der SED, Berlin (DDR) 1970-1975

Luxemburg, Rosa: Gesammelte Briefe, Bd. 1-5, Institut für Marxismus-Leninismus beim ZK der SED, Berlin (DDR) 1984

Luxemburg, Rosa: Gesammelte Briefe, Bd. 6, Hrsg. Annelies Laschitza, Berlin 1993

Beradt, Charlotte: Paul Levi – Ein demokratischer Sozialist in der Weimarer Republik, Frankfurt/M. 1969

Ettinger, Elżbieta: Rosa Luxemburg. Ein Leben, Bonn 1990

Flechtheim, Ossip K.: Die KPD in der Weimarer Republik, Neuauflage Frankfurt/M. 1969

Frölich, Paul: Rosa Luxemburg, Gedanke und Tat, Nachdruck Frankfurt/M. 1967

Gietinger, Klaus: Nachträge, betreffend Aufklärung der Umstände, unter denen Frau Dr. Rosa Luxemburg den Tod gefunden hat, in: IWK, Heft 3, September 1992

Gilcher-Holtey, Ingrid: Das Mandat des Intellektuellen. Karl Kautsky und die Sozialdemokratie, Berlin 1986

Goldbach, Marie-Luise: Karl Radek in Deutschland, Köln 1972

Grebing, Helga: Geschichte der deutschen Arbeiterbewegung, München 1966

Groh, Dieter: Negative Integration und revolutionärer Attentismus, Frankfurt/M-Berlin-Wien, 1973

Haupt, George: Der Kongreß fand nicht statt, Wien 1967

John, Matthias: Höhere Bildung in Leipzig. Karl Liebknecht als Nicolaitaner und Studiosus, Leipzig 1998

Kolb, Eberhard: Arbeiterräte in der deutschen Innenpolitik 1918-1919, Düsseldorf 1962

Knobloch, Heinz: »Meine liebste Mathilde«. Das unauffällige Leben der Mathilde Jacob, Berlin 1986

Laschitza, Annelies/Radczun, Günter: Rosa Luxemburg – Ihr Wirken in der deutschen Arbeiterbewegung, Lizenzausgabe Frankfurt/M. 1971

Luban, Ottokar: Rosa Luxemburg – demokratische Sozialistin oder Bolschewistin? in: Jahrbuch für Historische Kommunismusforschung 2000/2001

Miller, Susanne: Burgfrieden und Klassenkampf, Düsseldorf 1974

Miller, Susanne: Die Bürde der Macht, Düsseldorf 1978

Oertzen, Peter von: Betriebsräte in der Novemberrevolution, 2. erw. Auflage, Berlin-Bonn-Bad Godesberg 1976

Potthoff, Heinrich: Gewerkschaften und Politik zwischen Revolution und Inflation, Düsseldorf 1979

Ratz, Ursula: Georg Ledebour 1850-1947, Berlin 1969

Retzlaw, Karl: Spartacus – Erinnerungen eines Parteiarbeiters, 4. neugefaßte Auflage, Frankfurt/M. 1976

Rosenberg, Arthur: Entstehung der Weimarer Republik, Frankfurt/M. 1961

Rosenberg, Arthur: Geschichte der Weimarer Republik, Frankfurt/M. 1961

Quack, Sybylle: geistig frei und Niemandes Knecht. Paul Levi/Rosa Luxemburg. Politische Arbeit und persönliche Beziehung, Köln 1983

Scharlau, Winfried/Zeman, Zbynek A.: Freibeuter der Revolution – Parvus-Helphand. Eine politische Biographie, Köln 1964

Scharrer, Manfred: Arbeiterbewegung im Obrigkeitsstaat, Berlin 1976

Scharrer, Manfred: Die Spaltung der deutschen Arbeiterbewegung, Stuttgart 1983

Seebacher-Brandt, Brigitte: Bebel, Berlin-Bonn 1988

Strobel, Georg W.: Die Partei Rosa Luxemburgs, Lenin und die SPD – Der polnische ›europäische‹ Internationalismus in der russischen Sozialdemokratie, Wiesbaden 1974

Trotnow, Helmut: Karl Liebknecht – Eine politische Biographie, Köln 1980

Tych, Feliks, Ein unveröffentlichtes Manuskript von Rosa Luxemburg, IWK 1992, H 3

Wohlgemut, Heinz: Karl Liebknecht – Eine Biographie, Berlin (DDR) 1973

Nettl, Peter: Rosa Luxemburg, Frankfurt/M.-Wien-Zürich 1967

Wheeler, Robert F.: USPD und Internationale, Frankfurt/M.-Berlin-Wien, 1975

Weber, Hermann: Die Wandlung des deutschen Kommunismus, Bd. 1 u. 2, Frankfurt/M. 1969

Winkler, Heinrich August: Von der Revolution zur Stabilisierung. Arbeiter und Arbeiterbewegung in der Weimarer Republik 1918 bis 1924, Berlin-Bonn 1984

Witt, Peter-Christian, Friedrich Ebert, Bonn 1988.

Bildquellenverzeichnis

Archiv für Kunst und Geschichte, Berlin: S. 45, 174, 185
Archiv Robert Liebknecht (in Robert Liebknecht, »Malerei und Zeichnungen«, Anabas Verlag, Gießen, 1991): S. 19
Bildarchiv Preußischer Kulturbesitz: S. 39
Bundesarchiv: Bild 183/S94172: S. 67, Bild 183/61488/ZN: S. 181, Bild 183/1110/8N: S. 182, Bild: 183/K0813/26: S. 183
Bundesarchiv: SAPMO/BArch, Bild Y 10-1186/68N: S. 170, SAPMO/BArch, Bild Y 1-26636N: S. 173, SAPMO/BArch, Bild Y 1-290168: S. 175, SAPMO/BArch, Bild Y 1-1339/76N: S. 178
Alle übrigen Archiv des Autors: S. 9, 109, 149, 153, 159, 160, 161, 165, 176

Manfred Scharrer, 1945 in Hersbruck (Franken) geboren, Werkzeugmacher. Abitur am Berlin-Kolleg 1966-1968, studierte Erwachsenbildung, Soziologie und Geschichte. Diplomarbeit über die »Arbeiterbewegung im Obrigkeitsstaat« (Rotbuchverlag 1976). Assistent an der Freien Universität Berlin am Institut für Soziologie (1975-1980). Promovierte über »Die Spaltung der deutschen Arbeiterbewegung«, d.h. vor allem über Rosa Luxemburg (1981). Anschließend verschiedene Forschungsprojekte, u.a. DGB-Projekt »Geschichte von Unten« und »Curriculum: Geschichte der Gewerkschaften«. Zahlreiche Publikationen zu Rosa Luxemburg, der Geschichte deutschen Gewerkschafts- und Arbeiterbewegung. Zuletzt erschienen: »Karl Liebknecht (1871-1919)«, in: Das Kaiserreich. Hrsg.) Michael Frölich, Darmstadt 2001. Arbeitet in Mosbach (Baden), leitet dort die ver.di-Bildungsstätte und lebt in Berlin.